U0108119

秋蟬的悲鳴

白色恐怖受難文集　第一輯

信念、愛與無常
主任序

　　本書的出版首先要感謝臺灣政治受難者關懷協會秘書長蔡寬裕先生、主編陳銘城先生以及台灣游藝設計曹欽榮先生，在他們長期投入戒嚴時期政治案件受難者的調查與研究的基礎上，本書才能在短短三個月從受難者及其家屬的邀稿、採訪過程中逐漸具體成形，也因著他們的成果基礎與努力下，而有今日所呈現的文集面貌。

　　在那個威權政府與箝制言論的時代氛圍下，政治受難者如本書中的郭振純、蔡寬裕、吳鍾靈等前輩，無法自由充分地表達自己的思想與言論，然而他們依然身體力行去堅持他們的信念與理想。在當時的戒嚴體制下，只要是與當政者相異的觀念或想法，無論是左派、右派，皆面臨被捕入獄、剝奪人權的災難。對照今日我們後人享有的人權與民主自由的成就，更感到彌足珍貴。

　　尤其是當年受難者被捕入獄後，在與親人之間的書信往來中流露著信任、關懷以及等待，其中的生死離別、家庭絮語等在各篇作者的字句中，感動著另一端閱讀文集的我們。如黃春蘭

〈父親黃溫恭的遺書〉、顏一秀〈秋蟬的悲鳴〉以及李瑩君和她阿伯黃至超，因著歷史際遇的交會，從完全陌生到與母子倆相遇乃至生活在一起，展現出人世間最珍貴的關心、責任與愛。

很多受難者在無法預知的情況下被牽連逮捕下獄，而在每篇受難者文章中可以感受到他們如何堅毅地度過這樣的苦難，他們以生命的勇氣去面對那樣無常的處境與社會疑懼的眼光，堅定地走了過來，成為本書動人的受難生命篇章。

基於鼓勵受難者及其家屬書寫過去那一段掩藏的受難生命故事，並且在尊重每篇文章的原創性前提下，在文章編輯過程中儘量保留作者的行文風格，以忠實呈現作者生命故事書寫的原貌。

對於國家人權博物館籌備處來說，過去的這一段受難歷史與遭難處境永遠不可能原貌重現，但是我們希望在這麼多的受難者和家屬的共同投入下，透過不同面向的參與，逐漸將歷史還原到以人為出發點的原點，透過這樣的原點帶給此刻生活在民主自由環境的我們以及下一代更多深刻的反省與珍惜，讓這樣的苦難歷史絕對不要再發生，是以為序。

國家人權博物館籌備處主任　王逸群

讀者不哭，此書不出
編者前言

　　臺灣戰後的歷史，在長達三十八年長的反共戒嚴體制下，出現了二二八事件和白色恐怖的歷史缺頁。雖然一九八七年解嚴和一九九二年的刑法第一○○條的修正，不再有言論、集會和結社的內亂罪，也釋放出所有的政治犯，讓政治受難者和家屬開始願意回顧訴說白色恐怖這段歷史和他們的受難遭遇。

　　只是這二十年來，政府單位和民間文史團隊，零散地紀錄的出土白色恐怖的訪談和調查，總是遠不及每年受難者凋零的速度。然而搶救白色恐怖歷史的缺頁，正是一項和時間競賽的大工程。過去抓人、殺人、關人的政府部門，長時間一直沒有專門負責還原白色恐怖的歷史真相，讓不少受難者長輩和家屬抱憾以終。

　　二○一一年國家人權博物館籌備處正式運作，不少關心者一再認為加強搶救白色恐怖歷史記憶，以及開放相關檔案的研究與解讀是最急迫的工作。我們希望國家人權博物館籌備處能

以經費補助地方政府和地方文史團隊，整合相關政治受難團體，在全臺灣各縣市深入地挖掘出白色恐怖的歷史真相，並且逐年出版相關的成果，以逐步充實國家人權博物館的實質內容。

除此之外，國家人權博物館更應該長期鼓勵政治受難者和他們的第二代、第三代家屬，提筆寫出家族受難傷痕歷史。這不但是傳承每一個家族內所經歷的白色恐怖遭遇，更能直接填補臺灣近代歷史的空白缺頁。每一篇文章，就像是一塊拼圖片，你填一片、我填一片，終將可以填補出臺灣歷史缺頁的拼圖樣貌。

編輯這本白色恐怖受難文集，就是基於這樣的想法與期待，希望這是一項長期徵文的工程。先從第一冊的文集來拋磚引玉，以後每年都能由國家人權博物館來徵文和出版。甚至，過去綠島和景美人權園區曾採訪受難者家屬的文稿，但尚未出版的紀錄文章，也能陸續出版成一系列的白色恐怖受難文集。

書中每一篇文章的作者，大多不是時常提筆寫作的寫手，但是每一篇文章，都是他們最直接的感受，或是痛苦的回憶，也是最近距離的觀察了解。這樣單純的敘述，恐怕不是由外人採訪和揣摩代為書寫出來的文章，所能比擬的。每一篇文章，總能讓人想一口氣讀完。身為狠心催稿的編者，每次結束和寫作者的通話，心裡就想對這些含淚寫稿的作者說抱歉。看到他們寫來的精采文章，不但賺人熱淚，更想向他們表達敬意。

編輯這本白色恐怖文集時，基於尊重每一位受難者和家屬的寫作風格和手法，除發現明顯的錯誤或可能引起爭議之處，才和作者討論溝通，並徵得理解和同意後做些微修正。有些文章並不直接敘述受難的案情與經過，編者為避免破壞原作的文體，儘量不更改文章或加註說明，只在每篇文章前增加受難案情，以利讀者的理解並方便閱讀，同時也尊重和鼓勵受難者及家屬能提筆寫出心中的傷痛。此外，為了讓讀者認識每篇的作者，在每篇文章後也有作者簡介，至於受難者寫的文章，就合併作者介紹和受難案情，成為比較長的一篇人物介紹。

　　閱讀這本坐黑牢超過二百多年的受難文集，可以讓你對白色恐怖歷史，有著入門性的了解。也希望每一位讀者花數小時的閱讀和感受，或許能分攤掉每一位作者過去獨自承受的苦難。

　　「讀者不哭，此書不出！」這是編者的最後感言！

　　　　　　　　　　　　　　　　　　　　陳銘城

目錄

第一部分 **傷心話親人**

第二部分 現身説法

第三部分 受難者側寫

第一部分 傷心話親人

孤島的行旅

楊 翠

受難者簡介

　　楊逵「和平宣言案」：作家楊逵與妻子葉陶，從一九四七年二二八事件到一九四九年國共內戰期間，不斷辦雜誌、發表文章，希望以文化力量，促成政治改革與社會和平。一九四九年四月六日楊逵因發表「和平宣言」，提出還政於民而被捕，結果楊逵被判刑十二年。

　　董登源：原在高雄鋁業工廠任職，一九四九年十月十九日因「中共臺灣省工作委員會高雄工作委員會叛亂案」被捕，判刑十年。該案牽連四十六人，七人被槍決。

　　白色恐怖時期的殘酷、禁錮與驚恐，奪去了許多人的青春與夢想，粉碎了他們的幸福生活。政治受難者的苦痛，難以言喻，受難者家屬的悲情，更是一生都無法卸下的馱負。

　　對於事件當時尚仍年幼的受難者家屬而言，苦難，一如魔樹的種子，從童幼年就深深植入他們的肉身與靈魂，發芽、長大、盤踞不去，霸道地成為他們生命的一部份。

　　在那個年代裡，我的父親與母親，也在年少時期就失去青春，失去夢想的權利，一生都必須與深植體內的苦難魔樹搏鬥。

一九四九年四月，楊逵與「和平宣言案」

　　一九四九年四月六日，半夜大雨，軍警包圍臺灣大學、師範學院宿舍，黎明時分，向學生進攻，兩、三百名學生被捕，史稱「四六事件」。同日，我的阿公，四十三歲的臺灣作家楊逵，也因「和平宣言」一案，在臺中被捕，判刑十二年。

　　「和平宣言」一案，緣起於一份六百餘字的文件——〈和平宣言〉，是典型的文字獄案件。事實上，從一九四五年戰後開始，楊逵對國民黨腐敗政權的批判，不曾間斷，一九四六年的〈為此一年哭〉，批判貪官污吏、民生凋敝、言論控管。一九四七年二二八事件發生之後，三月二日即撰寫〈大捷過後〉，沿街發送，勉勵民眾團結，不可得意忘形。三月九日，同時發表兩篇文章，〈二·二七慘案真相——臺灣省民之哀訴〉，將事件清楚地定調為起義而非暴動；〈從速編成下鄉工作隊〉更呼籲民眾組織行動團體、自衛隊、保衛隊。可見二二八事件前後國府政權的腐敗，致使向來主張和平主義的楊逵都認為，這是臺灣人民挺身進行組織性武裝對抗的時刻了。

　　二二八事件中，楊逵和妻子葉陶都被判死刑，在執行槍決前一日，因為一道「非軍人改由司法審判」的行政命令，重新審判，逃過一死，關了四個多月。然而，出獄之後，一九四七年到一九四九年之間，楊逵與葉陶不曾退縮，持續發聲，創辦雜誌、出版書籍、積極寫作、串連各界朋友，展開戰後臺灣文化重建的行動。一九四九年，楊逵與一些朋友，組織文化界聯誼會，希望以文化的力量，促成政治的改革與社會的和平，他們草擬了一份宣言，由楊逵具名，油印廿幾份，寄給關心的朋友。宣言的訴求，包括還政於民、釋放政治犯、打破經濟的不平等、實施地方自治等。然而，訴求和平，卻招致罪名，被陳誠指為「臺中有共產黨的第五縱隊，要把這種人送去填海。」

　　國民黨當局當然有意擴大辦理這個案子，但經過漫長的審訊過程，楊逵不曾招出其他共同討論與起草的省內外朋友，這

楊逵在綠島新生訓導處坐牢時，參加運動會長跑比賽，常常是最後一名，但仍堅持跑完全程。（引自《臺灣人權綠島園區導覽手冊》，二〇〇八年。）

個案子最後只有兩個人被判刑，一位是《新生報》臺中地區負責人鍾平山，至於撰寫宣言一事，當時罹患肺結核、咳血不止的楊逵，全數扛下。

〈和平宣言〉短短六百多字，為楊逵換來十二年的牢獄之災，即使是日治時期已有十次豐富牢獄經驗的楊逵，也認識到了「祖國」的真面孔，他日後回憶說，只怪自己對國民黨的了解太少，對現實情勢的判斷準確不足。

做為一個社會運動者，楊逵認知到，他選擇對抗，也要勇於承擔風險。然而，他的次子、我的父親楊建，沒有機會認知，無法選擇，卻必須承擔。那年他十三歲，青春迅即塗抹暗影。

一九四九年十月，董登源與「高雄工作委員會叛亂案」

對政治受難者家屬而言，生命的選項是單數的。十三歲的楊建沒有選擇，十一歲的董芳蘭更是無從選擇。

一九四九年，距離楊逵被捕六個多月後，十月十九日深夜，幾名黑衣軍警闖入高雄燕巢一處民宅，當時任職於高雄鋁業工廠、二十六歲的董登源，因「高雄工作委員會叛亂案」被捕，以「高雄工作委員會鋁廠支部聯絡人」的罪名，被判刑十年。這個案子牽連了四十六人，七個人被槍決。

董登源坐牢時照片（楊翠提供）

「工委會案」是五〇年代最頻繁可見的案件類型之一。「高雄工作委員會叛亂案」，被認定是由共產黨在幕後組織、策動的陰謀案件，在國家安全局的檔案資料中，此案被提昇到著手實行的層次，它被描述為是「秘密組織小型武裝隊，相機展開暗殺行動，以擾亂社會秩序，策應匪軍登陸作戰」的「陰謀與活動」，因此，牽連甚廣，死刑也多。

董登源與楊逵不同，他並非知識菁英，不是地方意見領袖，只是對機械有興趣，也有天份，在鋁廠工作時，閒暇喜歡玩弄機械，拆組收音機。他被逮捕那年，他的長女、我的母親董芳蘭，十一歲。我問母親，外公是因為玩收音機，被認為與匪方通訊而被抓嗎？她說不出所以然，只問，玩收音機有錯嗎？為了一個她自己也無法解釋的政治事件，董芳蘭不曾有過青春，失卻了生命的多重可能性。

事件之後的楊建

一九四九年四月六日，阿公楊逵與阿媽葉陶同時被捕。中午，他們的次女楊素絹剛下課回家，兩個便衣就走進來，說想

請他們夫妻去坐一坐，葉陶冷靜地說，等我炒完菜，讓女兒吃過飯，我們就去。便衣後來帶走了楊逵、葉陶，以及不到六歲的幼女楊碧，直到四月二十日，葉陶和楊碧才被放出來。父親楊建回憶說，我對這個日期的記憶深刻，因為那天是我生日，等了那麼多天，母親與妹妹終於平安回家了。

阿公阿媽及小姑媽楊碧被帶走之後，音訊全無，大伯楊資崩與大姑楊秀俄也才初中，都到學校辦理退學，出去做工賺錢。父親楊建記得，當時大哥聚集了五個孩子，開家庭會議，將家中僅有的錢放在桌上，告訴他們，父母親不知何時才能回來，這些錢，我們買米吃，只可以吃幾天，買蕃薯省點吃，可以吃一個多月，你們想買米還是買蕃薯？孩子們在哭聲中決定買蕃薯，二姑媽楊素絹說，這以後，他們每日和著眼淚吃蕃薯，那些蕃薯的滋味，都是鹹的。

父親兩度面對父母被逮捕，見證白色恐怖魔爪的無孔不入。阿公楊逵被捕之後，進入漫長的審訊過程，便衣還是三番兩次到家裡來，詢問、搜查，一度把病中的阿媽也強行帶走，又關了三個多月，直到那年冬至才被放回來。

家境本來就貧窮，如今更是困窘，親友大多走避，不敢相助，一向成績優異的父親，初入中學，面對家中困境，以及周圍眼光，產生高度的自卑心理，連上學讀書都失去動力。讀完一學期後，他決定休學，阿媽葉陶一再攔阻，但他心意已決，不肯再去上學，只想幫著賺點錢，讓家裡好過些。

　　當時大伯每天清晨去批豆漿、豆腐來賣，父親心想，批貨成本高，不如自己來做，他們先是請一個師傅來做，一個月內，他努力觀察，小小年紀竟都學會了。此後，每天清晨二點開始，阿媽、大伯與父親，三人徹夜輪班，磨豆、煮豆、瀝乾、製作豆腐，五點出擔，沿街叫賣。

　　父親回憶，正巧阿媽娘家的一個親戚，他要叫表哥，來到家中寄住，這個表哥曾經留日，學過化工，對食品加工有一些知識，開始教這些弟妹們製作醬油、肥皂、洗髮粉、面霜等，一起沿街販賣。父親說，當時他們的技術很不錯，但是資金非常匱乏，產量無法增加，生意做不大，收入僅能維持日常所需。

　　除了豆腐、食品、化工，楊建與大哥還試過各種可以增加收入的辦法。鄰居的大人們，四、五十人結伴到山上去盜伐官有林木，聽過價錢很好，一百公斤相思材，可以賣到四、五十元，能換一斗米，他和大哥也去了。兩個小孩，骨架都還沒長全，學大人編草鞋，帶到山上穿。地點在臺中市旱溪往東的深山裡，因為警察抓得很緊，大家相約，十一點在山頭集合，分頭砍樹，下午一點在「老鼠仔坡」集合，一人一擔依序走下山，不可以落單。兄弟倆清晨五點出發，走到山頭已是十一點了，一點下山，回到家也天黑了，雖然辛苦，但一天可以砍五十公斤的相思材，兩天就可以換一斗米。

　　盜採官木是違法的，警察抓得很嚴，帶他們去的大人警告，必須保持高度警覺，聽到警訊，就要趕緊逃跑，一旦落單被追捕，後果不堪設想，而且，屆時大家都要各自奔逃，也顧不了

你們兩個小孩。父親還深刻記得幾次奔逃經驗,砍伐之際,聽到大人們高喊警察來了,趕緊放下工作狂奔,因為恐懼,在山林中跌跌撞撞,好幾度都以為這次肯定回不了家了。

下山時,一定要走渡旱溪。夏天,西北雨來得猛烈,溪水迅即爆滿,水流湍急,曾有一些擔材的大人被沖走,因此,一定要在下午四點以前過河,如果不能趕上一點的集合,不僅落單危險,還可能過不了旱溪,成為溪下冤魂,因此,每次下山都心懷恐懼。辛苦的還不只這個,穿草鞋也是苦差事。自編草鞋上山砍官木,一方面是因為沒鞋可穿,僅有的布鞋即使破爛,也要保護,需要時才有得穿;二方面,山路和溪河都不好走,就算有鞋,上山兩三次,怕也磨損得差不多了,很可惜。但是,自編草鞋使用的是自己採集的草,未經軟化處理,草質粗糙,兩個孩子沒經驗,不曉得必須先將草鞋浸在水裡泡軟,跑起來才不

楊翠唸小學時與祖父楊逵在臺中東海花園的照片(楊翠提供)

會咬腳。兩兄弟的草鞋，沒走多少路，就把雙腳磨破了，下山時，大家都在趕路，急著渡過旱溪，逃躲警察，因此，即使乾草鞋已將雙腳磨出水泡，滲出鮮血，痛得無法行走，但還是不敢停下腳步，只有流著眼淚、揹著重擔，繼續跟緊大人前進。

即使如此驚險辛苦，但是相思材的收入，比起製賣豆腐好多了，至少能補貼家中六口生活所需，因此兄弟倆一再冒險。直到有一日，在逃躲警察的過程中，一個鄰居被開槍打死了，阿媽終於嚴禁兄弟倆再上山，他們才結束盜採官木的驚險歷程。

資崩和秀俄，從戰後初期開始，斷續失學過久，無法再回到學校，而本已決定不再唸書的父親楊建，則被母親逼著，在初二時重返校園。即使經歷休學，楊建的表現仍然十分傑出，就讀臺中市一中（今居仁國中的前身），成績名列前茅，兩度被選為臺中市小市長，但他卻因為制服破舊、沒有鞋子可穿而發愁，不想出席表揚大會，多虧母親的張羅，才讓他站上表揚臺。

即使成績優秀，父親說，他也並不感到歡喜。因為，從少年到青年，他不僅被奪去父親的陪伴，生命中也失去很多選項。事件發生前，雖然家境窮苦，但阿公楊達允諾送他到日本唸書，正如楊達小說〈送報伕〉中所寫，即使辛苦，但在那個禁錮閉鎖的年代，能夠走出去，就多了一扇可以自由呼吸的窗口。然而，父親被捕，這個夢想隨之幻滅，楊建的人生，從此轉向，而他只能身不由己。

父親至今仍然經常憶起，那個讓自己失落青春、失落夢想的關鍵時刻，有一個巨大的力量，將他的世界整個翻轉，連他

整個人，都被改寫了。原來樂觀進取、正面思考的楊建，被這個時代擠壓成為自卑閉鎖、負面思考的楊建。人們常說，選擇權操之在我，對一般人而言也許是如此，對受難者家屬而言，卻絕非如此，表面上，他們的確有許多選擇的機會，但是，白色恐怖的幽魂，總是不斷干擾著他們的選擇。

失去積極的生命動能的父親，面對家境困窘，即使初中以優異成績畢業，也對升學失去想望，大哥大姐都退學了，自己如何能夠安心唸書？因此他決心放棄學業，既沒有申請保送本校高中部，也沒有報考其他高中。阿媽葉陶知道後，非常傷心，她一向堅持，無論如何辛苦，都不能剝奪孩子追求知識的權利，長女長子被迫失學，她很悲傷自責，接下來的一男兩女，說什麼都不能再犧牲他們的學業。所幸，開學前夕，母校臺中市一中寄來入學通知，說他已達保送資格，請他去報到。

然而，下一次面臨選擇的關鍵時刻，父親終於被白色恐怖巨獸吞沒，做出了他一生中至為後悔的抉擇。一九五四年，升高三暑假，救國團舉辦一個營隊，前往蘭嶼探險，行程將經過綠島，他決定參加，到綠島看爸爸。營隊在蘇澳訓練三天之後，行軍到花蓮之後，突然宣佈，綠島行程取消，直接前往蘭嶼。待營隊結束，在高雄解散後，楊建不甘心，去找住在高雄的舅舅與阿姨，大家你一百我一百，湊了五百塊錢，讓他搭漁船到綠島。

這次面會，過程是愉悅的。一見面，父親緊緊擁抱他，從少年時期就與父親分離，為了生活，一家六口分住好幾地，因

為獄中的通信限制，無法經常收到父親的來信，能夠與父親朝夕相處十五天，楊建感到莫大的幸福。當時綠島新生訓導處處長唐湯銘，管理比較開放，楊逵負責照顧菜園，晚上才回寢室睡覺，他帶著楊建，上山下海，到處自由走動。在父親的記憶中，除了童年時期之外，父子不曾有過這麼親密的相處經驗。

然而，對父親來說，這次面會，卻改寫了他以後的人生地圖，種下許多悔恨。雖然在綠島與父親度過愉快的半個月，然而，親眼見證了政治犯們的生活處境，在密集的思想感訓與勞動改造之間，度過漫長的晨昏日月，肉身的痛楚不說，思親之痛、失去自由之憾，更是如影隨形，縈繞不去，讓正處於人生轉彎口的青年楊建，做了一個影響終生的決定。

回到臺灣之後，大考前夕，他放棄文組，轉考理工，因為課程內容不同，準備不及，在那次考試中失利了，次年，他仍堅持理工組，考上當時剛設立的大同工專，成為第一屆學生。

楊建放棄文組的原因，緣自對於「文字」的深沉恐懼，這個恐懼，從少年時期以後，長居久住，成為一種敏感性體質。他的父親一生從事社會運動與文學創作，卻因為一篇六百多字的文章，就被禁錮十二年，在那個思想、言語、文字有罪的時代裡，走上文科的道路，未來是不是會步上父親的後塵？青年楊建的憂心，絕非庸人自擾，那是因為白色恐怖的鬼魅，已經浸透了他的肌骨和心魂。本來就是內斂多思慮的個性，加上悲劇的衝擊，使他改寫了自己的人生。

在理工價值遠大於人文價值的臺灣社會，選擇了理工的父親，卻反而陷入精神困境，原因也是阿公楊逵。父親在大同工專時期，生活困苦，沒飯吃的時候，有時跑到臺灣師範大學，與中學同學分吃一碗公家飯，有時到阿媽介紹的尼姑庵去吃齋飯，一餐混過一餐，成績表現優異，但是，「沒有傳承衣缽」、「一代不如一代」的責備，無論是他人的質疑，或者自己的遺憾，卻一直跟隨著他。

近來，父親回憶起這段往事，總是流露後悔，他說，當時，許多成績不如他的同學都進了臺大，他如果不是臨時改換組別，臺大文學院，至少有一個科系屬於他，他的人生或許會不一樣。楊家的第一個教授，也不會是女兒妳啦，他說。確實，他讀了理工，做了生意，與個性不合，數度被欺騙、被倒債，以致一生窮愁潦倒。也許讀了文組，結果也未必如他所想，然而，一個人從少年時期就被奪去夢想權利，晚年回顧自己一再挫敗的人生，對於自己被恐懼魔樹制約，改寫了生命地圖，他的因果詮釋，也都無法抽離於那個禁錮時代的幽靈吧。

這是因為，楊建與一般政治受難者家屬不同。他的父親楊逵，既是白色恐怖受難者，又是知名臺灣作家；政治犯父親，讓他揹負受難者家屬的苦難與暗影；知名臺灣作家父親，身上眩目的光環卻又讓他無法承受。這是楊建生命最大的悲情。無論暗影或光環，對於第二代來說，都是沉重的包袱，他們必須終生馱負，無法放下。暗影讓他自卑，光環也讓他自卑；終究，

身為名人之後的受難者家屬，全身都被暴露在光與影之中，無所遁逃。

事件之後的董芳蘭

　　相對於父親楊建因為承載過重而終生陷入憂苦，我的母親董芳蘭則是另一種典型。她雖是大姊，但當時也才十一歲，對於外公董登源與案件，所知甚少，只記得他在鋁廠工作，對機械有興趣，沒機會受太多教育，但很聰明，事情一學就會。她對父親最深的記憶，就是自己的愚魯。她說，初上小學時，父親教她數數，父女倆撿了許多石頭，父親教她，擺一個石頭，數一個數，但她總是跳過十、二十這些數，無論如何學不會，父親無奈憂煩的臉容，成為少女董芳蘭記憶中最溫暖的圖景。

董芳蘭的照片常被照相館掛在店裡當廣告。（楊翠提供）

外公董登源被捕時，母親十一歲，因為是長姊，失去受教育的機會，放棄讀書，工作賺錢，供給四個弟弟唸書。少女董芳蘭離開家鄉燕巢，到高雄市學理髮，從學徒開始，待遇菲薄，三年苦學，終於熬出頭，以理髮為業，成為家中最重要的經濟來源。至今，舅舅們還感念著當年大姊的犧牲，他們儘管都已年老不種水果了，但是，每逢果熟季節，仍然都會記得，選買最上等的芒果、芭樂、棗子，一箱箱給大姊寄去。

幾乎完全失去青春夢願的母親，生命中唯有一個時刻，能有一絲歡喜。每月的薪水，絕大多數必須拿回家，自己只能留下少許生活所需，她把這些錢節省起來，月月積累，到布莊剪一塊布，自己設計圖樣，請師傅縫製，然後穿上它，到相館拍一張照。每一張照片都清麗動人，相館選了幾張，掛在店裡當廣告，一掛二十幾年，直到要停止營業了，才把那些照片歸還給母親。每每談起這件事，母親總是眉飛色舞，她說，我年輕時很水吧，我那時可是「佈景臉」喔，可惜，我命不好，嫁給你爸，其實，那時候很多來理髮的客人喜歡我，有大學生，也有醫師，但是，男方條件愈好，你外婆愈不贊成，她說：「咱的竹仔箸，免想去挾人家的雞肉絲。」

少女時期，我總是羨慕地翻看母親美麗的照片，哀嘆母親為何沒把她的清麗都遺傳給我，而未曾將「我命不好，嫁給你爸」聽進去，也不知道，母親的青春，全數都擱淺在這些照片中了，更不理解，「咱的竹仔箸，免想去挾人家的雞肉絲」一語，包含了多少辛酸無奈，那也是一種無從選擇。

董登源年輕時照片（楊翠提供）

然而，即使同是天涯淪落人，未必就能相濡以沫，楊建與董芳蘭，兩團暗影的結合，正是如此。

父親當兵時，第二度到綠島面會，當時外公董登源正好擔任會客室雜役，見到這個老實青年，聽說他的父親是新生訓導處的獄友、大家尊重的前輩楊逵，思及自己的女兒也已到了婚嫁年齡，但是，政治犯的家庭，有誰敢來提親？他想，這青年與女兒年紀相當，都是政治犯家屬，誰也不會嫌棄誰，決心為兩人牽紅線，於是，他寫了封家書，請楊建轉交給他在高雄工作的女兒。

楊建與董芳蘭的初見面，決定了他們的命運。兩個從年少時期就被政治剝奪了青春、夢想、希望，卻又對政治所知甚少的青年，卻有著相同的無奈與身不由己。董登源在信中告訴女兒，送信來的青年，老實可靠，他跟我們是一樣的，你們可以試著交往，考慮結婚。

父母親回憶起這一段，總是互相指稱「被騙」，父親說他被岳父給騙了，母親則說，我才是被你騙了。小時候聽這些故事，只覺有趣，成長之後，認知臺灣歷史的暗影，才知道，長

年被墨濃雲霧覆蓋的父母親，他們互指「被騙」，並非尋常夫妻間的打情罵俏，在他們心中，確實都有這麼一個區塊，對於自己在這個婚姻中的身不由己，充滿無奈。

兩名政治受難者家屬的聯姻，孤島仍是孤島。因為，恐懼與苦悶，從他們太年少的時候就棲住不去，而最深沉的苦痛，是無法交換與分擔的。

童年時總記得，父親幾乎不曾有過笑容，很少言語，他的愁苦彷彿植根在他的肉身和靈魂裡。在這樣的父親身後，以及在名作家楊逵的光譜底下，母親的臉容更幾乎完全被吞沒。父親每次出席白色恐怖、政治受難者聚會的相關場合，母親都是以楊逵媳婦的身份隨行，沒人問起她，沒人問起她的父親董登源，彷彿董登源不曾被黑牢禁錮十年，而董芳蘭不是受難者的女兒。

父親揹著難以承受的重，母親馱負難以承受的輕，兩人都不好過。只是，這個社會給予父親許多機會，想要聆聽他身為受難家屬的苦難經歷，而母親，她靜默無聲，乏人問津，誰也不在意她是否也有過屬於受難者女兒的悲苦。

而其實，暗影不會自行散去，悲苦不會自動消失，沒人問過，不曾提過，不表示不存在。母親一生勞碌，我成長歷程中，最常聽她說的一句話是：「都是前世欠的債，等你弟弟結了婚，我就要去吃齋唸佛做尼姑。」沒人對她聞問，但她想要解放自己，透過宗教，洗滌淨化，尋找淨潔無憂的生存狀態。

楊建與董芳蘭的結婚照（楊翠提供）

不同於父親可以反覆敘說、詮釋，尋找聆聽者、見證者，藉以進行某種療癒過程，母親沒有聆聽者與見證者，她必須自行展開療癒。然而，還未等到可以放下人間俗務、清心唸佛的時刻，一九九九年，母親就被長年棲住的暗影幽魂吞噬了，她開始遊走於現實與虛境的邊界，她的靈魂經常迷航，不在現實的住所，流連在虛境裡，試圖尋覓一處可以安置自身的所在。

但是，她總是迷路，既無法回返現實家園，也找不到安居之處。在她的幻聽與幻覺中，一九四九年十月深夜，闖入家中，帶走父親的幾個黑衣人，在半個世紀之後的一九九九年入秋，穿越時空，持續騷擾她的心魂。她總是對著暗黑的窗外，揮手驅趕不懷善意的虛擬闖入者，聲色俱厲地罵說，走開走開。然而，惡靈霸道，盤踞不去，以致我們不得不將她送到精神病房，接受另一種療程。直到那時候，我才理解，人們說什麼遺忘、寬恕、向前看、掃除悲情，是多麼不負責任，多麼冰冷，這不是有體溫的人說得出來的話。這些冰冷的人類，怎麼可能感知那些被悲情覆蓋長達半世紀的心靈？

楊建與董芳蘭，現在進行式

但受苦者沒有絕望的權利。楊建與董芳蘭，我的父親與母親，兩個孤島，至今仍然各自揹負著他們的苦難，奮力前行。

　　七〇年代，楊逵與臺灣歷史，都被撥去塵土，攤到陽光下，楊逵重新被認識、被認同、被推崇，然而，這樣的光環，對父親楊建而言，竟比悲情更加沉重。經過幾十年，好不容易與「受難者家屬」標籤的暗影協商共處，卻又必須揹負他父親的光環前進。旁人在頌揚老作家之餘，也不免投給第二代期待、檢視的目光，而父親對於自己放棄文科，一直抱持遺憾，當人們善意問起，你也有在寫作嗎？這樣的話語，對他而言幾乎就是一種凌遲。

　　因為父親入獄而產生自卑感，又因未能繼承父親衣缽，而種下更深的自卑感。這樣的心理構圖，外人難以理解。暗影與光環的雙重覆蓋，楊建連逃都逃不了，更別說暗影的那一面，

楊建、董芳蘭結婚時兩家大合照，新郎楊建右旁為楊逵夫婦，新娘董芳蘭左旁為董登源夫婦。（楊翠提供）

因為光環的投照，而更形黝黑。總會有人來問，你是楊逵先生的兒子嗎？他真是了不起啊，能請你談談他的事蹟和文學嗎？能談談你們的生活經歷嗎？你們真是幸運啊，你們一定覺得很驕傲吧？

對父親楊建來說，孤獨承受暗影的黝黑，以及孤獨面對光環的眩目，痛苦幾乎是相同的。楊逵的兩個兒子，終究都沒能逃脫這團光與影的包覆與拉扯。長子資崩，長期酗酒，鬱結而亡。我年幼時的記憶，每當大伯資崩來看阿公時，我總在半夜被大伯的聲音吵醒，阿公沉默不語，而大伯聲淚俱下，不斷訴苦說，爸你總說一代不如一代，我也想像爸一樣，讀書寫文章，參與社會運動，但我沒辦法啊。七〇年代，資崩給父親楊逵的

楊建與楊翠父女參加二〇〇四年楊逵文學國際研討會的照片（曹欽榮攝影）

一封明信片中寫道，爸我答應你做的臺灣歷史研究，我做不到了，請原諒我。署名「不肖子資崩」。

竟連父親的死亡，都帶給他們更大的負荷，因為父親之死，他們被眾人凝視。一九八五年楊逵辭世，外界立即給予家屬壓力，有人就直接對大伯和父親說，楊逵那麼偉大，你們不能只建一座墳，還必須為他蓋一個紀念碑、一座紀念館，否則就是不肖子孫。父親當時流著淚說，姑且不說我們根本沒錢蓋紀念碑，一個父親的偉大，怎麼可以由他的孩子自己來吹噓，那不是讓人笑話嗎？

大伯資崩辭世之後，做為第二代代表的楊建，被賦予更多責任。國家的研究機構要出版《楊逵全集》，負責人不曾親自打過一通電話給父親，但父親卻必須感恩，必須配合，必須交出所有遺稿文物，在父親看來，她是以一種高高在上的姿態：我幫你父親出版全集，是給你們家屬的恩澤。國家臺灣文學館要館藏作家的手稿遺物，大學院校的相關文學系所，要利用楊逵壯大聲勢、生產業績，不論是舉辦學術研討會、展覽作家文物，或者執行數位典藏計劃，父親都必須配合。這些學者專家們，絕大多數在拿了資料，做了業績之後，就對父親不聞不問，連一通問候的電話都不曾打過。因此，對於極少數還念記著他，能夠體知他的苦難與心事的，父親總是感念在心。

被奪去青春、失去夢想的父親，生命中有著太多不可承受的輕與重。他的父親，既是他恥辱與被拒絕的來源，卻又是一個高大的身影。他認知到，來自父親的光環與暗影，他這一生

都別想逃脫，只能更深地貼近。這些年，他以在臺中東海花園故居成立楊逵文學紀念空間，做為最終的生命責任，持續前行。這是他的覺悟，他覺知到，這是自己終於可以卸下重擔最好的方法。

至於母親董芳蘭，半世紀的暗影侵擾，幽靈盤踞，我一度以為，母親是無法回家了，但是，迷路數年之後，她卻終於找到了回家的道路，清醒過來。她沒有放下一切，出家為尼，清心唸佛，反而以家庭為療癒之所，以親情為藥石，尋常的家務勞動、照顧工作，讓她找回了自己的節奏。

二〇一二年，事發當年十一歲的董芳蘭，已經年逾七十四歲，她每日煮三餐、買菜、洗碗、洗衣、打掃、照顧孫子，是全方位的家務勞動者，夏日裡，汗水從來沒停過。雖然是一個性別研究者，但我卻無法如此簡單地評斷：家庭是董芳蘭的禁

楊建的國畫作品（楊翠提供）

錮之所，家務勞動是一種剝削。因為，董芳蘭有屬於她自己的療程。

而楊建與董芳蘭，他們終於在年老的時候，找到了相互說話的方法。約莫五、六年前，兩個老人家相伴到「長春學苑」去學國畫，現在他們以畫說話，倒也有清雅詩意。

去年入冬以來最寒冷那天，母親來電，要我去吃中飯。飯後，父母兩人說，我們有新畫作，要看嗎？兩個加起來快一百五十歲的老人家，喜孜孜像孩子一樣，展示他們的國畫作品，父親畫的是玫瑰、絲瓜，母親畫的是菊花、牽牛花，玫瑰和菊花都是橫幅，裝了框。我看著父親的靈動飛躍，母親的素樸溫潤，兩人都自成一格，微笑稱讚，感動想著，父親長年在市場擺攤，當場揮毫寫春聯，國畫對他不是問題，但母親可是這輩子第一次拿毛筆呢，真有天份。

五年多前，母親第一次拿毛筆，一下筆就大呼，哇，這什麼筆這麼軟，怎麼拿呀？當她終於畫出生平第一幅畫時，臉上身上都沾染墨漬，廢棄了好幾張畫紙，自己仍不滿意，苦著臉央求父親，你畫壞掉的那幾張，可以選一張給我交作業嗎？拜託啦，父親一口回絕，不行，自己的作業要自己畫才可以。

母親與她的軟毛筆，歷經磨合，竟然如此契合。畫畫讓她逐漸學習與自己的傷痛共處。那一期結業時，老師選了幾幅畫，說是很不錯，可以拿去裝框裱褙，準備用來成果展。夫妻倆興致勃勃，父親開始為兩人的畫作落款，母親望著他大筆一揮，

董芳蘭的國畫作品（楊翠提供）

在一幅梅花上落了「楊建」兩個字，愣了半晌，抗議說，那是我畫的耶，你弄錯了。父親堅持那幅梅花比較美，是他的作品，母親不服，後來由老師公評，證明那是母親的畫作，她得意地說，哼，難道我就不會進步嗎？

孤島們最動人之處，就是他們承受苦難、轉化力量、奮力前行的生命能量。母親歡喜展示畫作時，圓滿如月的臉龐，映在溫潤的菊花上，一如她少女時期被懸掛在照相館的寫真，清美燦麗。

而父親在畫作中，抄錄楊逵詩作，與他的父親，貼近對話。楊逵近七十歲時，寫下「能源在我身，能源在我心，冰山底下過活七十年，雖然到處碰壁，卻未曾凍僵。」能源自體自燃，所以花開蝶舞。自卑、沉鬱的父親，想必也從這些字語中，感悟了他父親的生命熱情，從而蓄養自身的火種，照亮他此生的暗鬱行路。

作 者 簡 介

　　楊翠，一九六二年生，臺中人。臺灣大學歷史學研究所博士。曾任《自立晚報》副刊編輯、《自立週報》全臺新聞主編、《臺灣文藝》執行主編、臺中縣社區公民大學執行委員、成功大學臺灣文學系助理教授、靜宜大學臺灣文學系副教授、中興大學臺灣文學與跨國文化研究所副教授，現任東華大學華文文學系副教授。

　　研究領域包含臺灣文學、臺灣婦女史、性別文化研究。曾獲國史館臺灣文獻館「第四屆傑出臺灣文獻獎」文獻推廣獎（二〇一一年）。著有散文集《最初的晚霞》、學術論文《日據時期臺灣婦女解放運動》、二二八口述歷史《孤寂煎熬四十五年》、與施懿琳、鍾美芳合著《臺中縣文學發展史・田野調查報告書》、與施懿琳、許俊雅合著《臺中縣文學發展史》、與施懿琳合著《彰化縣文學發展史》，以及臺灣文史研究論文二十餘篇。

父親黃溫恭的遺書

黃春蘭

受難者簡介

一九二〇年出生的黃溫恭，在臺南二中畢業後即赴日留學，畢業於日本齒科專門學校。戰後返臺開業，是當時高雄路竹鄉第一位牙醫師。二二八時目睹國民政府的鎮壓屠殺，在行醫之餘，決心投入民主反對運動。

一九五二年被控涉及「中共臺灣省工作委員會燕巢支部案」而遭逮捕，黃溫恭原判十五年，卻遭蔣介石改判死刑，一九五三年五月二十日受難遭槍決。

黃溫恭醫師遭槍決前四小時寫下五封遺書，共二十一頁六千五百字，分別給愛妻、小姨、兒子、大女兒和小女兒（作者）。這些遺書是在五十六年後由家人努力不懈尋找才發現的，剝奪臨死之人與親人最後的一絲聯繫，是多麼冷血、慘無人道的事情！家人又另花了將近三年時間的奔波，遺書才回到家人

手中。我們憤怒的情緒逐漸被堆疊出來，無法感受到執政當局有坦然面對過錯，療癒歷史傷痕的誠意。

遲來的親情

【遺書之一】

最疼愛的春蘭：　　　　　　　　　　　　　　1953.5.19 夜

　　妳還在媽媽肚子裡面，我就被捕了。父子不能相識！嗚呼！世間再也沒有比這更悽慘的了。雖然我沒有看過妳，抱過妳，吻過妳，但我是和大一、鈴蘭一樣疼愛著妳。春蘭！認不認我做爸爸呢？慕愛我嗎？慚愧的很！我不能盡做爸爸的義務。

　　春蘭！妳能不能原諒這可憐的爸爸啊？春蘭！我不久就要和世間永別了。用萬分的努力來鎮靜心腦，來和妳做一次最初而最後的紙上談話吧。我的這心情恐怕妳不能想像吧！嗚呼！臨於此時不能見妳一面，抱妳一回，吻妳一嘴……我甚感遺憾！長恨不盡！

　　我相信妳很切實地愛要知道爸爸的事及爸爸的面貌吧！關於我的事，請媽媽講給妳聽聽吧。爸爸回臺以來照的像片不多，沒有適當的像片可給妳。連結婚記念寫真都沒有照過。我告訴妳，如果妳要爸爸的像片。由醫專的同學，孫瑞辰先生亦王万全先生借我醫專畢業紀念照的像片來復照吧。那相片有兩張，一張是穿制服、戴角帽，一張是穿西裝。

春蘭！如果可能的話，爸爸希望妳做頂好的律師。這是爸爸片面的妄想而已。可能的話是萬分湊巧的。但不可能的話，那不必勉強照這樣。

爸爸相信妳的身體、性質、頭腦都很好。我相信妳的將來一定是光明燦爛的。春蘭！妳不可因失了爸爸而灰心，自暴自棄，走入歧途。爸爸希望妳，克難、努力，成為社會最有用的好人材，過著，愉快而有意義的人生。

爸爸囑望妳好好的聽媽媽的教訓，和哥哥、姊姊要互相勉勵、協力。充滿著求知渴望的精神日日求進步。

爸爸非常誠懇的祝妳，健康！美麗！愉快！及無止境的進步！

嗚呼！離別的時間到了。連喊著妳的名──春蘭，春蘭，春蘭……爸爸冥目而去了。

這是父親和我最初而最終的紙上談話，一封遲到了超過半世紀的遺書。我對父親原本是無愛，也無怨，因為我根本不知道他是怎樣的人，你要如何去怨一個一無所知的人？在我將近六十年歲月中一直缺席的爸爸突然出現，讓我驚慌失措。當我見到這封寫滿滿二張信紙的遺書，字裏行間透露著父親對我的愛憐與不捨，我頓時淚流滿面，終於確定父愛的存在。爸爸雖然來不及抱我，甚至見我一面，但他還是愛我的。二〇一〇年五月十九日父親遭槍決五十七週年前夕，我寫下了我的心情筆記「遲來的遺書」。

最摯愛的春蘭..　1953.5.19夜

你還在媽咪肚子裡面，我就被捕了。父子不能相識！嗚呼！世間再也沒有比這更悽慘的了。雖然我沒有看過你，抱過你，吻過你。但我是和大一、鈴蘭一樣摯愛著你。春蘭！想不認我做爸爸呢？疼愛我嗎？慚愧的很！我不能盡做爸爸的義務。春蘭！你能不能原諒這可憐的爸爸呀？

春蘭！我不久就要和世間永別了。用萬分的努力來鎮靜心腦，來和你做一次最初而最後的紙上談話給你道心情恐怕你不能想像吧！嗚呼！臨於此時不能見你一面，抱你一回，吻你一嘴………我真感遺憾！長恨不盡！

我相信你很切實地愛雲知道爸爸的事及爸爸的面貌地！關於我的事請媽咪講給你聽吧。爸爸回官以來照的像片不多，過有過學的像片可給你。連結婚紀念寫真都沒有照過。我告訴你，如果你要爸爸的像片，由醫專的同學，孫諾辰先生或王万全先生借我醫專畢業紀念照的像片來複照吧

那相片有兩張，一張是穿制服戴角帽。一張是穿西裝。春蘭！如果可能的話，爸爸希望你做頂好的律師。這是爸爸片面的妄想而已。可能的話是萬分湊巧的。但不可能的話，那不必勉強照這樣。

爸爸相信你的身體、性質、頭腦都很好。我相信你的將來一定是光明燦爛的。春蘭！你不可因失了爸爸而灰心自暴自棄，走入歧途。爸爸希望你，克難，努力成為社會最有用的好人材，過著愉快而有意義的人生。

爸爸唱望你好好的聽媽咪的教訓，而哥哥、姊姊要互相鼓勵，協力。充滿著求知慾望的精神日日來進步。

爸爸非常懇誠地祝你，健康！美麗！愉快！及無止境的進步！嗚呼！離別的時間到了。連喊著你的名，春蘭，春蘭………爸爸瞑目而去了。

黃溫恭寫給來不及謀面的小女兒之遺書，充滿著不捨的情感。（黃春蘭提供）

遲來的遺書

嗚呼！

遲來的遺書

五十六年的沈寂

世間無二的連結

嗚呼！

遲來的親情

唏哩嘩啦的淚水

父女無緣的相識

嗚呼！

遲來的控訴

無語問天的懊惱

長恨不盡的憤慨

嗚呼！

遲來的對話

轉型正義的等待

惡靈真心的懺悔

【遺書之二】

留給心愛的清蓮　　　　　　　　　　1953.5.19 夜

　　永別的時到了。我鎮壓著如亂麻的心窩兒，不勝筆舌之心情來綴這份遺書。過去的信皆是遺書。要講的事情已經都告訴

過妳了。臨今並沒有什麼事可寫而事實上也很難表現這心情。我的這心情妳大概不能想像吧……。

　　無奈只抱著你的幻影，我孤孤單單的赴死而去了。我要留兩三點，奉達給最親愛的妳，來表現我的誠意。蓮！我是如何熱愛著妳阿……這是妳所知道的。踏碎了妳的青春而不能報答，先去此世……唉！我辜負妳太甚了！比例著愛情的深切感覺得慚愧……。蓮！我臨於此時懇懇切切地希望妳好好的再婚。希望妳把握著好對手及機會，勇敢地再婚吧！萬一不幸，沒有碰到好對手，好機會，亦為環境等而不能再婚的時候，妳也不必過著硬心、寂寞的灰色的生活。我是切切祈禱著妳過著幸福，快樂的生活。總而言之，妳需要邁進著妳自己相信最幸福的道路才好。

　　我的死屍不可來領。我希望寄附臺大醫學院或醫事人員訓練機關。我學生時代實習屍體解剖學得不少的醫學知識。此屍如能被學生們解剖而能增進他們的醫學知識，貢獻他們，再也沒有比這有意義的了。以前送回去的兩顆牙齒，可以說就是我的死屍了。遺品也不必來領。沒有什麼貴重值錢的，預定全部送給難友們。謝謝妳的很多小包、錢、及信。對不起。

　　嗚呼！最後的時間到了…緊緊地抱擁著妳的幻影我瞑目而去……。

　　再給我吻一回！喊一聲！清蓮！

　　六年的夫妻，換來五十六年的死別。終其一生，我母親從未見到此信，也不曾再婚。歷史沒有如果，但如果，信能在當

年，送達母親的手中，是不是，母親可能有一個不一樣的人生？究竟是怎樣的政府，要取走我父親的性命，而他，又是如何的想著要貢獻自己。對三十三歲，方當盛年的他，我相信那送回去的兩顆牙齒，不會是自然掉落的。但，我已無法思考下去，止不住的淚水從我臉上滑落，究竟當時，又是何等非人的遭遇。而他，是我的血脈至親。

【遺書之三】

最疼愛的大一　　　　　　　　　　　　　　　　1953.5.19 夜

　　一，你是我的寶貝！我如何疼愛著你，我相信你也知道吧。我不久就要和世間永別了。臨於此時不能和你做最後的話別，最後的擁抱、熱吻，我甚感遺憾！我的傷心真是達於極點了。對於浮世，我並沒有什麼留戀，唯一的留戀是不能親眼看到你的成器。一，你不可因失了爸爸而灰心，自暴自棄，走入歧途。

　　爸爸希望你做一個最能幹最有用的土木工程師，這是爸爸片面的夢想而已，不必勉強照這樣。職業的選擇，對於那一個人都很重要的。……爸爸希望你徹底的檢討你自己的性質、才能，好好的選擇最適當的職業，向這個職業勇往邁進。

　　我希望你們能做好孩子，聽媽媽的話，你是大哥，須要做兩個妹妹的好榜樣。感謝媽媽、安慰媽媽、幫忙媽媽，如果你們兄妹能夠做好孩子，我相信媽媽一定拼命的愛顧你們。媽媽是你們的，你們應該好好的奉侍媽媽。

　　一，爸爸現在的心情你大概不能想像吧……我的心窩兒，亂如麻，痛楚得如刺、如割，……一切將要完了……過去的一幕幕在腦海裡依次地映著……抱你在路竹遊玩的街道……在春日和你餵雞鴨……一塊兒吃木瓜，甘蔗，鳳梨等水果……一塊兒遊玩的山坡……枋寮，水底寮……你最高興回去的家鄉…………嗚呼！一切都如夢一樣的……。

　　最後的時間到了。我希望你成為鋁一樣有用的人才。爸爸很誠懇地呼喊祈禱你的健康！快樂！進步！我幻想著二十年後成人的你的偉姿瞑目而去了……我的寶貝！阿一！阿一！

　　哥哥看到父親寫給他的遺書，是那麼深情地訴說著對他的疼愛，表達對他的期許，讓他立刻墜落到記憶的時光隧道中：「不要，不要，我不要再看了！」顫抖的身體拼命搖著頭，低沈喃喃自語。可是，頭再怎麼搖，嘴巴再怎麼否定，還是甩不掉恐怖的記憶，畫面還是一幕又一幕地出現，轉到了小時候鄉村的老家場景，憲兵拿著戴上刺刀的槍，長長的槍，亮亮的刺刀，不停地往稻草堆上刺啊刺的，還有幾個正在搬家裡的東西。那個穿戴比較整齊的外省仔，兇巴巴地對嚇壞的姑姑咆哮，亂啊亂，整個家裡都亂烘烘的。當過村長的祖父，像個被抓到的囚犯，被幾個穿著綠衣服的人，拿著手槍壓坐在他平日看診的椅子上……。

　　可怕，好可怕，身體不禁地縮了起來，聽到了一個陌生的聲音，「把你家的戶口名簿拿出來」，「前兩天不是查過了？」

這是媽媽的聲音，「上禮拜是上禮拜的，這禮拜是這禮拜的，快快拿出來，孩子們呢？」「一個孩子在洗澡，一個在補習，另外一個在外面玩」，「你們一家四口都沒跑掉？」「大人啊，我們一家人都在啊！」……。

【遺書之四】

最疼愛的鈴蘭　　　　　　　　　　　　　　　1953.5.19 夜

　　鈴蘭！妳是我心愛的寶珠！爸爸不久就要和世間永別了。爸爸和妳一塊兒生活，只有一年半，就被捕而和妳們離別了。那個時候妳還不能講話，只能講幾句單語而已。撒嬌似的叫爸爸、媽媽而笑嘻嘻的妳還映在腦裡，使我感慨無量。

　　由我的淺薄的觀察，推察來綜合，妳的先天是很好的。如果妳的後天能夠配合的話，妳的將來是未可限量的。有一天爸爸夢著妳成為很有名的大音樂家。唉！如果能照這夢的話是多麼好的啊！

　　鈴蘭花是世上最高潔、最清香、而最可愛的花兒。而且，鈴蘭花的根是很優良的強心劑。爸爸很虔心地祈禱你和鈴蘭花一樣美麗可愛，清香高潔，而心臟強壯。我相信，我這最後的念願一定能達到的。妳一定能這樣的。

　　鈴蘭，爸爸的話是說不盡的，爸爸的腦裡是和颱風一樣的，心窩兒是如刺、如割、如絞一樣的，鳴呼！一切都要完了。最後的擁抱、熱吻，甚感遺憾，長嘆不盡……爸爸的這心情妳大概不能想像吧。

最後的時間到了，爸爸擁著二十年後的美麗而偉大的你的幻影，吻著你的幻影瞑目而去了……。

給爸爸最後的一吻吧！我的鈴蘭！

父親發揮醫生本色，對姐姐可說是觀察入微，精準無比。姐姐有非常好的本質，絕佳的音感，更培養出兩位極為優秀的兒子。老大是數學資優生，即將拿到美國名校的博士學位，而老二則是位很受歡迎的身心科主治醫生。

【遺書之五】

親愛的杏妹：　　　　　　　　　　　　　　　1953.5.19 夜

杏妹！這封信到你手中之時我已經不在世間了。杏妹！我相信妳一定為我而瀝些悲傷的淚……，啼哭是美貌的強敵啊。請妳不要悲傷。和死的掙扎已經終結了。精神上及肉體上，都感覺得疲勞不堪了……我深切地希望休息。古人說得好：「永眠！」我絞盡最後的精力來寫這封遺書之目的，是要對妳道謝生前之愛顧及拜託兩三點事情。

有兩三點，拜託妳……

孩子們如何愛慕著妳，而多麼受妳愛顧，我非常清楚。可憐的很，他們是無父之子了。我非常懇切地拜託妳好好的訓導他們。不可給他們灰心，自暴自棄，成為歪心的人；我知道妳是很能幹的教師。如果他們能受妳的訓導，他們的將來是不可

限量的。抱憾的很，我不能報答妳的照顧，但我相信，他們一定有光明耀輝的日子可報答妳的大恩。

我疼愛著清蓮一樣，相信妳也一定愛她吧！可憐的很！她變成寡婦了！……請妳做她的很好的相談對手，助力者，多多幫忙，照顧她們母子……哎！想起來了，我曾對妳借好多錢啊！不能奉還給妳，對不起的很！請原諒吧！道謝生前的照顧，祈禱妳前途光明，拜託照顧妻子。

唉！累的很，寫不下去了……不能和妳作最後的話別，最後的握手，抱憾的很！嗚呼！夢呀！夢呀！一切都是夢了。一切的事物，人們，永別吧！等一會兒我的胸窩兒就被子彈打貫而永眠在大地上……。

再祈念一回赴死而去了……。

"我最親愛的杏妹！祝妳 青春永存！快樂常在！"

雖然父親的早逝是我家最大的不幸，但我還是滿懷感恩，除了感恩母親的偉大之外，我也感恩父母雙方家族長輩，讓我和兄姐能夠在滿滿愛的環境下，被小心呵護地平安長大，而且都受到良好的教育。阿姨確實如父親的期待，盡其所能地幫忙母親照顧我們。阿姨對我們母子恩情與天齊高，我點滴在心頭。相信她並不會在意借給父親的錢，但為人子女的我認為有「父債子還」的義務。又知道阿姨獨生女兒的經濟狀況不佳的情形，我責無旁貸地負起資助表妹的責任，就像當年阿姨毫不猶豫地幫忙照顧我們一樣。阿姨，您的恩情永記我心，謝謝您！

黃溫恭的生平

他於一九二○年出生在高雄路竹後鄉村，是村長的長子。自幼，中醫師兼任村長的父親對他疼愛有加，臺南二中（今臺南一中）畢業之後即送他赴日求學，他就讀於當時的日本齒科專門學校（今日本齒科醫學大學）。臺南

黃溫恭南二中畢業照（黃春蘭提供）

二中畢業照及在日本就讀齒科之生活調查表如圖。

畢業後正逢戰時，他被徵去中國東北哈爾濱擔任醫官年餘，也因此而領有外科醫師專門執照。戰後返國開業，當時是路竹鄉第一也是唯一的一位牙醫師，恰巧碰上二二八事變，親眼目睹戰敗落慌而逃到臺灣的極權政府對待善良臺灣人的種種惡行惡狀，相當反感。後來舉家遷至屏東縣春日鄉擔任衛生所醫師。一年時間，山地鄉的人口首次呈現正成長。他改善了當地衛生條件之後，大幅增加了嬰兒的存活率。他也同時試著栽培香菇，那是個香菇還無法人工種植的時代。他反覆試驗著各種培養基，他知道關鍵就出在培養基上面。

基於知識分子的使命感，覺得不能只是每天面對著病人，晚上回家數鈔票就好，應該要為臺灣出來做點什麼，自然而然

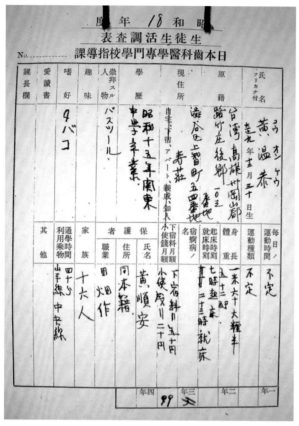

黃溫恭在日本就讀齒科之生活調查表（黃春蘭提供）

成為執政當局的眼中釘，必須除之而後快。他因涉及中共臺灣省工作委員會燕巢支部案，於一九五二年被捕，於一九五三年五月二十日遭槍決。當年他只有三十三歲，被迫與只有結婚六年的髮妻、二名稚子及尚在襁褓中的小女兒分離。

作者剛出生還在母親懷中，父親在獄中第一次看到小女兒的照片，父親在全家福照片中永遠缺席了。右為大姐，左為大哥。（黃春蘭提供）

　　高中同班同學林恩魁說他是個很熱情也很反抗學校日本老師的人，會為了臺灣學生而和日本老師提出抗議。他的日本大學同學則說他是個很幽默風趣的人，很常逗笑其他同學們。家族堂弟、弟妹說他是個很樂觀、開朗的人，也很照顧弟弟妹妹們，總是在口袋裡裝滿了水果分給他們。

遺書發現的經過與處理的始末

　　「遺書」能夠被發現就必須從《國家檔案法》的立法與施行說起。擁有世界最長紀錄的戒嚴時期是對於民眾知的期待可

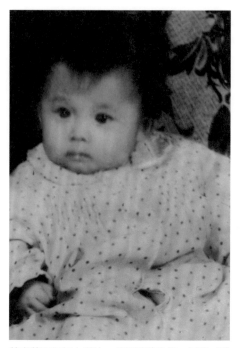

黃春蘭五個月大照片，父親遭槍決前，最後（唯
二）見到她的照片。（黃春蘭提供）

說是長期封鎖，大家皆有知的欲望，卻沒有知的可能性，檔案
法不可能被制訂。長期執政的國民黨並不樂見檔案法快速完成
立法，採取「拖」字訣。而相反地，當時的在野黨（民進黨）
很熱衷要儘速完成立法，因為一旦通過，所有的檔案就必須以
檔案法為依據，在一定的條件下，必須公開。國民黨倒行逆施
獨裁專政的種種惡行隨著檔案法的施行再也無法一手遮天，被
迫一一攤在陽光下，世界偉人的神話也終將被揭穿。檔案法自

一九八七年起草，雙方角力，歷經十二年於一九九九年才完成立法。

　　光陰荏苒，自認萬世千秋的政黨也終究輪替，有些過往的禁忌也開始鬆動。於二〇〇二年才由陳水扁總統公布施行檔案法。他並下令全面清查二二八檔案，從國防部軍法局調出的檔案中，發現夾帶白色恐怖案件判決書，之後經外界調閱，追查出許多真相，掀起歷史一角的傷口，觸目驚心，血肉模糊。

　　二〇〇七年的「再見蔣總統！反共・民主・臺灣路」特展中，展出了蔣介石當年的批改過的一些公文。其中一張，他親筆寫著：「黃溫恭死刑，餘如擬」（原判決為徒刑十五年）。記得那天上課前我收到堂妹的電子郵件告訴我這件事情，當下我幾乎無法站立授課。原來，原來，父親曾有機會活下來，見見這個他從未見過的小女兒。原來，原來，我曾經有希望成長

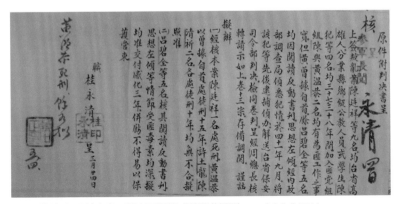

政治受難者名單判決書，蔣介石親筆「黃溫恭死刑」。（黃春蘭提供）

的過程中可以有父親的存在的。然而，蔣介石大筆一揮，粉碎了這一切。家，從此再不得圓。恨啊！怒啊！

　　二○○八年底，政黨輪替之後陳雲林第一次來臺，所到之處衝突不斷。就連網路上也討論地十分火熱。在一個討論區裡，我女兒回應了一則詢問戒嚴時期情況的文章，提及了我父親的事情。隔日，她接到網友的回信告訴她可以去國家檔案局申請相關檔案。

　　記得接到女兒告知申請的相關檔案（複印本）裡夾著寫於一九五三年五月十九日深夜（嚴格說是二十日清晨被槍斃前四小時內）遭槍決前留下字字血淚的五封遺書時，我正在醫院裡陪伴重病的母親，那簡直是晴天霹靂，讓我差點昏厥。這遺書是父親和我唯一的連結，足足遲到了超過半世紀，人生能有幾個半世紀？這麼久的內心與外在煎熬，能有幾人知？雖然我跟我父親從來沒有見過面，但是字裡行間我能清楚地感受到他對我的愛。

　　然而，從遺書的發現到真正拿回父親的絕筆，這又是一條困難重重的漫長路。一開始和檔案局溝通，檔案局說的是法律上無法歸還，這是屬於我們家族的私人信函，再怎樣也不會是國家檔案的範疇。之後，國家檔案局又說歡迎我們去參觀，它們被保存得很好，請我們放心。我家的東西並不是放在你家被保存的很好，我們就會同意的。過程中，「民間真相與和解促進會」也協助我們召開記者會，要求政府歸還遺書。直到兩年又八個月之後，才在二○一一年七月十五日臺灣解嚴二十四週

年紀念日上由馬英九總統歸還這些本屬於我們家的遺書。那天我情緒相當激動，淚流滿面地拿回遲到了五十八年二個月的遺書，我當面拜託馬英九總統請他以後不要再講蔣介石功大於過的話，這是在受害者的我們傷口上灑鹽，因為蔣介石就是殺死我父親的元兇。遺憾的是我母親於二○○九年七月二十二日不幸往生，等不及親手拿到遺書，已無法感受到丈夫臨終前對她的不捨與愛憐。偉大的母親終隕落：

隕落

清蓮老師我的媽

九十人生終隕落

四兄三姐又一妹

長榮女中受好教

欣嫁溫恭醫生媽

白色恐怖天墜地

驚恐堅強孤雛淚

良母師鐸受人敬

承歡膝下晚年過

七月廿二難以忘

母恩剎止滿襟淚

天堂安息我的媽

作者母親告別式現場，放置「請政府發還遺書」的訴求（黃春蘭提供）

從找到遺書到拿到遺書，花了將近三年啊！交涉過程，我們不怕挫折，努力嘗試過各種管道，越戰越勇，憤怒的情緒是逐漸被堆疊出來的。過程中，我們無法感受到馬英九政府當局有坦然面對過錯，療癒歷史傷痕的誠意。

政治受難者家屬的遭遇

我家的悲劇並未隨著父親的死而中止，幾十年來（即使解嚴之後），所有家人不論就業、就學、遷徙或出國旅遊等處處

父親死於白色恐怖，家人猶如被關在一副巨大牢籠裏，受到長期監控與不合理的對待。（黃春蘭提供）

受到長期監控與不合理對待。政治受難者的烙印就深深烙印在父親的血脈至親身上，猶如被關在一副巨大牢籠裡。

　　母親一直活在警總淫威恐懼之下，經歷了許許多多的監控和煎熬，警察三天兩頭就會上門做「戶口調查」，時時刻刻得報告行蹤。她養成了隨身帶著小包包，裡頭放了一張身份證以備檢查。即使到了晚年失智，她唯一的記憶就是「恐懼」，我是心如刀割。她可以將所有親人忘得一乾二淨，唯獨每天仍會拿出身份證反覆確認，會不斷的說身分證有多重要，不見了會被關。為了安她的心，我用掃描印出來並護貝，作一張與真身

四角已磨花的掃描舊版身分證（黃春蘭提供）

分證一樣大小的掃描版身分證給她，即使後來大家換了新的身分證，她手上拿的還是那張我做給她的舊身分證。

　　從小品學兼優，大四那年我以優異的成績申請到美國西密西根大學的研究所與全額獎學金，是十多位同學及助教中唯一申請到的。然而，卻毫無理由地被困在國內無法出國，沒有任何理由的，護照就是辦不下來。即使對方學校還保留了我一年的名額希望我能過去念書，沒有消息就是沒有消息，就這樣出國留學的夢想硬生生破滅了。可惡可恨的執政者是如何在戕害有為青年的，害臺灣少拿了多少諾貝爾獎（說不定包括我，開玩笑的）。多年後我拿到臺大博士學位，有些許的無奈！甚至到解嚴後，一九九二年我從三十多位應徵者脫穎而出取得唯一的教職缺，卻被安全調查了一個月之久，於開學前三天聘書才下來，如果安全調查沒通過，我是否就要流浪街頭了呢？不是解嚴了嗎？為什麼我還要受到如此地煎熬？

迴響

　　遺書的發現與歸還，經各大平面與電視媒體的大幅報導，引起許多的關注與迴響。這件事激起外界對於行政體系的官僚作風多所批評，要求必須主動清查所有卷宗是否夾有私人文書。檔案局原本以資料過於龐大為由拒絕，只能由家屬提出申請。但大部分家屬根本不知檔案局案卷中是否夾帶私人文書，自然

黃溫恭的遺書國家人權博物館籌備處展出（國家人權博物館籌備處提供）

不可能提出申請。後來在各方施壓下，才促使檔案局全面清查找出有一百七十多份私人文件。由於申請返還之過程繁瑣不便，目前僅有少數私人文件回到家人手中。在此呼籲，檔案局要化被動為主動，應盡一切的努力，透過各種管道及早將私人文件歸還給家屬。

二〇一一年十二月十日我獲邀出席國家人權博物館籌備處成立揭牌活動，我語帶哽咽地朗讀父親寫給我的遺書，感動了所有與會者。在景美園區闢設有一間專室，展出「黃溫恭遺書的故事」。此故事已成為人權教育很重要的教材內容，其中「人權停、看、聽——停下腳步、看到人權、聽見希望」和「二二八變奏曲」兩個教案分別獲得人權教育校外教學教案首獎和優選。

我接獲許多認識或不認識的親戚或朋友的來電或來信，感人無數。其中：

社會學研究生伶仔這樣寫著：自昨夜到今晨，翻閱早上的報導與昨日專訪，彷若兩年前在病房外我們懇談的那四小時中觸及的生命軌跡，又全都回來了。能夠看到令尊關愛家人的書信遲了半個世紀以上，終於回到家中，是既感慨又激動。對於您與旖容還有旖容阿嬤面對生命曲折的勇氣與堅毅，我是深深受到感動，亦深深敬佩著。期望，我們都能如您一樣勇敢；不畏強權，又具詩意的生存姿態。

麗美老師這樣寫著：我知道這社會上一定有很多人像我一樣，「白色恐怖時期　遲來的遺書」有著深深的遺憾及感動，您的父親真是一位了不起的好爸爸、好醫生、偉人。

　　琡惠老師這樣寫著：這次之所以會參加人權教案的比賽，主要是因為是在暑假有先參加過「景美人權文化園區種子教師營」，在研習當中聽到了許許多多的關於白色恐怖的歷史，五封家書的故事也是我在研習營當中聽到的，印象也非常的深刻，很難想像一個人在槍決了數十年之後遺書才交到自己的家人手上。在教育的現場當中，我希望透過社會領域的課程讓孩子可以更加認識臺灣曾經發生過的歷史。當然有了好的社會資源（景美人權文化園區）我們更是需要善加利用，這學期末我也希望可以帶孩子到園區去參觀，改變以往快快樂樂郊遊去的校外教學形式，希望可以透過這一次不一樣的行程，讓孩子可以更加深刻體會到當時沒有人權的白色恐怖時期。

　　政欽學弟這樣寫著：也許您已經不記得了，我是老師第二屆的學生，當時與您有同修一年的時間。近日無意中從新聞看到您的訊息，心中突生想寫個短箋向您表示敬意，對於您長年心中的壓抑與堅忍，弟深深表示敬佩，希望您能透過未曾見面父親的家書撫慰您多年的遺憾。

　　長住國外且從未連絡過的遠房姑丈這樣寫著：由 Internet 看到大一及妳的照片及不幸的經驗，感到很悲傷，…希望妳收到此信。

　　在迴響當中最讓我感動的是學生的先生錢鋒霖聽了遺書的故事後，花了無數的時間與淚水創作了「謹致」作品：

謹致

聽過許多動人的故事

感動

但是距離自身卻很遙遠

在不久之前

從老師口中得知此事

它　很近　很真實……

一位身為人父人夫的最後告白………

細讀遺書之後

我 眼眶不知不覺濕了

是真情流露

字字句句表露出心中的惆悵與無奈

看見了人在生命終點之前

勇者無懼

所做最後的遺願……

他是日本醫學畢業的高材生

回國正要施展抱負一展長才之際

受到政府無理迫害

冠以莫須有的罪名

被予以判刑

正處戒嚴之時

被當權者以尖利無比的文批

改判死罪並處以槍決

當年他只有三十三歲

被迫與六年婚姻的髮妻、二名稚子及尚在襁褓中嗷嗷待哺的么女分離

戒嚴體制下

無人權的民風

只得任人擺佈

成為戒嚴時代下的犧牲者

悲…………

僅能藉著五封遺書

留下對家人的眷戀

………

可恨又可惡的當局

竟將遺書封鎖長達五十八年之久

讓家人承受了五十八年不白之冤

時代的變遷

政黨的輪替

家人努力不懈的查訪

才得以將塵封已久的遺志取回

一切的真相 過程 終於對整件事作出合理的解釋

是遲來的正義嗎？

似乎來的太晚

他是個仁慈的醫師　投以大愛遺留人間

他是個有責任的丈夫　關愛對家庭的眷顧

他是個愛家的父親　滿懷對子女的不捨與愧疚

如今　一切都明瞭了

無情的命運　終究

安排了這悲慘的人生

身為家庭支柱的我們

應感到汗顏

原來真正的勇者

是您……

黃溫恭　先生

家人們將永遠以您為榮

正值年輕少壯時　受迫政治戒嚴日

遺書道盡掛念事　字句刻畫景荒蕪

遺願望達至親情　無奈慘遭蓄意心

家眷踏尋奔波日　大愛得以傾囊出

轉型正義的努力與期待

　　女兒意外發現她外公給家人的遺書，揭發了國民黨政府非法扣留遺書的劣行。她感嘆，納粹屠殺猶太人到現在都還有執法者被後人審判，為何臺灣不斷有受難者被發現，卻沒有看到任何加害人？這不是很奇怪嗎？我相信光憑蔣介石一個人無法辦到，其他的人呢？我很想知道是那個（些）人下令不把遺書交給家屬的？或是那個（些）人擅自將遺書扣下的？政府說要轉型正義，卻未追查加害人，叫我們要去原諒誰？

　　即使在戒嚴時期，也沒有任何一條法律允許總統可以將被告逕為變更原判決，而直接加刑甚至擴大株連的範圍，肆無忌憚的誅殺所有可能的敵人，毫不手軟，只要大筆一揮，人頭就落地。蔣介石在這些簽呈上直接加刑的違法事實，十分明確，

作者女兒張旖容在外公黃溫恭名字前獻花。（黃春蘭提供）

完全無可辯駁。中正紀念堂這種持續以國家資源紀念威權領袖，蔣氏銅像迄今遍及全臺各級學校、公共場所的獨特現象，在民主國家是幾無前例。政府說要轉型正義，卻不願清除這些障礙物，叫我們要如何相信政府的誠信？

臺灣解嚴已四分之一世紀，但我們對戒嚴歷史的了解仍然流於片段、零散，甚至誤解。不論是還給家屬公道，或協助研究者還原歷史真相，政府有不可逃避的責任與義務，應該要多編列預算與人力，更積極、系統性且全面去整理與研究，讓歷史正義還給受難者與家屬，將歷史真相還給下一代的臺灣社會。

我期待轉型正義的落實，讓臺灣早日從白色恐怖傷痕中痊癒。我的遺書血淚：

遺書血淚

受難	正義
滿腔熱血留日醫	緊鎖半世五遺書
不容當局劊子手	一子二女妻又妹
白色恐怖成冤魂	國家人權血淚史
行前振筆交待事	孫女揭秘惡行露
愛憐不捨含恨去	要回真跡漫長路
妻少離幼血淚親	民間真調用心多
淚乾堅忍驚弓鳥	補償基金程咬金
子孫優傑光耀祖	撫平傷痕等正義

作 者 簡 介

　　黃春蘭，白色恐怖受難者黃溫恭醫師遇難時，
她只有五個月大，父女還來不及見上一面。東海大
學化學學士、美國蒙大拿州立大學化學碩士和臺灣
大學化學博士，目前為國立高雄海洋科技大學水產
養殖系副教授。先生為內科醫生，女兒目前攻讀英
國幹細胞博士學位，發現她外公的五封遺書。兒子
則攻讀美國人工智慧博士學位。

白色的歲月　變色的我

姚沐棋

受難者簡介

　　姚勇來、沈嫄璋夫婦：一九六六年，同是任職《臺灣新生報》的編輯姚勇來、記者沈嫄璋夫婦，因為和調查局第三處處長蔣海溶、副處長李世傑是同鄉好友，當時正值蔣經國部署接班，需先掌控情治單位，因而引發調查局的內部鬥爭。起初，有人檢舉姚勇來、沈嫄璋在中國福建當記者時曾參加讀書會，但李世傑認為不可信，而將公文簽結。調查局為了整肅李世傑、蔣海溶，先以此理由逮捕李世傑，指控他是潛伏匪諜，再逮捕姚勇來、沈嫄璋夫婦，刑求逼供要他們誣咬蔣海溶、李世傑是共產黨。結果，沈嫄璋慘死在調查局第一偵訊室，姚勇來也在妻子含冤死後，被判刑十年。出獄後才能去亡妻墳前祭拜。

　　三十四年前，我的城堡——一個充滿著歡笑、美滿、幸福的家，在瞬間全毀了，它的災難不是天災，而是政治迫害，也就是當下大家耳熟能詳的「白色恐怖」。身為一個白色恐怖受

害者家屬的我飲恨吞聲，經歷那種膽練回分的驚恐、心肺俱焚的傷痛！至今仍無法在物換星移後得以撫平。

母親在當時被尊稱「沈大姐」

　　父母親都是新聞工作者，父親姚勇來是前《新生報》的編輯，母親沈嫄璋則為同報社的記者。在當時，女記者是少之又少，母親卻是佼佼者。提起她，人人都會豎起大拇指，並尊稱她「沈大姐」；她熱心助人，對那些剛出道的記者特別關照，帶著他們跑新聞。母親的新聞是絕無「獨家」，只因她怕才踏入社會的同事「獨漏」新聞而遭報社不予重用。逢年過節時，她更邀請她們到家中過節，母親總說：「這些叔叔們都是離鄉背井、獨自到臺灣來，逢年過節家裡都在團圓，而他們卻連頓飯都沒得吃（當時的年節，飯館都休業），多可憐啊！」這就是我的母親，永遠懷著「人飢己飢」的心情關懷人群。

　　一日，有位自稱是二姊同學的女孩子，打電話到報社給母親，告訴母親說：「念璋生病了！高燒不退。」二姊是早產兒，身子骨一向單薄，體弱多病的她遠行至臺中讀書，母親是千萬個不捨，總是牽腸掛肚，常叮嚀她要多加保重，更要她準備考插班考，希望她能回臺北就讀，以便就近好好為她調養身體。那通電話，使母親心中忐忑不安，向報社請了兩天的假，帶著我前往探望二姊。

　　坐上當時最快的火車（坐臥兩用的火車。當時的火車很慢，
到臺中要坐六個多小時），母親懸著一顆心，擔心二姊的病情，
時而祈禱，時而嘀咕自己懷孕時太忙太累而造成了早產，害得
女兒為此而受苦受罪。言中對自己的責難甚深。母親深鎖眉頭，
眼角泛著淚光，我知道她真的很擔心二姊！

沈嫄璋任省政記者時的照片（作者丈夫吳義男提供）

那位打電話到報社的藏鏡人居心何在？

　　下了火車，走出月臺，攔了輛計程車，就迫不及待地衝往靜宜文理學院，進了學生宿舍，找到二姊的寢室，卻不見二姊的人影，母親緊張地猜測說：「一定是緊急送醫囉！可別出什麼差錯啊！主啊！保佑她吧！」我說：「媽！先別急，我們問問她的同學。」因逢星期六，寢室中剩下寥寥無幾的同學！「念璋啊？去看電影啦！伯母！你們到前面的會客室坐一下吧？電影也快散場了，她快回來了。」我真懷疑自己的耳朵聽錯了，急著問：「看電影？她不是生著病還發著高燒？」只見那位同學搖著頭，一臉茫然的回答說：「她確實是好好的呀，真的，不用操心啦！」我百思不解的是那位打電話到報社給母親的藏

作者的雙親姚勇來、沈嬿璋夫婦。（吳義男提供）

鏡人居心何在？玩弄著一位母親的愛於掌心，讓母親從接到電話的那一刻起，就茶不思飯不想！這個玩笑也未免開得太過火。但母親一聽二姊平安無事，心中只有無限的感恩，終於放下心中的那塊石頭，安心地靠在椅子上閉目養神，我知道她真的累壞了，從昨天接到那通神秘電話，她徹夜未眠，我看著書，安安靜靜地坐著，等待那個看電影看得很過癮的二姊回來。

　　長廊的盡頭響起了腳步聲，談笑風聲的二姊在一群人中出現。母親站了起來，一個箭步衝向前。明知她沒病也沒燒，仍說：「來，讓媽媽好好看看妳。」二姊十分驚喜，因為老媽一向是那個從不請假的超人記者，雖她有時南下跑新聞，若路過臺中，在時間範圍許可之下會去看二姊。但總是來去匆匆，今天，因帶了我這個小跟班的，二姊自然知道，老媽一定是休假特地來看她。她感動地擁抱母親，母親更緊緊擁抱她。

作者姚沐棋，本名姚勤，二〇〇八年七月在總統府前介壽公園的白色恐怖紀念碑留影。（吳義男提供）

最後的晚餐

已近晚餐時刻，母親決定帶我們去吃個小館子，給二姊補補身子，再找家旅館住下，二姊可以與我們住旅館，訴訴母女的貼心話，對母親的安排，我們都十分贊成。母親選了一個北方小館，並點了清蒸牛肉湯（母親常說牛肉是最好補品），二樣家常小菜與一盤炒青菜；當我們愉快吃飯話家常時，餐廳的大門推開了，三位不速之客進入，其中一位正是我們熟到不能再熟的調查局謝小姐（她常來家中走動），另兩位則是從未謀面的彪形大漢，母親放下碗筷，與謝小姐走入化妝室。當時我們姊妹倆沒有感到任何異狀，仍吃著飯，至母親與謝小姐回到餐桌上，母親卻不再拿起碗筷，只靜靜地望著我們若有所思地。

「媽咪！再吃點！我聽妹妹說為了那通怪電話，妳擔心著我，寢食難安，來，我為妳夾菜，喝點牛肉湯補一補元氣，也順便壓壓驚。」二姊忙著又夾菜又盛湯。母親搖頭攔著說：「不用，不用，我真的吃飽了，臺北有點急事，今晚我們要趕回臺北，妳們吃完飯，就先送妳回宿舍，我與小妹妹連夜趕回臺北去。」我一頭霧水，心想臺北有事，也該是由報社的人通知，為什麼會是調查局的謝小姐前來呢？

生離死別的一握

　　坐上調查局的車，送二姊回宿舍後，車子直驅臺北而行，因當時並無高速公路，車子雖加足馬力，仍跑了六個多小時之久！途中免不了要下車「方便」，令我感到奇怪的是，謝小姐總有意無意的讓母親與我沒有獨處的機會，像守著人犯似的防著我們。車子終於到了三張犁（調查局當時所在地），母親與謝小姐下了車，臨行之時，母親說：「乖女兒，車子會送妳回家，我因還有事要辦，等辦完就會回家的。」

　　在黑暗中，我看不見母親的臉，只是伸出雙手，緊緊握著她的手，誰也不知曉那一握竟是生離死別的一握，而那頓晚餐竟也是我們母女三人共聚一堂的最後一頓晚餐啊！

　　回到家中，面對的是一個「全然變了樣的家」，它彷彿經歷了一場狂風的侵襲，散落一地的衣物和書籍，以及瓶瓶罐罐的化妝品，零亂不堪！目睹如此這般的情景，恐懼吞沒了我，那種不寒而慄的感覺由心底深處竄起。我狂叫著：「老爹！老爹啊！你在哪裡？」已婚的大姊與表妹小鳳聞聲，由臥房中出來，我看見大姊彷彿看到了救星！她擁抱著我問到：「媽咪呢？」我說：「她說要去辦事。老爹呢？誰把家弄成一團糟呢？」大姊說：「我也不清楚！晚上打電話回家，小鳳哭著說晚飯後就有調查局的人員來帶走老爹，我立刻趕回來，看到那些調查人員地毯式的搜查著家裡每一個角落，個個凶神惡煞的，弄得我

們不知所措，還好我回來，不然小鳳一個女孩子家面對他們，一定會嚇壞的！」

望著表妹小鳳，她仍一臉惶恐，因這種「心驚膽戰」的戲碼，在七年前也曾發生在她家，而姑丈薛介民、姑姑姚明珠是被槍決的，我知道表妹心中難以承受這個事實！但我的思緒十分混亂，也無法安慰她。父母幾乎是同一個時間（一個在臺中，一個在臺北）被逮捕，調查局處心積慮地安排，用一通電話騙母親至臺中，以掩人耳目，居心何在？

一場「偷天換日」戲法

後來才知道，整件事的來龍去脈是從一九五〇年起在兩蔣「寧可錯殺一百，絕不錯放過一個」的高壓政權之下，「白色恐怖」正如火如荼地在全國每一個角落暗中進行著；我的父母是一九六六年出事的，內情實為調查局內部的一場派系排擠之鬥爭，而當時調查局第三處的蔣海溶處長及第一處的李世傑副處長都是父母三十多年的老同學、老同事（他們都曾服務於報界），因為要利用他們來捏造、誣陷——陷老友於萬劫不復之地，所以才逮捕我父母。

母親的為人一向秉持著「仰不愧於天，俯不怍於人」的磊落操守，要她昧著良心去陷老友於不義，她寧可咬緊牙關，受盡百

般屈辱及各式慘無人道的酷刑，歷經八十五天「求生不得，求死不能」的非人生活，終不支，命殞於調查局偵查室。

眼見有利證人奄奄一息，在情急之下，於是展開一場「偷天換日」的戲法，把母親的屍體移至留置室（母親獨自住），並佈置成自縊狀，速押家父前往，命他為亡妻更衣、化妝，並逼迫簽下同意書（同意妻子是自殺身亡），在滂沱大雨的黑夜，利用軍車載往六張犁公墓，藉由車燈照明，挖掘墳土，在神不知鬼不覺之下，偷偷地草草把她下葬了，在回程還一再恐嚇傷心欲絕的父親：「不得走漏任何消息，否則下場一樣。若能全力配合，會從寬辦理，讓你能及早回家與女兒們團聚。」

可憐父親，見亡妻慘遭酷刑，含冤而斃，死而不能瞑目。在他為她擦身更衣時，曾學過醫的父親仔細觀察著，發現母親右頰顴骨下有一塊約巴掌大的紫青，嘴巴微張，嘴唇發黑，而舌頭並未露出，也沒有流鼻涕、口水，頸下勒痕左邊比較明顯，約有小指寬，右邊則看不清，雙手握拳，手掌並未下垂——這所見的一切，都證明了一件事實，就是調查局人員睜眼說瞎話，母親是活活被刑求至死，絕不是自縊而死的。

「匪諜之女」如影隨形

雖然擺在眼前的是一個天大的謊言，但父親深深明白，自己的處境岌岌可危，如履薄冰之上，只得默默為愛妻闔上雙眼，

為她祈禱，還得承受著妻亡而不能表現出一絲絲傷悲的壓迫，更徹底了解調查局人員心狠手辣，敢怒不敢言，承受著這人間最慘絕人寰的悲哀！

　　一夕之間，如晴天霹靂，父母憑空消失，還在就學的我們頓失支柱，淒楚難以言表。而調查局幹員見我們全是弱女子，孤苦無依，三番兩次，在深夜，一票人馬前來家中，翻箱倒櫃地搜查，將一些值錢的東西搜刮一空，他們既沒有出示證件來證明他們的身份，更無搜索令，個個橫眉豎眼！心有餘悸的我們只好搬離寓所，住進《新生報》位於大坪林的單身宿舍，以擺脫被「騷擾」的處境！

　　在當時，政治犯是眾人聞之變色的，親朋視我們（政治犯的女兒）如洪水猛獸，唯恐深受牽連，連在路上遇見我們也視而不見。我們嚐盡了人間冷暖與現實。幸運的是，一位表叔（他在美國學成，歸國創業）在我們姊妹最無助時，及時伸出援手，讓我有機會完成高職的學業。未畢業前，家中的生活費表叔負擔，但大學學費得靠自己；二姊辛苦的兼著英文家教賺取自己的學費，順利完成大學學業！

　　畢了業！學美工的我到廣告公司應徵，卻到處碰壁，我原來還不知原因所在，後來左思右想，終於想通了，是那個如影隨形的特殊身份！匪諜之女，使我有志難伸。只好退而求其次地去美商開的美國運通公司做一名女工，賺取微薄的薪水，省吃儉用過日子，二姊讀外文系，畢業後考上外國公司做秘書，但她也曾試過臺灣公司，也總是不被錄用。

卸下偽裝、跌入深淵

　　在適婚年齡時，找一個能寄託終生的伴侶，對我們來說更難囉！因為我們身上被刺著一個永無法抹滅的記號，一個人人見而惶恐的記號。在家世不清白的陰影下，再好的對象也對我們望之卻步。我們為了保護自己，也學會戴著面具，不以真面目示人，更沒有個能真正談心的知己朋友─完全處在孤單，封閉自己的喜、怒、哀、樂，關在自己的圈圈中。長期處在恐懼不安的我，午夜夢迴之際，那揮不去的夢魘，總像錄放影機，不停放映著一幕幕毛骨悚然的泣血史，使我承受著失眠的摧殘。

　　在父親愛女心切的穿針引線之下，我才有了歸宿，雖門戶不相當，但老公吳義男與我同是天涯淪落人（他也是「白色恐怖」的受害者，被判七年），兩個受苦受難的人，真正的能相知相惜，那份愛堅如金鑽！七年來我所苦思而沒有答案的疑問，他給了我答案。更由於他，我了解了我親愛的老爹在獄中的一切（他曾與我父親關在同一牢房）。我像尋到一位知音，多年來，我第一次能徹徹底底摒除面具在沒有任何偽裝之下暢所欲言，使我真正的自那無形的牢籠中完完全全釋放出來！

　　婚後不到三個月，我竟在沒有任何預兆之下得了「精神分裂」，至今雖事隔多年，我仍記憶猶深，自己彷彿是掉進了萬丈深淵，我掙扎著，拼了命地掙扎著，恐懼吞噬著我，為了要徹底終結那份令我窒息的恐懼，我曾三度投溪自殺而未遂！其

他的事情全記不清了，那段生病的日子，就像是一片空白，老公說那段日子我時而哭泣、發抖、喃喃自語：「別把我活埋啊！」瘋瘋癲癲，不吃、不喝、不睡，當他拿飯菜到臥房給我時，我用力打翻所有的飯菜，並狂喊著：「別想毒死我！我知道你是調查局派來的，你們害死我的母親，還不夠嗎？給我滾！滾得遠遠的！」他耐著性子勸我，但任他說破了嘴，我都不相信他是我老公。我把自己鎖在臥房中，他見事態嚴重，打電話到精神病院請求援助，救護人員破門而入，硬生生把我送上了救護車。

到獄中舉行婚禮

大姊、二姊接到我老公的通知，前來斗六探望，見到我時，她們心痛得糾成一團，因為她們面對著么妹，竟是一個瘋言瘋語的瘋婆子！我對她們視若無睹，聽見門外有車聲響起，我慌慌張張的由病床跳下，躲到病床下說：「他們來了！那些調查局的惡魔來了，要來抓我去活埋啊！上帝，請救救我啊。」姊姊們全都被嚇呆啦！真的不能瞭解，更不能想像嫁到鄉下不到九十天的妹妹會瘋成這樣。

當時我的姊姊們，對我老公極不能諒解，責怪著他說：「好好一個人，嫁到你家還不到三個月，就瘋了！我們真的不知道你是給她過什麼樣的日子啊！」他面對姊姊的責難，無言以對。原本我們的婚姻是不被看好的，姊姊反對的理由是：「自己父

母有白色恐怖的事件，使我們都深受其害（言行被暗中監視著，毫無自由可言），老爹是被關久了，頭腦不清楚啦，把妳的婚姻大事當兒戲，妳自己可不能把自己的幸福葬送，要三思呀。」這是我們決定要結婚前，大姐苦口婆心的勸告。但我心已屬，堅持著非嫁給他不可。

當時我把喜訊在面會時告知還在服刑的老爹，老爹大喜！因為他仍在服刑，無法親自將我交到新郎手中，更無緣看著女兒步上紅地毯，走過人生最重要的一程，為了彌補老爹的遺憾，我們去申請特別面會，結婚當日在獄中舉辦一場簡單的婚禮，在老爹的祝福與見證之下成為夫妻，老爹拉起我的手交到他手中，並含著喜悅的淚說：「請你好照顧我最寵愛的女兒，共創美好、幸福的人生，我將永遠為你們祝福與祈禱。」

幸運的是我的病在住院近半年的精神病院後，終於痊癒了，姊姊們不願再舊事重演，我們搬到臺北組小家庭。我的主治醫生在姊姊們追問我的病因下，曾表示我的病是懷孕引起的，姊姊們卻認為是由於門戶的不相當，拿筆的嫁給鋤頭（老公家務農）的，整個生活環境截然不同而引起。當然她們的判斷是憑空而來，我確實有適應不良的感覺，在我們家若打破了個碗，父母會關心著我們是否受了傷？總是關心地仔細檢查著我們的雙手，唯恐我們被碎片割傷，忙著拿藥箱來為我們敷藥。婚後我面對的是受日本教育的公公——一個十分大男人主義的長輩，與一個目不識丁的婆婆，在他們家，碗比人值錢，他們只會心痛那個破碗。

一九七三年十一月十一日景美看守所仁愛樓二樓禮堂內，出獄半年的吳義男（左）娶姚勇來（中）的三女兒姚勤（右）的結婚照。這也是景美看守所內唯一的獄中婚禮照。（吳義男提供）

一根粗麻繩

　　為了一個破碗，我挨罵，而且還是夾雜著三字經！末了不忘了加一句「妳好去死啦！」，如天堂、地獄之別的生活啊。所以我不否認這也是導致我精神分裂的原因之一。

　　但最主要的導火線，仍是母親在一九六六年冤死調查局，使我無時無刻都感覺到那種恐懼正永無止境地佔據著我的心頭，讓我的心支離破碎，心力交瘁，不能自己，更為發生在母親身上的悲劇怨入骨髓，這才是我那突如其來的精神分裂的主因。在長期的惶恐與壓抑之下，連唾手可得的睡眠也與我無緣。入夜時分，我常徹夜輾轉難眠，那種痛苦是一種無情的折磨，使我精神渙散，我常異想天開地希望能把腦中的那個電源關掉（這也是我幾次自殺未遂的原因）。而在無法關掉那個電源之時，又因承受太多，我選擇了讓自己徹底瘋掉，為著是逃避那場腥風血雨的浩劫所留給我的戰慄！

　　歐陽劍華畫作在二〇〇〇年八月底有一場「一九五〇仲夏的馬場町歷史圖片集」新書發表會，公佈多幀未曾被公開的「白色恐怖」時期政治案件審訊、槍決行刑的照片，我沒有勇氣去現場目睹，但仍坐在電視機前，看著記者招待會，受訪的作家柏楊先生老淚縱橫地訴說著，他在牢中所看到不堪回首的悲劇，在最後竟提到母親，「最悲慘的是《新生報》記者——沈嫄璋，他們竟然扒光她全身的衣服，強迫她用力坐在一根粗麻繩上，

綁在兩頭的麻繩綁得很緊，在沈大姊往上坐之時，它因承受到壓力而反彈，她下體便血流如注。」天啊！我一直都清楚明白母親是受酷刑致死，卻做夢也未想到，竟是如此不堪的情景，在完全沒有任何尊嚴之下，任由調查人員百般蹂躪，毒手摧殘，我悲從中來，淚如湧泉！

誰無父母啊？母親的死訊，是父親移送新店看守所後在面會之時告知大姊，大姊離開看守所，立刻前往六張犁公墓，由於事隔多年之久，父親又不能清楚說出墳墓的所在，只記得母親的墳後有一位小朋友「王某某」之墳。大姊千辛萬苦的在墳山上尋找亡母之墳，磨破了雙腳，由日正當中尋至黃昏、日落，才尋到一個沒有立墓碑的墳，墳後正是王小弟弟的墳墓。

尋到母親的墳，我們所有的盼望，都隨之幻滅了，大姊帶著我們，前往母親的墳墓，獻上了她生前所最愛的紅玫瑰，為她祈禱。面對這個不容抹滅的事實，我們姊妹真的是椎心泣血，但任由我們哭乾了淚水，也喚不回我們所敬愛的慈母。

青春在腳銬下流逝

父親經歷了十年冤獄（原判十五年，因大赦而提前出獄），踏出看守所時已白髮蒼蒼，彎腰駝背，老態龍鍾，三千六百多天的牢獄歲月，老爹被折磨得不成人形。老爹說：「妳們誰也

不要攔著我！我在牢中日夜盼著的就是當我出獄之日，所要做的第一件事，就是要上嫄璋的墳上為她祈禱，妳們不知道她死得多悽慘啊！」我們只有順著他，驅車至六張犁公墓，在百草叢生的墓地中，見父親斷腸消魂地喚著愛妻，一聲聲淒淒涼涼地叫著：「嫄璋，嫄璋啊！我來看妳啦！」劃破了寧靜的天空，做女兒的我們心如刀割，相繼跪下，擁抱著老爹嚎啕大哭。

父母的不幸，在臺灣「白色恐怖」的政治受難者中，並不是僅有的悲劇，從塵封的檔案中，一九四九年至一九五四年「白色恐怖」的高峰期，共槍斃了四千五百人，下獄三萬人，而從一九五五年至解嚴前仍屬「白色恐怖」時期，看看這些數據，政治受難者的青春在沉重的腳鐐相伴下流逝，而被判死刑和被刑求致死的人，其中又有多少是被冤枉的呢！在沒有人權的日子，「欲加之罪，何患無辭」！

而今「白色恐怖」經由許多名人賢士的努力奔走，得以平反，遺憾的是母親的個案與其條例完全不符，故無法得以平反，更另我們姊妹有「扼腕之痛」的是，調查局偽造她的自白書，陷她於不義，更一手遮天，以「畏罪自殺」虛而不實的臭名加以扣之，使母親一生的清譽毀於那些惡貫滿盈、擅作威福的小人之手；對我們這些做女兒的來說，這何嘗不是再次謀殺我們所尊敬的母親呢！常言道：「舉頭三尺有神明！」我相信老天自有定奪，還我母親一個公道，讓我沉冤三十四年的母親得以安息，讓她在天之靈能有所慰藉。

　　我自知寫文章並不在行，更不能「青出於藍，更勝於藍」，但我仍要在我有生之年握著筆，感覺那份母愛，藉由那枝筆傳入我心的深處。

　　在「樹欲靜而風不止，子欲養而親不待」的遺憾下，做女兒的我，無法回報母親的養育之恩，雖我不能使母親重生，但

坐牢十年的姚勇來出獄後，才能到六張犂妻子墳墓前祭拜。
（吳義男提供）

我要她知道她的女兒永遠以有她這位母親為榮！

在「白色恐怖」陰影下成長的我，這一段刻骨銘心由血淚交織成的心路，在寫它時，我一面痛苦地回憶著不堪回首的往事，一面仍忍不住落淚，痛心疾首地寫下一字一句，希望藉由它，能真正釋放那個變了色的我，把纏繞心頭多年的悚懼徹底消除！我多麼希望我能坦然地做我自己啊！

作 者 簡 介

　　本名姚勤，現改名為姚沐棋，為姚勇來、沈嫄
璋的三女兒，在二十歲時父母雙雙被捕。二姐就讀
靜宜文理學院，大姐和大姐夫都在電視臺當演員和
節目製作人。

　　由於父親姚勇來當時仍在景美看守所坐牢，姚
勤不想如二姐一樣遠嫁國外，她決定嫁給曾和父親
同房的出獄政治犯吳義男，並且在景美看守所仁愛
樓二樓禮堂，由父親姚勇來的見證下，完成景美看
守所第一次的獄中婚禮。

永不開花的枯葦

吳俊宏

受難者簡介

劉耀廷：原在高雄州立女子高等學校任教的劉耀廷，一九四九年轉至臺北大安印刷廠擔任經理，後來大安印刷廠被控暗中印製中共宣傳刊物，劉耀廷在一九五二年十月十七日被捕，於一九五四年被槍決。

陳顯榮家族的慘劇：陳顯榮的父親是二二八時嘉義中學校長陳慶元，但二二八事件時，陳顯榮的四哥陳顯宗、六弟陳顯能都慘死，三哥陳顯富也在清鄉白色恐怖時期，先被逮捕，欲運用他來偵查地下組織。陳顯富因不積極配合當局，而被認定沒有利用價值，仍然慘遭槍決。

陳美虹

夜深了，陳美虹，獨自坐在客廳的沙發上。她燃起一根煙，吸了起來，多年來為了小孩，她已戒了煙，但此刻她已顧不得

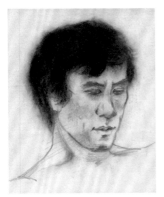

陳美虹遺作「夫吳俊宏畫像」
一九八六年六月十八日
（吳俊宏提供）

自己的身體了，她一根接一根地抽著，繚繞的煙霧掩蓋不住她一雙迷惘的眼神。

前年她罹患乳癌，開了刀，兩年後的現在，癌細胞又復發了，今早去看醫生，醫生的態度已很明白地表示，她已無救了。

她今年才三十九歲，小孩才五歲，就此離去，她不但放不下心小孩，更為她這短暫的一生，頗覺無奈。

她拿出一個小藤籃，這是她母親留給她及她的雙生妹妹陳美蜆的遺物。裡面存放著一疊信及兩本相冊，信件是她父親四十年前，從牢裡寄給家人的，以及她母親寄給她父親的。兩本相冊，是父親在牢裡製作給她家人的。

父親的信，是一九五二年十二月一日起，從當時的臺北市西寧南路三十六號之一（當時稱此處為東本願寺，為保安司令部情報處）及臺北市青島東路三號，保安司令部軍法處看守所寄出的。

信已泛黃，但信上父親印蓋的指紋還相當清晰明顯，印泥的顏色也朱紅如昔。信紙上偶爾散佈著幾片較大的褐黃色水漬斑痕，陳美虹一直認為它是她父親的眼淚，滴落在信紙上，日久呈現出來的顏色。

父親信總共寄回四十封，以後就再也沒收到了。

相冊是她父親在牢裡，以鋼筆的筆尖當刀片，用粗布紙張、糖菓紙等素材製作而成。父親在藝術上有很高的造詣，在兩本相冊的每一頁裡，父親都刻畫著各種山水、花鳥、動物等圖樣，並題了些字。在這些圖樣及字底下，再襯上各種顏色的糖菓紙，使得每一畫面都顯得栩栩如生。這些畫面都表露著她父親內心深處，對自己命運的期許和對家人的寄語。在一九五三年十月製作的第一本相冊的首頁，畫著一尊自由女神像，表露著父親在牢裡對自由的渴望。然而父親似乎也曉得自己來日無多，因此在另一頁上，他題著：「我可愛的小姊妹，美虹！美蜆！自強！！」

在一九五三年十二月製作的第二本相冊的首頁，陳美虹的母親貼上一張很小的日曆紙，上面印刷的日期是一九五四年一月二十九日星期五。就是這一天，她的父親劉耀廷，在白色恐怖的肅殺中，被當局處決，日曆上印著：「為救國家救民族而戰」。父親死時，她倆姊妹僅十一個月大。

陳美虹反覆翻閱著父親的遺物，她不曾和父親晤過面，對父親的認識，除了從親人的轉述外，

劉耀廷被槍決那天的日曆，妻子施月霞一直保存。
（吳俊宏提供）

她只能在父親的遺物中去遐思。父親的死，影響她的一生，當她失意時，她總會情不自禁的想起父親來。此刻，面對她那行將結束的生命，她腦海裡喟嘆地不斷浮出：「如果父親不死……」的種種幻想。

生父劉耀廷

劉耀廷，一九二五年生，臺灣澎湖人，家境還算富裕，幼時舉家遷至高雄，中學時全家再遷往日本，畢業於日本早稻田大學法科，臺灣光復那年，因某種迷信的想法，再遷回高雄。

他個性沉默寡言，生氣起來，良久不說一句話。為人正直，樂於助人，頗具藝術天分。據說在他去世十餘年後，有一位他在日本求學時的音樂老師來臺找他，準備送他一部鋼琴，聽說他已死亡，不勝唏噓，痛惜地說他是一位難得一見的天才。從他在牢裡為家人製作的相冊看來，他在美術、書法、工藝等藝術上，的確相當具有天分。

劉耀廷年輕時照片（吳俊宏提供）

他為什麼捲入這場白色恐怖的肅殺中，而致殞命，其確切原因，他家人全然不知。直至他被處決之前，他家人從沒收到起訴書或判決書，只在他死後收到領屍通知單。

他的詳細案情，一直到一九九九年，他死後的四十五年，筆者遇到他的一位同案方阿運先生，才取得他的判決書，揭開了掩藏幾近半個世紀的謎底。

他原任職於高雄州立女子高等學校（現高雄女中），教授英文及美術，一九四九年轉至臺北大安印刷廠工作，擔任經理職務。這個印刷廠，位於現在的臺北市忠孝東路與八德路交接處，當時是中共地下黨的印刷機關，專事暗中印製中共的宣傳刊物，據判決書記載，其所印刷的有：「中華人民共和國開國文獻、中華人民共和國國歌、及新聞論文等」。此印刷廠負責人為當時知名作家呂赫若（註一），據說部分資金來自於辜顏碧霞（辜振甫大嫂、辜濂松之母）。

劉耀廷是否因曾與呂赫若相識而被邀參與這個印刷廠的工作，不得而知。他大概於此時投入社會主義革命的行列裡，據判決書記載，他於一九四九年八月中旬及九月間，兩度參與刊物的印刷，並於同年十月間在劉述生的吸收下，加入中共地下黨「TL 支部」。

一九四九年秋中共地下黨基隆市工作委員會被破獲後（註二），地下黨鑒於形勢危急，即將此印刷廠解散，呂赫若躲入鹿窟山區基地（註三），劉耀廷則回到高雄老家，與相戀多年的施月霞結婚。

一九五二年十月十七日深夜，他在高雄家中被捕。其大哥劉耀星，為了營救他，曾四處奔走，找關係說項，不少情治人員也上門來，謊稱有辦法營救其弟，要他拿出金子來打點。親友們皆勸劉耀星不要給，因為那可能是來詐騙的。劉耀星卻說：「不管是不是騙，這些錢是不能不花的，我必須給月霞有個交待，讓她瞭解我們已盡全力在營救耀廷了。」

恩愛夫妻牢裡牢外

劉耀廷被捕後，施月霞正懷著六個月的身孕。他們夫妻原本至為相愛，正當他們期待著那即將出世的愛情結晶時，殘酷的時代黑手，卻強將他們拆散，一位在臺北的黑牢裡，一位在高雄挺著沉重的身孕，他們兩地不僅相思，更彼此背負著椎心的牽掛。然而這一切，似乎也只能在日記裡各自地自我傾訴著：

劉耀廷，施月霞合影（吳俊宏提供）

思念你！思念你！

我心愛的耀廷啊！

以這支淚水串成的筆寫給你，

待何時

思念的你

才歸來

在這充滿回憶的兩人房間裡

只剩我一人寫著日記

　　一九五二年十一月十七日夜十時半，劉耀廷被捕後的一個月，施月霞在她的日記裡，以日文寫下以上這首詩。

　　隨後她又寫道：

施月霞日文日記（吳俊宏提供）

　　我夫耀廷，一個月前的今夜，剛好這個時候，正很好吃的樣子地，吃著我用番薯做的點心，吃完後，兩人很快樂地上床，和往常一樣，你右手讓我當枕頭，左手抱著我，很滿足地睡著。

　　如此幸福夜晚的情境，到底是夢還是現實，如今不堪回想，自此以後，一個月過去了，你已經去那很遠很遠的地方。

　　月霞這一個月是如何渡過的呢？

　　白天我都在樓下，一面織些編織物給你，一面在腦海裡描繪著你的影像。母親已經去睡午覺了，我才敢較自由地，小聲地叫著你的名字：耀廷！耀廷！我的眼淚也伴著編織的毛線，禁不住地流出來。我想讓母親煩惱是不孝的，所以母親面前一直都忍著眼淚，不敢流出來。

　　吃飯的時候，看到你的空位，就想著一向偏食的你，在那地方是怎麼吃的啊！但是怕家人煩惱，我噙住了眼淚，同時為了我們最要緊的肚子裡的小孩，我雖沒胃口，也硬吃下了許多。

　　和以前一樣，我十點就關起房間來，但是一個月以前的房間，是兩人恩愛的房間，現在卻成為月霞一個人孤獨地，流著寂寞的眼淚的房間。那種寂寞，真是太寂寞了，有生以來真正感受到孤獨的痛苦。

　　蚊帳掛起來後，像往常一樣，向神禱告，並向你說聲晚安。

　　獨自一個人，舖上曾經是我們兩人愛用的長長的枕頭，把你已經穿過一個禮拜，還留著你的味道以及油垢味道的襯衫，放在你以前的位置上。一邊叫著：耀廷！耀廷！一邊無意地抱起你的襯衫，哭著，哭著，不知何時竟睡著了。

半夜醒來，如廁時，就披上放在右邊的你的睡衣，獨自一人，走過暗暗的走道，下樓去。過去一向都是你陪我一起去的，但現在只能以你的睡衣來代替了，因為半夜醒來時，我的旁邊已經沒有你，你已經去到很遠很遠見不到的地方呀！叫也聽不到，不能像往常一樣得到你的愛撫。

思慕你呀！思慕你呀！月霞時時哭泣著，哭泣著。然而我的思慕好像越來越遠，我真想見到你啊，即使只見一眼也好。真希望你給我一個強烈的擁抱，如果能夠讓你緊緊地抱著，在你的胸懷裡，盡情地哭泣的話，那麼在這瞬間，我們倆人，就這樣脫離痛苦良多的世界而死去也好啊！讓我們就如此緊緊地擁抱著不放，安祥地到天國去吧！

啊，耀廷！我思念的人啊！耀廷！……

一九五三年二月二十日，雙胞姊妹誕生了，施月霞在這一天的日記裡記載著：

臨產時，我正想著，希望順利生產出正常可愛的小孩，生出來如果是不正常的小孩呢？如果是男，如果是女……，正想間，猛然抬頭看到掛在牆上結婚照裡耀廷的臉，我心頭突然一震，淚水直湧而出，產婆以溫柔安慰的口氣罵著，要我不能哭，要我以堅強的心情，期待小孩生下來。但我的眼淚還是不停地流出來。

溫柔體貼的往事又浮現在我腦際，想起上一次生產時（註：雙胞胎前，施月霞曾生下一男孩，後不幸夭折），耀廷在我身邊，幫我助力，讓我堅強地生產，孩子生出來時，耀廷輕摸著我的

面頰說：很好，很好。但想到如今，我夫卻在很遠很遠見不著的地方，我的眼淚又掉下來。不過，我立刻又想起，哭也沒用，我必須堅強起來，要以堅強的心情，生出我們兩人最愛最要緊的小孩，我在內心裡，對自己叮嚀著，呼喚著。

父親不在，父親的責任，一定由母親承擔，一人盡兩人的責任扶養，使他們成為活潑可愛的小孩，父親回來時，才會感到高興。

看著兩個小孩的臉，我的眼淚又掉下來了。倆人看起來都營養不良，血色不佳，要扶養這兩姊妹，一定要相當費力。月霞！妳要堅強啊！

在施月霞遺留下來的小日記本裡，她以流暢的日文，豐沛的情感，道盡了對丈夫的深情，寫盡了白色恐怖下受難夫妻的淒涼哀怨的詩篇，令人閱之鼻酸落淚。

一九五三年四月間，劉耀廷獲准和家人每週各自通信一封，但為了不讓對方擔心，儘管彼此內心都積抑著無限的思慕和牽掛，卻也不敢在信裡盡情地向對方傾訴著。幾個月的時間裡，他倆都僅僅互報身體健康，望家人放心，以及談論著雙生女兒的種種。

直到九月二十二日中秋節的那天，施月霞終於忍不住地寫著：

耀廷，想不到今夜十五夜下雨，真是想不到，本來等著今夜要與我的耀廷，在同樣的時候，一起看月亮，但是小雨漸漸地落到地上，看不見明月，耀廷，我所知道的八月十五夜都沒

下雨，今年怎麼這樣惡天氣，眼睛看著黑暗的天空，心上是想我最愛的耀廷，耀廷，你現在一定立在窗口，很痛苦地看著天空吧！

隨後她又不安地補述著：

耀廷，現在雖是月霞精神上斷腸之苦，但是每天的生活是很幸福的，請你絕對不要掛念。

但是這樣的補述，仍免不了劉耀廷痛苦的指責，他在回信裡寫著：

月霞，你不要時常想我來痛悼憂愁了，月霞！好嗎？決不要！我最掛念是我妻的身體，因為你的一身是很重要的，美虹姊妹全靠了你一人，我不在時假使你也失去了身體的健康時，叫她倆怎麼辦才好呢？

然而，在其後的信裡，他們還是忍不住地吐露著彼此相思之苦。

一九五四年一月十八日，劉耀廷寄出他的最後一封信，多日後，施月霞收到保安司令部軍法處寄來的領屍通知單，劉耀廷二十九歲的生命，就此終結，這對人間難得尋覓的恩愛夫妻，從此天人永別。

對於劉耀廷的死，陳美虹在雜記上寫著：「父親的苦難結束，我們母女三人的苦難正開始。」

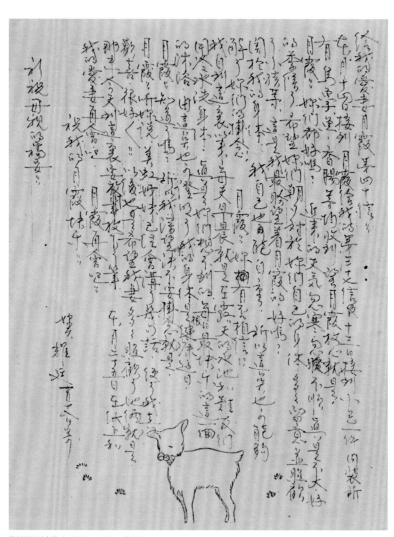

劉耀廷給施月霞的最後一封信（吳俊宏提供）

流浪的妻女

劉耀廷去世後，施月霞覺得她應該離開劉家，獨自去承擔母女三人的生計，因為單靠劉耀廷兄劉耀星在水泥公司的微薄薪水，是難以養活全家這麼多人口的。她向耀星兄提出離家的想法。耀星兄含著淚水說：

我吃粥，你們跟著吃粥，我吃肉，你們跟著吃肉，但請不要離去，耀廷就只這兩個雙生的後代，我放不下心你們母女三人。

然而施月霞曉得，家裡的經濟狀況很差，原有的一點積蓄，也為了營救耀廷，被情治人員騙光了。對於耀星兄的好意，她心領，她感激，但她終於還是帶著兩幼女離開劉家，回到臺南娘家。

娘家對施月霞母女三人來說，並不是可依靠的處所，娘家的父親，不是她親生的父親，母親卻是個相當勢利眼的人，在她和劉耀廷結婚之前，母親曾千方百計地想把她許配給有錢人當姨太太，為此，施月霞曾離家出走，逃到劉家去。她和劉耀廷也曾和她母親，進行了一番的苦鬥。劉耀廷在寫給施月霞的第二十二封信上，這樣回憶著：

月霞！我倆認識的時代，妳還記得嗎？那時也已經過了八年前。我倆為了我倆的愛情，克服了一切困難，共同努力爭取了我倆神聖的愛情。

　　施月霞違抗了母親的旨意，嫁給劉耀廷，如今劉耀廷去世了，她帶著兩個幼女回來依靠娘家，自然不是她母親很樂意見到的。

　　在娘家施月霞日夜幫娘家為人縫製衣服，然而所掙得的錢，全被她母親拿去，她母女三人雖勉強得以餬口，但她卻沒有多餘的錢，為兩小孩添置新衣或買點玩具，她不得已決定離開娘家，出外謀生。

　　她帶著小孩，在外到處租房子住，「由於週遭對我們母女的猜疑，每一個地方都沒能住久。」（陳美虹雜記上寫著），靠著幫人做衣服謀生，日夜賣力地工作。「每日夜深人靜，還踩著縫衣機。」「母親的顏面白晰，沉重、疲倦，很少展現笑容，我們也沒高興開心過，在那種環境下，塑出我們悲觀敏感的個性。」（陳美虹雜記）

　　這時候的兩個幼女，就像沒人照顧的小孩一樣，遊蕩於鄰里街坊，徘徊在鐵道旁戲院間，失落的幼稚心靈，最嚮往的是到高雄去，「給祖母疼，

施月霞和陳美虹雙胞胎姐妹合影(吳俊宏提供)

伯父愛。」（陳美虹雜記），她們常問著不認識的路人：「高雄往哪裡去？」

　　日夜忙碌地工作，又要照顧兩個幼女，施月霞虛弱的身體，已漸漸無法支撐了。在一個偶然的際遇裡，她決定到酒家賣唱謀生。在當時的酒家，還延續著日據時代的風格，是純粹喝酒聽歌的娛樂場所，不像現在充斥著色情交易。

養父——亂世中一家族

　　陳美虹的養父陳顯榮，為成功大學教授，嘉義人，其父陳慶元為前嘉義中學校長，在嘉義地區，陳家是相當受敬重的一

嘉中校長陳慶元的小兒子，
陳顯能死於二二八事件。
（陳雪玉提供）

個家族，但這個家族卻隨著臺灣的光復，國民黨政府的遷臺，而歷經了一場毀滅性的浩劫。

　　他有六個兄弟，他排行第五。

　　其弟陳顯能，二二八事件時，年僅十五歲，就讀於嘉義中學二年級。因家裡收音機壞了，到隔壁鄰居家中收聽廣播，被國軍迫擊砲擊中而喪生。

　　行政院《二二八事件研究報告》中有關嘉義山仔頂事件記載著：

羅迪光營長自東南町軍營退出後，固守嘉義中學山仔頂後，利用迫擊砲對嘉義市區射擊，民眾陳顯能、林芳玉、林元三人在自宅被擊斃。

其四哥陳顯宗，二二八事件時，任職於嘉義南靖糖廠，亦慘死於此事件中。行政院《二二八事件研究報告》中有關南靖糖廠事件記載如下：

三日風傳有民眾要接收南靖糖廠，周廠長乃組織護廠特別警衛力量，對內保護廠產，對外宣稱已由臺籍員工接管，以避免外人藉口劫奪。……這時嘉義方面有令須將外省人集中到市內，廠中臺籍員工惟恐外省員工去後遭害，乃請廠長等十二位同仁白天集中宿舍，夜晚自行返家，不料五日晨為外來暴徒窺見，本省籍員工為掩人耳目，只得將外省籍員工及警員一併集中。六日午後嘉義方面再度要求廠中本省籍員工送外省籍人到嘉義集中，迫於時勢，先允將非糖廠員工的四名外省人先行送去，……廠方為盡到保護之責，派臺籍青年職員賴耀欽、鍾季友、陳顯宗、邱創仁、蔡啟聰五人武裝護送，……汽車遇到國軍，遂被攔截，五名臺籍職員全部罹難，……死狀甚慘，親人前往認屍，幾至辨認不出。

據養父說，其四哥陳顯宗，是被吊起後，以刺刀亂刀刺死。

其三哥陳顯富，畢業於臺南工業專門學校（現成功大學），二二八事件時任教於嘉義中學，是位頗受學生敬愛的老師，日據時代即積極研究山地問題，曾以筆名「東」，在《朝日新聞》

陳慶元四子陳顯宗二二八時死
於嘉義南靖糖廠。（陳雪玉提供）

發表原住民的研究文章。二二八
事件爆發時，他被推舉為嘉義地
區學生聯盟的總指揮，帶隊聯合
阿里山方面的高山族部隊，攻下
國軍駐紮的紅毛埤軍械庫，轉攻
嘉義水上機場。事敗後，嘉義方
面的反抗軍，退入山區的小梅基
地，組成「臺灣自治聯軍」，繼
續與國民黨軍對抗，陳顯富任武
裝工作隊隊長，後部隊解散，乃
化名陳目田，於臺北北一女中教

數學，一九四八年八月，經北一女同事黃怡珍介紹，加入中國
共產黨臺灣省地下組織，一九五〇年七月被捕後處決。

　　行政院《二二八事件研究報告》記載：「有嘉義中學老師
陳顯富率領中學生參加事件，由於學生人數最多，而被推為隊
長，事件結束後，他潛匿山中，後加入嘉義山地共黨的地下工
作，被捕後槍決。」

　　又據李敖出版的安全局機密文件《匪山地工作委員會簡吉
等叛亂案》中記載：「……同年十月建立山地工作委員會，任
簡吉（註四）為書記，並負責北部工作，魏如羅任委員，負責
中部工作，陳顯富任委員，負責南部工作。」

　　陳顯富被處決後，家人不敢領屍，至今尚不知屍骨埋葬
何處。

其二哥陳顯德，畢業於日本千葉大學藥學科，原任教於嘉義中學，二二八事件後轉至基隆中學任教，一九五〇年被控知曉其弟為匪諜而不報，被關七年。

其父，二二八事件後，被指管教兒女不嚴，拘禁六個月，其校長職位也因而被解聘，一年多後，鬱抑而終。

至於養父自己，一九五〇年畢業於臺南工學院（現成功大學），二二八事件時，參與由臺南工學院學生組成的武裝部隊，圍攻嘉義水上機場。由於在校時，涉及中共臺南市工作委員會臺南工學院支部案，該年七月當他參加在臺北師範大學大禮堂舉辦的全省大學畢業生就業訓練時，情治人員欲予圍捕，他機警地戲劇性地逃脫，到處藏匿了一年多後，出面自新，此時由於該案已大致被情治單位清查完成，且其涉案情節並不嚴重，自新後，獲得開釋。

一個在嘉義地方上頗具名望的家族，就這樣在短短的幾年中，在時代的變局下，被歷史的巨輪輾得粉碎。

養父經此巨大的家變後，人生充滿著虛無感，他對這個世界不再有所憧憬。他曾經決定這一生不結婚了，因為他認為在這樣的年代，結婚生子，對下一代不是一件幸福的事。他常常讓自己沉浸在酒家裡喝酒聽歌。

白色姻緣

　　一九五七年春某日，在當時臺南市的寶美樓酒家，有位歌女正唱著這樣一首日文歌：

　　〈櫓夫小調〉
　　我是河畔上的枯葦
　　你也是河畔上的枯葦
　　畢竟我倆 在這世上
　　是永不開花的枯葦

　　唉！生也好，死也罷，
　　水無論如何地流，
　　我和你 僅僅是生活在
　　利根川上渡船的櫓夫哪！

　　板子出島的月亮，
　　照在枯萎的水草上，
　　我倆從此就當個利根川
　　渡船上的櫓夫生活下去吧！

　　如此冷冽的寒風，
　　為什麼只吹在我們兩個

似枯萎水草的橹夫身上

熱淚流出時

月亮啊！請為我撈下吧！

　　這首歌原流行於一九三〇年代的日本本土，當時日本正遭逢二次大戰前的世界性經濟恐慌時期，人心惶惶，社會動盪不安，全國上下瀰漫著悲愁氣息。

　　五〇年代的臺灣，這首歌也流行了起來。

　　養父也深愛這首歌，他坐在臺下靜靜地聽著。臺上的歌女，正以幽怨的歌聲唱著，臺下不時傳出讚嘆的掌聲。漸漸地歌女的歌聲由幽怨轉為哀淒，眼眶裡逐漸泛起淚光，終至於她的聲音瘖啞著，淚水沿著臉頰滴落下來，全場的人心憐地注視著這位歌女。養父也一臉疑惑地凝視著，他心想，以這位歌女的氣質以及日語發音的優雅看來，不應該是來這裡獻唱的人。

　　「我猜妳一定結過婚，而且妳先生已去世了。」養父找了個機會直截地問她。

　　「你怎麼猜著的？」施月霞疑惑地回答。

　　「聽妳唱那首歌掉眼淚，我就感覺到了。」

　　「妳先生為什麼去世的？」養父再問。

　　「盲腸炎開刀不治。」

　　「在哪一家醫院開刀？」養父不太相信地追問。

　　「在……，在……」，施月霞再也答不出來了，她的眼淚

已奪眶而出，聲音哽咽著。

養父是位歷經白色恐怖風暴洗禮過的人，對於一位不敢道出丈夫真正死因的女人，他心裡已經有個底，畢竟在那個年代，除了政治因素被處決者外，其他的死因應該都不會有難言之隱才對。

「妳先生一定因政治因素被槍斃的？」養父找了個機會再問她。

「你怎麼知道？」施月霞一臉驚嚇地回答著，對於她丈夫因匪諜罪被處決一事，她是很怕被人知道的。

從此以後，養父下定決心，他要娶施月霞，他要照顧她的兩個小孩，他自覺有責任照顧受難英雄的後代。

陳顯榮至成大上課時的神情。（吳俊宏提供）

　　經過約半年的交往，養父終於託人向施月霞提親，他告訴施月霞：「妳不要以為我是同情妳才和妳結婚，也不要想，我和妳結婚是我的委曲，我是深深地愛著妳的。」

　　於是「酒家女下嫁大學老師」，一時成為當時臺南地方新聞上一則美談。一場白色姻緣就此結成一對亂世連理。

匪諜的女兒

　　施月霞和養父結婚後，母女三人從此結束流浪生涯，養父是個性情中人，具有一顆超越常人的胸襟，他不但深愛施月霞，更將兩幼女視同己出，為了全心照顧兩個小孩，他執意和施月霞不再生小孩了。

　　「平心而論，有了自己的小孩，一定會偏心的。」養父說。一直等到他們結婚後的第十年，施月霞才偷偷地幫養父懷下一個男嬰。

　　「小學三年級時，有一天一位同學對班上同學說：雙生仔本來姓劉，她爸爸是匪諜被槍斃的，她媽媽以前是個酒家女。」陳美虹在她的雜記上回憶著。「這番話是我懂事以來聽到最恐怖的話。」

　　他們母女三人生活雖稍稍安定下來，但來自社會的歧視陰影，似乎將永無休止地追隨著他們。

　　陳美虹不曉得父親為什麼被槍斃，她只知道壞人才會被槍

陳美虹（右）與雙胞胎妹妹陳美蜆（左）的合照
（吳俊宏提供）

斃的，難道父親是個壞人？回到家裡，她告訴母親同學說的那
番話，並追問著爸爸為什麼被槍斃。母親久久紅著眼眶，她不
曉得要如何來回答這個問題。

　　「養父安慰我們：耀廷爸爸沒做壞事，妳們要知道耀廷爸
爸很勇敢很偉大。」陳美虹寫著。

　　「以後在學校不要亂講話，努力用功才對得起妳們的耀廷
爸爸。」母親只能這樣補述著。

　　到底她們還是不曉得父親因何而死。疑惑、恐懼、自卑的
心理，時常干擾著她們內心的安寧，她們深怕父親的事再被提
起。幾乎每個學年，她們都希望早點結束，因為新的學年，就較
少同學知道她父親的事了。她們也不太喜歡到鄰居家去串門子。

「因為別人父母總會問我們，養父對我們好不好啊，也會對我們指指點點，竊竊私語。」陳美虹說。

就這樣，她們父親是被槍斃的，她們是被收養的，她們母親是酒家女，這些話語，成為她們內心永駐的傷痕，「匪諜的女兒」使得她們顯得憂鬱、自卑而敏感。

「說真的，有時候有點恨父親為什麼要那樣死，讓我們抬不起頭來。」陳美虹雜記上寫著。

永不開花的枯葦

「阿榮嫂」是親友們對施月霞的暱稱。她為人賢淑，待人寬容厚愛，一顆真摯的心，使得遠近親朋，無論長輩或晚輩，至今對她都仍讚譽有加。

然而或許由於早年白色恐怖的坎坷人生，她鬱抑傷心，操勞過度，而於一九七二年罹患乳癌，與世長辭了。

她深深受人懷念著，在她逝世十幾年後，養父還常常於夜晚醉酒時，捧著她的遺像，在打給陳美虹的電話中，哭泣著唱著他們懷念的歌：

我是河畔上的枯葦
你也是河畔上的枯葦
畢竟我倆　在這世上
是永不開花的枯葦

　　陳美虹一九八五年五月與七〇年代政治犯吳俊宏結婚，再度與白色陰影結緣，婚後育有一子。正如她母親在她出生當天的日記上所寫的，她先天「營養不良，血色不佳」，加以多年來社會工作的操勞，以及婚後育子的辛苦，不幸亦因罹患乳癌，於一九九二年七月二十六日病逝，享年僅三十九歲。

　　「媽媽！再見，媽媽！再見……」。八月九日陳美虹骨灰安厝於金山金寶塔，在回程的車上，小兒丁丁稚嫩的聲音不斷地嘶喊著、低喃著。

　　　　　　（寫於一九九四年春，二〇一二年五月補充定稿）

陳美虹遺作「兒丁丁畫像」一九八九年一月二十六日
(吳俊宏提供)

註釋

註一：呂赫若（一九一四～一九五一），臺灣臺中人，一九三四年於
臺中師範學校畢業。有名的小說家、聲樂家，被稱為「臺灣第
一才子」。其文學作品也揚名日本，小說《牛車》、《玉蘭
花》、《石榴》、《風水》等等，皆以豐富的感情，描繪低下
階層人民受壓迫的生活，充滿反帝反殖民反封建的意識。他是
臺北的第一男高音，在臺北中山堂的演唱會，全場盡是女性驚
呼聲。二二八之後，投身地下反抗運動，加入中共地下黨，
一九四九年一月主編基隆的《光明報》，此報為中共地下刊物。
一九四九年五月，變賣家產，在臺北開設大安印刷廠，暗中印
刷中共刊物。一九四九年八月中共「基隆市工作委員會」案爆
發，《光明報》被查封，呂逃往鹿窟基地，一九五一年在該處
被毒蛇咬死。

註二：「基隆市工作委員會」案，又稱「基隆中學事件」，委員會領
導人為當時的基隆中學校長鍾浩東。鍾為臺灣高雄人，日據時
代即從事反抗日本之專橫統治，後轉赴大陸參與國民黨的抗戰
行列，後因對國民黨失望，轉而信仰社會主義革命運動，抗戰
勝利後，任基隆中學校長，一九四六年七月加入中共地下黨，
旋即於基隆地區發展組織，一九四九年八月該組織被國防部保
密局破獲，多人遭處決、判刑。此案之被偵破，導致中共在臺
地下黨的全面瓦解。

　　　鍾之岳父為蔣渭水，蔣渭水之弟蔣渭川為當時的內政處長，
鍾由於此種特殊的社會背景，被捕後國民黨只判處其「感化」
教育（等於無罪），然其部下多人已被處決，鍾不屑獨活，拒
絕接受感化教育，最後被判處死刑。他被帶出去槍決時，全體
被關押的五〇年代政治犯，齊聲唱著他喜愛的「幌馬車之歌」
哀送他。

註三：一九四九年九月，中共地下黨，選定現新北市石碇區與汐止區
　　　交界的鹿窟，作為「北區武裝基地」，建立「臺灣人民武裝保
　　　衛隊」。一九五二年十二月二十八日至一九五三年三月三日被
　　　國民黨特務和軍隊摧毀，三十五人被處決，九十八人被判有期
　　　徒刑，受牽連的村民達二百多人。鹿窟遭遇清鄉滅村的命運，
　　　從此在地圖上消失。

註四：簡吉(一九〇三～一九五一)，臺灣高雄人，被稱為「帶著
　　　小提琴的農民革命家」，一生獻身於臺灣的農民革命運動。
　　　一九二一年畢業於臺南師範學校(日據時讀師範比讀醫學院還
　　　優異)，後任教於鳳山公學校，見農民子弟因家境貧苦，無法
　　　好好讀書，常難過落淚，其後他遂毅然的辭去優渥的教職，投
　　　入農民革命的洪流中，為此，日據時期他兩度被捕，共坐了
　　　十一年牢，出獄後不改初衷，繼續奔走革命，加入中共地下
　　　黨，一九五〇年四月被捕，一九五一年三月七日槍決，結束他
　　　四十八年的生命，也結束他一生為農民鞠躬盡瘁死而已的壯
　　　烈生涯。

作者簡介

　　吳俊宏，一九四八年生，臺灣雲林人，就讀成功大學時，與同學蔡俊軍、吳榮元、鐘俊隆等人，於一九七一年十一月二十二日成立「成大共產黨」，以鋼板印刷「共產黨宣言」並串連淡江、文化、輔大、逢甲、政大、空軍官校、海軍官校約四、五十人，自發性成立革命組織，意欲推翻專制、腐敗的國民黨政權，一九七二年二月被破獲逮捕，判刑十五年，先後在景美看守所、綠島綠洲山莊和土城仁教所坐牢共十年，在綠島跟元老政治受難前輩林書揚研讀社會主義。一九八二年出獄後，白天在貿易公司工作，晚上和假日幫難友林華洲等人辦《夏潮》雜誌。後來在林華洲的介紹下，認識同是白色恐怖受難家屬陳美虹，結婚、生子。本文是作者在妻子病逝後，兩度改寫妻子家庭的白色恐怖遭遇。

阿伯、母親與我

李瑩君

寫在故事之前

我的童年充滿別人嘲諷中帶點同情、憐憫的眼光。至今，我仍不喜歡被人注視著，因為那種眼神會使我想起過往，令我感到卑微，心想對方是不是又再說我家閒話了？

母親原是地方上的幼教老師，嫁給因行軍來到當地駐紮的李姓軍人子弟，不久就因對方生性風流，第三者懷了孕，我們母女又不得長輩歡喜，就算我們跪求道歉、把錯攬在身上，終究還是逃不了被趕出門的命運。沒領到任何贍養費，對方一句「有錢沒有孩子，有孩子沒有錢。」母親牽著我的手，拿著包袱回娘家……這是我記憶中的一幕：我和媽媽手牽手走在路邊，是在等車還是等人來載？記憶已不復清晰，只是那一畫面，每每想起總是讓人覺得茫然、沒有未來、沒有出路。

回到外公、外婆家，我母親羞得抬不起頭，她大門不出，二門不邁，不只是因為鄉人指指點點把我們的遭遇當笑話一

般，連母親自家弟妹也不算能體諒，使母親吃飯、睡覺都成問題，身體在那幾個月裡瘦得不成人形，嚴重到她掉光了一整口牙。但是，現實還是來了，我們必須生存，所以，母親接受大同公司的幫助，在新營分店做打掃的工作，我們開始在外公、外婆家過著寄人籬下的生活直到我國小三年級。（大同公司是當時對方任職的公司，在他向我母親提出離婚時，公司也將他撤職。）

作者和母親童年在大同公司門前合影。（李瑩君提供）

這時的阿伯——黃至超先生來住在隔壁村落，他出獄後沒有回家鄉彰化去，而在這種鄉下地方養豬場做工，是為了不讓家族蒙羞，在他當時租屋處鄰人聊天中，得知我們的遭遇，便主動請對方連絡我母親，告知母親他想照顧我們的心意，在那個時代，離婚已經是轟動的事，怎可能再嫁？母親也因受過如此殘酷的傷害而婉拒，但阿伯沒有灰心、一再釋出善意，再加上外曾祖父也贊成我們母女離開寄人籬下的困境，對我母親、對我的成長都比較有利。於是，阿伯買了現在的房子（被惡鄰居敲了一大筆錢），在民國七十年的母親節，我們搬家來與阿伯同住。

我叫阿伯為「阿～北ㄅㄟˊ～」，他從沒要我改口，一次都沒提過，也許阿伯也知道，我叫不出口。我叫不出口並不是討厭阿伯，而是在我的認知裡，「父親」、「爸爸」等詞是無意義的，比陌生人來得更加生份（臺語陌生之意），令我嫌惡；一句「阿～北ㄅㄟˊ～」意思是「我生命中的活菩薩」，更是我心中對父親的定義。我們也從未談論過改姓的事情，我們都不認為姓啥有何重要，姓名只是別人稱呼我們的代號罷了，重要的是在心中，我們都是對方最珍惜的家人！

小時候

我不算愛讀書，靠點天分的幫忙，小學還能維持不錯的名次，國中開始退步，到了高中更是一落千丈，讓二老非常擔心。

媽媽的擔心唸在嘴上，只要有她朋友來訪，也要拜託人家勸勸我：「將相本無種，男兒當自強。」讓叛逆期的我又羞又惱；阿伯的擔憂放在心裡，從沒對我說句重話，養豬場當時因為口蹄疫疫情而倒閉了，鄰人代為應徵改到鐵工廠工作，一天，阿伯鐵工廠下班回來，進浴室盥洗，突然叫我上去，指著馬桶裡的污漬跟我說：「這是我從鼻子裡擤出來的髒東西。」我知道他的意思，已經低落的學業卻不見得能有起色，心裡覺得很對不起他！

大約高中時期，鐵工廠也隨時勢所趨移資大陸，阿伯為了照顧我們，積極尋找其他工作，先在養雞場養雞，一個月後跟養雞場同事決定北上去新店郊區有一個養護中心（應該就是養老院）應徵，阿伯跟媽媽說，這工作很適合他，因為他向來喜歡看醫學、營養學方面的書，就這樣，阿伯收拾簡單行囊北上工作。

那時候起，我們分隔兩地，阿伯當時月薪兩萬多塊，為了多帶點錢回家來（我想是為了這原因吧？），並不常回家，要回家還都挑站站停靠、價位低廉的普通車坐，先從安養中心徒步下山，到新店市區坐公車到臺北火車站轉搭火車，一趟回家之路從黑夜搭到清晨。回家休息不到一天的時間，隔天又搭清晨最早的普通車回臺北去了，習慣獨來獨往的阿伯，常常是他要出門才跟媽媽說，媽媽連喊我起床載他去火車站都來不及，我常常是匆忙起來，騎車出門想沿途找到他人，卻是在火車站目送他已進月臺的孤單背影，讓我好心疼又好自責。

　　阿伯在新店工作期間，我們去看過他，一趟車程下來，才真正能體會到阿伯回一次家有多辛苦！在養護中心的工作是十二小時制，從早上八點到晚上八點，一個人要看顧十多個老人家，要餵養三餐、盥洗，很多人吃不了苦，紛紛離職，阿伯最多還曾經一次須看顧二十七人。這裡說個趣談：阿伯照顧老人真的很有辦法，用餐時間，他將能坐起的老人們用輪椅推在一起圍成圓弧狀，每人的餐點放在每人前面，他每一口飯菜從第一個餵起，直到最後一位時，第一個已經嚼完嚥下，他剛好又可以從第一個開始餵第二口飯了。

　　大學聯考我參與兩次，第一次考取私立大學，原本已經上銀行繳費、打包行李要去報到了，卻接到高中好友來電，告知我她已在補習、打算重考，她成績比我好，卻做如此選擇，讓

李瑩君母親和阿伯黃至超的出遊照。（李瑩君提供）

我對我的決定感到不安，按照母親的說法，我在短短三天內憂愁煩悶、消瘦不少，自己哭著對她說我輸不起，可不可以再給我一次的機會？後來跟著好友去補習班，隔年我倆都順利考上師範學院，當時都是公費制，我心裡暗暗鬆了一口氣。

此後四年，因為學校遠在屏東，學生一律住校，我們三人成了分隔三地，在此之前我沒離過家，四年當中每次返家、返校都哭（這當然又是我媽的說法），回家時間還不一定能遇到阿伯，那時我們三人書信往返也不頻繁，成了我們之間的空窗期。師院畢業後，依四年成績填志願分發，我很幸運，分發在家鄉鄰近城市任教。

我不記得這件事了，但這次不只是媽媽這麼講，連阿伯也都這麼說：我確定到學校教書之後，寫了一封信給仍在養護中心工作的阿伯，告訴阿伯：「阿～北ㄅㄟˋ～以我們家在鄉下地方的花費，不需要兩個人賺錢，這十多年來，讓您辛苦了，您回來吧！從此之後，換我上班……。」

入社會

我開始上班之後半年，母親為我購入一輛汽車，讓我又驚又喜，以前因為是騎摩托車，休假時要三人出遊根本不可能，有車之後，我們總算能像別人家一樣，可以在休假日一起出去走走，有時候，阿伯也會在我上班日，搭我便車去書店買書。

　　阿伯剛回來，一開始是看書、看報紙，後來村人問他要不要去「聽道理」，有點邀他入教之意，我有點擔心，不知是否會被訛詐錢財，阿伯想法很有意思，他說並不是因為迷信宗教才加入他們，而是覺得那一群人很和善，能夠無私的發自內心為宗教奉獻，讓他喜歡親近他們。那時候這宗教規劃要蓋一間南部的傳道中心，阿伯也跟著他們一早搭接駁車出門，和道親一起整地、搬運砂石和磁磚等等，做到天黑才回家，我很擔心他的身體，但他卻樂此不疲，還常跟我分享他們的工作進度。落成典禮時，我和媽媽也受邀去參訪，好雄偉的殿堂啊！園區規模不小，是我和媽媽看過廟宇建築物中最大的了！而這一切竟都是由這些道親自動輪班來建造而成，真是令人感動！

　　此事過後，阿伯又恢復他看書、看報紙、偶爾接受道親邀請去「聽道理」的悠閒生活，我們家離小學很近，學校裡榕樹高大濃密的樹蔭，成了阿伯炎炎夏日裡最好的去處（我們三人

李瑩君（中）和阿伯黃至超（左）、母親合照（李瑩君提供）

都無法適應冷氣，家中現在唯一的一台冷氣，是有一年兩位熱情的學生家長在學生畢業後，兩家計畫一起出遊，行經本地，臨時起意來訪，卻在聊天中熱得頻頻拭汗，客人離開後，母親覺得對客人很過意不去，才決定在客廳安裝一台冷氣，以後招待賓客才不失禮數），因為這緣故，很奇妙的結識了母親的小學老師——當時已從學校退休多年的黃明陽老師，他們夫妻倆在學校提供的宿舍前種菜，阿伯跟他們分享他的種菜心得，再過不久時日，阿伯就從口頭傳授成了主動為他們夫妻倆種菜、提供他們菜蔬的人。

　　漸漸的，阿伯種菜的功力獲得好評，他也很樂意與別人分享、交流，學校方面因為阿伯自製堆肥，解決了他們落葉量龐大不知如何處理的難題，又見阿伯常為學校植栽施肥、澆水，種的菜蔬偶爾也提供學生營養午餐食用，因此，校長開口、總務主任找人設水龍頭，把學校尚未使用的空地都給阿伯種菜。

　　我教書至今十七年來，我們三人就過著如此恬淡生活，休假日時三人出遊，因二老年事已高，所以多半都只在家鄉周邊作半日遊，偶爾也會接受朋友邀約，到較遠的中、北部走走。我開著車，聽著二老在車內小作休息時，傳來節奏均勻的呼吸聲，是我最幸福的時刻！我多希望我們一家三口可以像童話故事的結局一般：從此以後過著幸福、快樂的日子。

　　今年初，我們家門口的廟大拜拜，一大早就施放鞭炮、敲鑼打鼓，不得不起床，不過為了即將到來的開學日能早起，也該提醒自己早點醒來～既然醒了，我就去廟口看熱鬧，看見

八十三歲的阿伯，也跟著大家推神轎（現在都有輪子了，不像以前要整路用抬的，不過遇到階梯還是得扛。）挺擔心他的逞強，卻又希望藉此活動，能讓神祇多多看顧這位一生遭遇令人心疼的長者。

去年，有位陳銘城先生帶阿伯及其他受難人士回去一趟綠島，陳先生在他們留宿臺東的那一晚，打了電話給我，告訴我他一路上聽阿伯他們描述過往的遭遇，到綠島看阿伯摸著牆壁回想過往不堪的種種，他的淚就不自覺的不停流下。

啊！那種感覺——我懂。有時候，半夜起來上廁所後，我會去他床邊看看他，聽他的呼吸聲，看他一臉的皺紋、棉被下瘦弱的身軀，連睡夢中，眉頭都是憂鬱的，是不是又夢見以往在獄中生活的情景了？「不要發愁啊～阿伯！過去的事已經重傷你一次了，別讓它再盤據你的心頭，再傷你一次！」

我想陳銘城先生看著阿伯時，跟我有相同的感受，在心底會忍不住心疼的為阿伯祈求：「老天爺呀！您可得讓阿伯健健康康的長命百歲呀！這是他應該得到的補償啊！」

生活小事

特務監視

阿伯恢復自由身之初，找工作謀生並不順利，常在工作三、五天後，就被老闆告知，請他另謀高就，讓阿伯很難過、很氣憤，

那時候的政治不讓人有條活路走，住附近的小學老師也曾經私下告知阿伯：「小心某些人，他們都是派來監視你的。」原來小時候，我們讀的：「隔牆有耳」、「小心匪諜就在你身邊」是真有其事，只是匪諜不是匪諜，而是當時一黨獨大的黨派樁腳。

　　阿伯描述，還有些蹩腳的監視者會藉故來跟他說話，想試探他是否還有「逆謀」的野心；管區員警也會有意無意地從我們家門前經過；當時每年還有戶口檢查，我們家三人不同姓氏，總是被檢查特別久；申報所得稅時，也因姓氏不同的緣故，家屬扶養減免總是不通過，一再要我們提出證明，一定要來回奔波個幾趟才成。

睡過站

　　為了寫下這個故事，我跟阿伯聊過，才發現：原來去年在火車上睡過站事件，不是阿伯的第一次！真不知該說阿伯是樂天？還是迷糊？

　　阿伯總是不慌不忙的：「阿～就再坐回來就好啦！」

　　「你都不知道我們會擔心嗎？」

　　「……（沉默個三秒，好像有在反省）有啥好擔心的？又不是三歲小孩。」

　　「……」這下子換我沉默了。

　　你不知道那一夜我有多麼慌張！當我在車站等不到阿伯，又不知他到底會睡到哪一站才醒來、下車，腦細胞飛快的運作、迅速盤算著：去哪個車站找到人的可能性較大？最後，決定還是留在原車站守株待兔，等到阿伯的機率應該最大。火車一列

又一列的進站、離站，我越來越不安，要是我估算錯誤怎麼辦？
我的心臟撞得我的肋骨發疼！

　　終於，阿伯的身影出現在我下賭注的最末一班車（如果連
這列火車都沒坐上，我已經打算請警方協助，打電話通知各車
站代為尋人，依我對阿伯的了解，假如他下車後發現沒車可搭，
很可能就夜宿車站，等隔日清晨的車次，忘了打個電話報平安、
忘了我們在家有多焦急），請你想像一下：一位八十三歲的老
人家帶著像小孩作錯事被抓到的表情，吐著舌頭，一臉歉意地
朝我走來……我和阿伯相視而笑，我不必再問他什麼，快快載
他回家，讓他好好睡一覺最重要，阿伯應該也累壞了。回到家，

黃至超在綠島人權紀念碑前指著自己的
名字。（曹欽榮攝影）

發現媽媽也在客廳守著電話等，原來我一心想著阿伯，自己也忘了打電話告訴媽媽了。

　　這漫長的一夜，在一盞一盞的燈關閉後，才真正結束。

受傷與開刀

　　我印象很深刻，鐵工廠工作那幾年，阿伯受傷兩次，嚴重過敏一次。

　　一次是被機器下壓時，砸傷手指頭，那時，家用電話在鄉下地方還不普遍，所以，當下我們都不知道是怎麼一回事，不見阿伯回家，也就只能一直傻傻等著，直到工廠同事來通知我們，阿伯被送到醫院縫針、住院。那一次的傷，阿伯住院近一個月，阿伯的手指至今還留有淡淡的痕跡。

　　一次是下班時，在車潮中，被同工廠的摩托車騎士撞傷。阿伯同情對方跟他一樣，都是辛苦的勞動者，並未要求對方送醫，只找了間藥房略作包紮了事，看到手腳纏滿紗布，自行騎腳踏車回家的阿伯，我們都好心疼！他為我們母女做的，實在太多太多！若不是為了賺錢照顧我們，他不必受這些傷！

　　過敏的事是因為工廠節省經費，自行粉刷牆面，油漆品質應該也不好，阿伯一面粉刷一面抓癢，廠方主管見狀，馬上將阿伯送醫，所幸注射藥劑、拿藥就回家，無礙。

　　開刀也兩次，一次因為攝護腺肥大，到最後造成排尿困難，阿伯一直隱忍，到最後在醫生要求下，安排手術，這次手術讓我很擔心，因為阿伯八十高齡，手術當時還一度急救（研判是

手術室氣溫太低），術後又接導尿管，阿伯第一次拔管後，未能成功排尿，讓他忍受第二次插管之痛，術後至今，一切良好。另一次手術是去年暑假，天氣炎熱得讓阿伯脫下上衣，我赫然發現阿伯肩背上靠近右臂處一個雞蛋大小的突起物，一問之下，竟然已經存在近二十年，馬上上醫院在門診手術中摘除此物。

媽媽常說阿伯經歷過大風大浪，看透人生，早將生死置之度外，我不知道哪種讓我比較難過？是疾病造成阿伯身體上的不適？還是阿伯談這些事時，那種稀鬆平常的語氣？

鄰人的好奇

話說民國七十年的母親節，我們搬來與阿伯同住之後，很多人對阿伯、母親、我都很好奇，應該就是所謂的「好事不出門，壞事傳千里」，大家對阿伯的遭遇、母親的離異、我們組合起來的新家庭……無所不談，我的姓氏在這種一村幾乎同姓的鄉下，也能被討論，連小學時的老師之間也是話題：「奇怪？怎麼有人姓李？」「唉呀！你還不知道嗎？就是以前那個幼稚園老師的小孩啦？被離緣（臺語）搬回娘家來。」

住家對面的一位老人家直接問媽媽：「那種人你怎麼敢嫁？」而我常被大人問的是：「你都怎麼叫『他』？」最令我討厭的是當我們回家時，原本聚在一起高聲閒聊的鄰人們，音量會突然變小，距離會站得更靠近，言談間不斷偷瞄我們，我都直接毫不客氣回瞪他們，媽媽會一邊扳回我的頭、一邊哄我進門。

　　是啊！怎麼敢嫁？媽媽說，最主要的原因還是因為外曾祖父的支持，外曾祖父是中醫師，也幫村民看農民曆挑日子，一直到現在，有人認我是「見致仙的干仔孫（臺語）」，我都覺得很驕傲，在我的印象中，外曾祖父就像位得道高僧一般，經常見他打坐、喝茶、下棋，他很疼媽媽，是他告訴媽媽，他一生見過的人也不少了，阿伯看起來面相不壞，是個好人，才讓媽媽做下決定。

　　到現在，我們也在這裡住了三十年了，偶爾還是鄰人茶餘飯後的話題，唉～能怎麼辦呢？隨他們說吧！嘴長在別人的臉上。我不知道這算不算好處：之前我提到來拜訪我的家長們，因為我們這兒沒有路名，他們只好開口問人：「住在廟邊，在國小教書的老師。」果然讓他們找到我們家！

我眼中的阿伯

　　阿伯是個很熱心的人，覺得很棒的書會買好幾本，與朋友分享；別人有錢財方面的需要，他會很大方地掏腰包幫忙，不求回報……陳銘城先生跟陳武鎮老師指導我，要我說出阿伯在受到如此不人道對待後有何轉變？有何委屈？我想了很久，但我沒參與過阿伯之前的人生，我遇到的已經是這樣生活著的阿伯，怎麼寫得出白色恐怖對阿伯的影響？讓我為此非常苦惱。

　　我曾經問過阿伯：「如果沒有發生那件事，你現在會在哪裡？做什麼？」阿伯回答說：「假如沒被抓去關，現在全臺灣不曉得有幾個王永慶了！」這我相信，這一群政治上的受害者當時想必都是意氣風發的青年才俊，一個決策者的錯誤決定，竟翻轉了他們的天！想來就令人不寒而慄！阿扁至今被關三年多，就已傳出情緒不穩定的種種消息，阿伯那二十五年是怎麼撐過來的？何況時時處在可能被叫到名字就要說再見的驚恐中！

　　要我說我的看法的話，我覺得阿伯的樂天中帶著點放棄：「人生最精華的年歲已被這樣消磨而逝，再有啥天大的抱負，怎還有實現的機會？縱然還有機會去試，這等歲數還能享受成果多久呢？」這是我的想法！阿伯沒對我說過。他只是淡淡地說，他很珍惜現在這樣平淡、平凡、平安的生活。

結語

　　祝福我們吧！我們三個同是天涯淪落人，承蒙老天費心安排，讓我們在人生路上相互為伴，我會緊緊牽住二老的手，不讓他們發出一聲嘆息！我們還要製造更多美好的回憶！請祝福我們吧！也請大家一定要幸福喔！

作 者 簡 介

　　李瑩君，臺南人，幼時父母離異，在外公家過著寄人籬下的生活。十歲時因村人介紹，認識阿伯黃至超，母女兩人展開第二段人生。師範學院畢業後，在國小任職迄今。

補記：莫名的黑牢歲月——二○一一年黃至超訪談摘要

曹欽榮、陳銘城訪問
陳銘城整理

　　李瑩君老師的「阿伯」黃至超，在二十一歲那年被控「省工委會張明顯等人叛亂案」，在一九五一年一月十五日以懲治叛亂條例第二條第一款判處無期徒刑，直到一九七五年蔣介石死後一百天減刑為十五年，但他已坐牢二十四年十個月，從綠島綠洲山莊和一百多位受難者一起獲釋。他說自己沒看過判決書，只有假釋令。

爲同學辦保，被判無期徒刑

　　黃至超表示，在韓戰後不久，也有位同學劉水龍，曾因肺病吐血而休學。他曾前去探病。某一天，劉水龍不知為何被抓，情治人員教他找好友來幫他辦交保。結果，他說了黃至超名字。從此，黃至超就被捕。在軍法處時，軍法官問他：「家裡有多

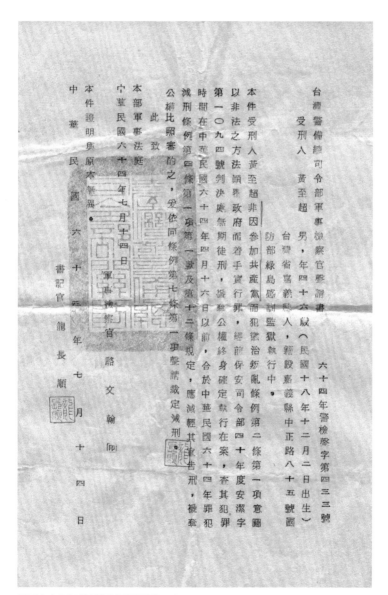

台灣警備總司令部軍事檢察官聲請書

受刑人　黃至超　男，年四十六歲（民國十八年十二月二日出生）籍設嘉義縣中正路八十五號國防部綠島感訓監獄執行中，台灣省嘉義縣人，六十四年警檢聲字第四三三號

本件受刑人黃至超因參加共產黨而犯懲治叛亂條例第二條第一項意圖以非法之方法顛覆政府而着手實行罪，經前保安司令部四十年度安潔字第一〇九號判決處無期徒刑，褫奪公權終身確定執行在案，查其犯罪時間在中華民國六十四年四月十六日以前，合於中華民國六十四年罪犯減刑條例第四條第一項第一款及第十二條規定，應減輕其宣告刑，褫奪

公權比照辦理之，爰依同條例第七條第一項聲請裁定減刑

　此　致

本部軍事法庭

本件證明與原本無異。

中華民國六十四年七月十四日

　　　　軍事檢察官　駱文翰　印

書記官　龍長順　印

中華民國六十四年七月十四日

民國六十四年黃至超減刑聲請書（黃至超提供）

少田地。」可能是想沒收他的田地。幸好，家中的三甲田，不是黃至超名下，才不至於被沒收。但是他卻被指控為「獨立游擊隊」，判無期徒刑。拖累他入獄的劉水龍，在軍事監獄時，只因批評監獄官的一句話，被室長聽到了，向監獄官打小報告，就被槍決。

　　黃至超曾親眼目睹二二八的慘劇，他家隔壁的歐巴桑家的屋頂，被炸出大洞，她也當場被炸死。國軍沿途亂開槍打死不少人。當時人在醫院當助手的黃至超，眼見醫院已經一個星期沒藥可用，傷重的患者還很多人等候醫治。有一天下午中國兵來了，看到一位臺灣囝仔躺在病床，因為手術縫合沒用藥，傷口疼痛而不斷哀嚎。兵仔卻將他抬出外面，用力摔下，病患的傷口縫合處裂開，更是痛得哀爸叫母。親眼目睹這場景的黃至超，直說是沒人性的土匪行徑。說到激動時，瘦小的黃至超常氣憤到嘴唇顫抖，牙齒緊咬下唇。

　　關過臺灣本島軍法處、內湖國校的黃至超，一九五一年因刑期長，被送到綠島新生訓導處，他是第二批去綠島的政治受難者，他們要去海邊打石頭，用鐵槌敲打咕咾石，挑石塊蓋圍牆「萬里長城」，來關自己。時常一不小心，鐵鎚就會打到自己的手，往往皮肉綻開，血流如注。他也在生產班種菜，但海風太大，菜常枯死。有一次，他在海邊撿拾綠島人抬棺木棄置的竹竿，他想撿回去做菜園的竹籬笆來擋海風，卻被官方看見，處罰他關在海邊碉堡的獨居室一個月，一天一個饅頭、一杯水，大小便都在碉堡內，外面則有拿槍的衛兵站哨。

黃至超重返綠島人權園區留影。（曹欽榮攝影）

　　他們也常被押到綠島南寮港邊抬米回到公館的新生訓導處。早上只吃稀飯，走五公里才到南寮，那時早已又肚子餓了。但是仍然硬撐著扛米。中途休息時，黃至超沒注意到官兵在他身後，隨口說出：「快回去看人吃白米飯和吃肉，走啦！」那晚半夜十二點，他被叫出去。在十一月的東北季風狂吹，挾著細雨，只穿條短褲的黃至超，被罰跪在地，全身冷得直發抖。一小時後，他才被斥回。一進營舍牢房，他捲著睡覺的毛毯，和難友們一起相擠取暖。

同隊難友施秋霖跳海自殺，王玉祺在廁所上吊

　　在綠島新生訓導處第四中隊裡，黃至超有二位同隊難友自殺身亡，讓他至今難忘。和他一起在生產隊養羊的施秋霖，是一個二十多歲，喜愛化學的學生難友，他常抱怨在綠島總是被

　　凌辱、糟蹋、不如死一死來得痛快。黃總是苦勸他，要忍耐，要活得比他們久，才能獲得自由。結果，施秋霖還是想不開，從燕子洞上方跳海，身體撞到海邊咕咾石身亡。

　　就在施秋霖死後一個月，有天黃至超趕羊群吃草，却聽到遠遠地有人喊他名字，他依聲音走到山崖處，却發現施秋霖的皮包、手錶、鞋子，黃至超將這些施秋霖遺物帶回去，交給大隊長，正好施父趕來綠島。隔天，大隊長，施父，白河同鄉的呂水閣醫生和黃至超等人，一起到海邊拿香祭拜施秋霖，結果，焚香發火，黃至超回想當時的苦楚，感嘆地說：如果不是意志堅強的人，是很難活下去的。

　　另一位同隊的外省籍難友王玉祺，在一次的農曆過年時，不知是想念老家家人而想不開，半夜裡跑到廁所裡上吊身亡。以後晚上的衛兵又多派一人以防有人去廁所自殺。

　　綠島新生訓導處之後，黃至超又被送到泰源監獄，他認識泰源事件中的鄭金河、陳良等

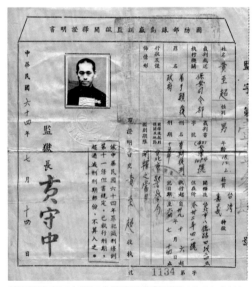

黃至超坐牢二十四年十個月的開釋證明（黃至超提供）

人，他認為他們都是個性衝動，但心地善良的年輕人，很為他們被槍決而惋惜。

泰源事件兩年後，黃至超和許多難友，再度移到綠島新建的綠洲山莊，他仍是在生產班種蔬菜。一直到一九七五年四月蔣介石死後一百天，他和一百多位難友，被叫到禮堂，宣布減刑條例。他從無期徒刑減刑為十五年，但是他已經被關了二十四年十個月，拿到假釋令並且一再被告誡：不得對外界說出坐牢期間的任何事。這就是黃至超莫名的黑牢歲月。

採訪者簡介

陳銘城，一九五二年生，曾任《臺灣時報》記者，黨外雜誌《八十年代》編輯，自立早、晚報記者。二○○○年至二○○四年任文建會主委陳郁秀機要秘書，二○○六年至二○○八年任文建會副主委吳錦發辦公室主任，參與綠島、景美人權園區重建工作。曾獲一九九一年臺權會首屆「臺灣人權報導獎」，二○○七年榮獲全美臺灣人權協會頒發「王康陸紀念獎」。現任二二八國家人權紀念館人權顧問。

曹欽榮，國立臺北藝術大學博物館研究所碩士，現任臺灣游藝設計公司負責人及鄭南榕紀念館執行長。自二○○一年起即先後受委託規劃「綠島人權園區」及白色恐怖受難者暨家屬的訪談記錄。他在陳孟和等多位政治受難者的協助下，重建綠島新生訓導處第三大隊復原模型展示區。

臺灣民主運動的人權鬥士

黃素心

受難者簡介

　　黃紀男，日本東京大學政治科畢業，返臺後在臺灣總督府文教局任職。一九四七年二二八事件後，黃紀男跑到香港，欲說服廖文毅兄弟，希望臺灣能由聯合國託管再舉行公投宣佈獨立。一九四八年參與「臺灣再解放聯盟」擔任秘書長，一九四九年五月離開香港，由廣州回臺灣。

　　一九五〇年五月黃紀男即因與海內外臺獨人士聯絡，第一次被捕判十二年，關至綠島，一九五六年因廖文毅臺獨組織陳哲民返臺自新而獲減刑為九年，一九五九年出獄。一九六二年黃紀男又與廖文毅聯絡，第二次被警總捕獲，一度判死刑，後來廖文毅回臺投誠，一九六五年十二月又被特赦出獄，也隨廖文毅到曾文水庫工作。卻因在抽屜內被查獲閱讀國外報導一九七〇年蔣經國在美被行刺未遂的報導，第三次又在一九七二年被判十五年，一九八二年減刑出獄，三度坐牢共二十四年。曾任總統府國策顧問及民主進步黨仲裁委員。

重遊景美軍法看守所

二〇一二年七月二十四日，下午四點，正值盛夏，臺北盆地溫度飆高達攝氏三十五度，新店「國家人權館」王主任逸群特別派專車來辛亥路接高齡九十一歲坐輪椅的媽媽黃張素娥和我，前往參觀一九七二年爸爸第三次入獄被判刑的原址「景美軍法看守所」。

舊地重遊，沉封已久的記憶頓時湧上心頭，多年來不敢去想，也不敢去觸的痛點，隨著蔡寬裕秘書長和吳鍾靈老師的陪伴下參觀了牢房、放封間、監聽室、會面室，還有那牢牢繫於爸爸的腳鐐手銬，一時之間，觸景生情，媽媽和我忍不住掩面痛哭。

母代父職

時間回溯到一九五〇年五月十四日，八歲的我從中壢大崙國小放學回家，返家途中，好心的鄰居告訴我，外婆家已被包圍，調查局人員要抓爸爸，如果問話就答：「不知道」。我本來也甚麼都不知道啊！八歲的小朋友又能知道甚麼事呢？那時候，媽媽已身懷六個月的三妹，媽媽出身前清秀才書香世家，畢業於臺北第三高女（現中山女高），不得不陪著爸爸東藏西

躲，從稻田到排水溝，無所不躲，不到三天，爸爸終於在姑婆
的穀倉被找到。

　　爸爸第一次被捕，經刑警大隊保安處偵訊後，移送保安司
令部軍法處依叛亂罪判處有期徒刑十二年。

　　爸爸留學日本，一九三九年日本東京大學畢業後，經校長
與文部大臣之雙重推薦，任官於臺灣總督府文教局。一九四二
年與第三高女校花的媽媽結婚，媽媽任教於國民學校，婚後爸
爸常被派出差到日本各地考察。第二次世界大戰期間亦被遣調

黃紀男生前出示三度坐黑牢的判決書（謝三泰攝影）

菲律賓，執鞭於「新菲律賓文化學院」。一九四五年日本投降才回臺灣。由於長期與妻兒聚少離多，我們只好回嘉義與祖母同住。爸爸五歲母親病故，祖父再娶二房，她因無子嗣，視爸爸如己出，從小同裘共寢，看著長大，祖母曾經到警務處外事室被特准相見，爸爸一把跪在祖母跟前說：「讓您這樣煩惱，我實在不孝。」祖母拉起他來說：「我每天茹素禮佛，祈求你早日出獄，家中的事你不必多擔心了，自己多保重身體。」語畢倆人抱頭痛哭，臨走前對爸爸說：「我們這一生恐怕無緣再能相聚了。」四年後祖母即因卵巢癌去世。這便是母子最後的一次見面。

　　媽媽為了扛起全家的生計，重拾教職，但因家中尚有薄田種綠豆和稻米，課後必須下田幫忙祖母踩踏水車，灌溉農地，甚至還要去甘蔗園撿拾甘蔗葉回家，再捆綁成小束當柴燒，那雙細皮嫩肉的雙手早已被蔗葉的利邊割得皮開肉綻，叔叔嬸婆看了不忍，總會抽空代勞，才紓解了媽媽對粗活的生澀，日子難過還是得撐下去，媽媽強忍淚水和著汗水，認命度日，不敢給娘家外婆知道，祖母更把爸爸的牢獄之災歸咎於媽媽「命中剋夫」，更不滿媽媽連生三個女兒的瓦窯，這般重男輕女的思想導致婆媳關係不睦，三妹出生隔天，祖母把尚在強褓中的她送去養牛人家換兒子，媽媽得知後大為驚恐，趕緊將三妹奪回來，才避免了被交換的命運，時至今日，三妹一直感激媽媽睿智的決擇，她才得與家人共聚。

探監

　　每年寒暑假，媽媽都會帶我們從嘉義搭早班火車北上，十多小時的車程，天都黑了，我們必須先到中壢夜宿外婆家，再於次日搭火車到臺北，轉公路局車到新店，因為無錢坐三輪車，只能走路過新店橋才能抵達軍人監獄，每次探監時外婆姨媽舅媽總動員忙著包粽子、紅燒肉、做滷味，好讓次日帶去給爸爸和獄友加菜，出獄後最讓爸爸難忘的就是李敖大師曾送他蹄膀，令他津津樂道，也許是那份患難的友誼更令人珍惜吧！在第一次僅有的三分鐘會面時間裡，爸爸匆忙替剛出生的妹妹取名「黃玲珠」。漫長的舟車勞頓只為換得寶貴三分鐘相見歡。外婆的家是我們的中繼站、補給站、避風港。不幸的是爸爸介紹舅舅到曾文水庫工作，後來竟害舅舅被牽連而判了十年。

　　不管過去多少的糾葛，舅舅和舅媽對我們始終呵護有加，他們無微不至的照顧，至今我們仍然非常愛著他們。現在，姐妹們已是兒女成群，事業小成，也有微薄的能力，略做回饋以報當年恩情於萬一。

　　爸爸入獄期間，常被移監而未告知家屬，以致媽媽常常找不到人，無從送衣服、藥品。需要常在臺北打聽消息而不得不厚顏寄住娘家，在那個年代，實在不是件光彩的事。身為政治人物的妻女，不但親友害怕遭受連累，避之唯恐不及，在社會謀職更是不易，我們的身上似乎永遠被貼上標籤「你是臺獨分子的家屬」。

曾經在我剛考進新公司上班不久的一天，特別請假去探監，苦等兩小時未果，不得不離開回公司，當時我正在獨立負擔整個家庭的生計，想到的是萬萬不能丟掉這個飯碗，卻忽略了爸爸必須踩著十餘公斤重的枷鎖，二十四小時不管吃飯、睡覺、如廁、盥洗皆如影隨行，最痛苦的時候便是走動時，腳鐐磨擦雙踝，皮破流血，有如刀割，每每要用布條纏繞雙腳來減少直接磨擦，才能減少疼痛；睡覺時連翻身都要被鐵鍊的重量扯醒過來；這種種的折磨，不管心理或生理，真是一種最沉重的懲罰，此刻，想像著爸爸正忍著磨破皮的雙腳，遠從牢房那頭，步履維艱，蹣跚的一步步拖行到會面室，只為見到期盼已久的家人三分鐘，最後竟撲了個空，他對家人的思慕之情，想必比我們更加失望和難過吧！為此獄方得知我的困處以後，似乎作了改善，再也沒有讓我有過久等的記憶。

黃紀男生活照（黃素心提供）

師恩與鄉親的愛

　　記得讀小學六年級，寄住在外婆家，有一天，導師通知我去領包裹，懷著忐忑不安的心領回一個小包，原來是爸爸在綠島海邊摸石頭，砌石坡做圍牆時順便撿的奇形怪狀、五彩繽紛的小貝殼，令我和大妹欣喜若狂，知道爸爸在遙遠的地方也在掛念著我們，正因為成長的過程中爸爸是缺席的多，促使我們在課堂上更專心學習，認真讀書，自勵自勉，在班上都是名列前茅，當班長，當總指揮，甚得導師的愛護，畢業時，大妹還代表致答詞，並領取最高榮譽縣長獎。有一次，表姐和大妹幫忙外婆到街上賣菜，當她看到老師，羞於見面，急忙躲在柱子後面，等老師離去才敢露臉，卻發現籃中菜已被老師買光光，其實老師早就發現她，但是老師以實質的行動幫助了困苦的學生，用精神的力量支持幼小的心靈，呵護著我們在愛的教育中成長茁壯，老師的諄諄教誨與獨特無私的照拂，至今仍令我們心存感念。

　　大妹臺大畢業，赴美深造後即服務於耶魯大學，與先生定居美國。回想起苦難的遭遇，媽媽僅能以小學老師微薄的薪俸，含辛茹苦，母代父職，獨立撫養子女長大成人，依稀記得，學生家長了解母親的困境，在市場賣肉的會多切點肉，賣魚的多塞幾條魚，親友們常常在大清早把鮮蔬水果放在前院的龍柏樹下，叔伯自動協助媽媽處理稻田插秧、鋤草、收割農活，醫師看病從不收錢，他們的仁心仁術，慨伸援手，不求回報，雪中送炭之情，不但護衛了家人的健康，更滋潤了我們的心靈，從

小我們學會體察親心，忍讓寬容，二十四年的漫漫長夜，媽媽的淚已乾涸，不管日子多麼苦，她仍像堅毅的燈塔般守護我們，無非希望我們學有專精，日後婚姻幸與不幸，不須仰人鼻息，不畏環境艱難，都可以自立謀生，堅強的活下去。

二○○一年時為國策顧問的黃紀男坐輪椅，在妻子黃張素娥的陪同下，搭乘陳水扁總統的行政專機，重返綠島人權園區。（潘小俠攝影，台灣游藝設計公司提供）

大專青年春節「金門勞軍團」

一九六二年一月二十六日清晨四點，爸爸第二次被七個調查局人員由家中戴上手銬帶走，我則因參加救國團主辦的大專青年「金門勞軍團」，不在家過年，當時的救國團主任蔣經國先生親到松山機場送我們搭軍機赴金門，團員中認識了從大陸投奔自由的政大同學沈野（即《獨家報導》創辦人）。

一星期的勞軍活動，我們與將士們同樂共餐，閒話家常，足跡遍及擎天崗及前線各島，晚上住在金門中學教室，晨起發現操場遍地都是砲彈，同學們夜間又累又睏，竟睡得渾然不知，真是福大命大啊！青年們滿腔愛國的熱血，根本不懂得害怕為何物。時任金門縣長沈敏將軍正巧是沈同學的父親，返臺後請團員到他永和宅第聚餐，這次見面的機緣竟成了我生命中的貴人。

上書救父

一九六四年爸爸因被人告發「陰謀暗殺蔣經國」之名義宣判死刑，自揣人死不能復生，爸爸命在旦夕，救父心切，於是將心中久藏的秘密據實告訴沈野同學，我問他：「怕不怕被我連累？」他答：「不怕！我是為了國家，而且在大陸就被迫害過了！」由於他在救國團工作，與主任秘書李煥熟稔，深知蔣經國主任十分注重省籍問題，希望他幫我想想辦法，他慨然應

允，並懇求其父沈敏先生捉刀，建議我以女兒的赤誠，直接上書給救國團主任蔣經國先生，我刻不容緩的馬上寫了一封陳情書，全文如下：

主任鈞鑒：

　　謹陳者，父黃紀男因涉嫌參加「臺灣獨立」工作一案（52警審特字 47 號）羈押臺灣警備總部判處死刑，聞悉之下，驚痛莫名，竊以臺灣為中華民國之一行省，同文同族，同受憲法之保障，有何獨立之可言，所謂「臺灣獨立」純為少數無聊政客之荒繆主張，家父受其誘惑，以致誤入歧途，（審判官亦認為父係受廖蔡繡鸞之影響，見判決書第五面第十六行）而陷圇圄，不勝追悔，如果判處死刑，未免絕其自新之路（按罪疑惟輕，失入不如失出，本案判決書所列事實多係依據共同被告調查機關之自白，其間不盡不實，難保無出於刑求脅迫之

二○○○年陳水扁當選總統後，聘請三度坐政治牢的黃紀男（右）為國策顧問，由總統府秘書長陳師孟（中）送聘書到黃家，作者黃素心（左）陪同接待。（黃素心提供）

處。）因念漢代淳于緹縈傷乎「死者不可復生，刑者不可復原」之意，懇切陳情，上書救父，漢文帝憫其孝心，下詔廢肉刑，千秋傳為佳話。

生非緹縈之才，深慕緹縈之孝，恭誦總統〈報國與思親〉及〈先姚王太夫人事略〉二文，益欽總統謀國之忠、事親之孝，生雖愚昧，能不感奮，用敢冒瀆上陳，願以生命為家父保證，將來家父出獄之後，必為國家盡忠，以報政府寬大為懷之德，倘有逾越，死而無怨。伏祈鈞座垂憐赤心，賜予矜全，則感戴鴻恩，沒齒不忘一矣。臨書惶恐，敬候訓示。

肅此謹叩

崇安！

臺中靜宜女子文理學院畢業生 黃素心 百拜

五四‧二‧十四

此信寫完，由沈野同學請曾任金門縣長與軍法官之父沈敏先生，在遣詞用句上再多方斟酌潤飾，然後才由沈野同學帶我去面見李煥主任祕書，請其代轉。上書不久以後，蔣經國主任由一些將官陪同前往巡視軍法處看守所，家父趁機喊冤：「報告蔣主任，我犯的是臺獨案，但其中一條罪名說是要暗殺您，這純粹是刑求逼供才承認的，您如今活得好好地是最好的證明，請主持公道，還我清白。」停了五分鐘之久，仔細聽完爸爸的申訴後就走出去了。旋經國防部覆判為無期徒刑，後在服刑中特赦出獄。

在當時的環境下，親友師長很多因與爸爸熟識而被抓、被審、被關，沈氏父子是極少數不怕被牽連，富同情心，而且肯

伸出援手協助的大恩人。加上李煥主任秘書的鼎力相助，在當時的時空背景下是多麼的難能可貴啊！

臺灣民主運動的人權鬥士

爸爸二十四年的牢獄生活，為的是捍衛臺灣人民的基本權力與尊嚴，他是民主運動的先驅，是人權的鬥士，走過八十八年大半世紀，他就像是一部臺灣的近代史。

爸爸一九一五年出生於嘉義縣，少懷大志，才識超群，留學日本，主修政治，精通中、英、日、臺等語，畢業返臺，任職臺灣總督府文教局，嶄露頭角，氣宇非凡，二次大戰期間，負責中、美、菲、日外交事務的協調與溝通，一九四九年曾兩

黃紀男夫婦在領到國策顧問聘書後合影。（黃素心提供）

度與盟軍統帥麥克阿瑟會於馬尼拉和東京，隨後，爸爸關切臺灣安危，與廖文毅博士、楊肇嘉先生等名流碩彥，致力於臺灣民主運動，三度入獄，備受折磨，畢生奮鬥，富貴不能淫，貧賤不能移，威武不能屈，終於與眾共同奠定今日臺灣民主自由之基礎。

我們偉大的父親

爸爸服滿第三次十年刑期出獄時，外子和我開車帶媽媽到土城仁教所接回白髮蒼蒼快七十歲的他，是時，弟妹們已相繼到美國深造，尋求一片新的天地了。

爸爸劫後餘生的晚暮歲月，體認到國內外形勢的巨變，幾乎與當初提倡臺獨運動時期完全不同，頗有「江山依舊，人事全非」之感，但對於臺灣民主化的日益開展亦頗感欣慰，自古英雄皆寂寞，倘若寂寞有代價，爸爸的犧牲也算值得了，「春蠶到死絲方盡，蠟炬成灰淚始乾」，爸爸一生雖敗猶榮，二〇〇二年民進黨執政後，爸爸被總統府聘為國策顧問，二〇〇三年五月五日終因心肌梗塞，腎衰竭，病逝臺大醫院，享年八十八。

這些年來雖然我們有很多不快樂的際遇，但是我的心中沒有恨，只有諒解與包容，一九六六年，我嫁給外省籍的先生時，他第一次拜見爸爸的地方就在警備總部的會客室，爸爸也被這青年的誠意感動，馬上應允，在那個時代，又有幾人敢冒如此

風險去娶一位臺獨分子的女兒，當我結婚時，警備總部特准爸爸出席為我們主持婚禮，這是我一生中感到最開心的一天。

如今結婚已快五十年了，從未有本省外省的分歧，我們的兒子媳婦是本省也是外省，一切都是那麼的自然和諧，大家都是這麼的愛護這片土地，在此生長，在此生存，這是我們終老的地方。聖嚴法師曾說：「放下了人我是非，宇宙萬物，原是沒有區隔的整體，消滅了敵我意識，一切眾生，無非彼此扶持的伴侶。」

我無法深入爸爸的內心世界，但我肯定爸爸是偉大的，憑著遠見與堅持，靠著毅力與勇氣，走過漫漫的艱辛長路後，爸爸親眼見證了臺灣邁向民主化，他的犧牲可說是功不唐捐。在他的著作《黃紀男泣血夢迴錄》中，套句西洋諺語：「我雖孤單，卻不寂寞（I'm alone, but not lonely）」應是爸爸心情的最佳寫照。

爸爸，您就是那沒有被遺忘的臺灣人。

作 者 簡 介

　　黃素心，為三度因臺獨案繫獄的黃紀男長女，一九六二年在父親第二次被捕後，當時就讀靜宜文理學院的黃素心因參加救國團「金門勞軍團」活動，透過救國團系統寫了一封陳情書給當時救國團主任蔣經國和主秘李煥，終於讓父親免於死刑。黃紀男後改判無期徒刑，最後又獲特赦出獄。

秋蟬的悲鳴

白色恐怖一九五〇年——
政治犯家屬的所見，所聽，所思。

顏一秀

受難者簡介

　　顏世鴻，一九二七年出生於高雄旗後，父母親家族都曾參與抗日活動，小時候隨家人遷居福建，中日戰爭後遷回臺灣。就讀臺南第二中學（即現在的臺南一中），每天從學校圖書館借三本書來讀，大量閱讀各類書籍，後來考上臺北帝大醫科（今臺大醫學院），閱讀許多左派文學作品及理論。在臺大醫學院期間，顏世鴻認識同鄉學長葉盛吉，因為志趣相投而發展出深厚的友誼。顏世鴻就讀醫學院四年級時，因葉的邀約，於一九五〇年一月宣誓加入地下黨。當年五月蔡孝乾被抓，省工委會組織曝光，特務循線抓人，六月十九日顏世鴻在臺大宿舍被捕，判刑十二年。

　　顏世鴻在綠島刑期將滿時，有位分隊長找他，說要結婚聘金還差兩萬請顏幫忙，「結訓的事包在我身上」。顏世鴻為了不開惡例，斷然拒絕，結果被以「思想沒有改進」再送到小琉球「延訓」一年七個月。出獄後，無法回臺大醫學院就讀，轉到臺北醫學院繼續完成學業，一九六八年畢業考取醫生資格，懸壺濟世。顏世鴻自一九八八年開始寫自傳體小說，共完成《春分》、《霜降》、《小滿》三部。後又寫純小說《冬至》，以及旅遊隨筆《沖繩物語》、《美國物語》、《上海上海》等（以上未出版）。二〇一二年出版《青島東路三號》。

　　一九四九年九月，我進入臺大唸書，正努力適應新的環境和面臨對新鮮人的種種考驗，渾然不知自一九四六年四月便奉命由上海潛臺的中共「臺灣省工作委員會」書記蔡孝乾等，即將在經歷二二八事件臺灣菁英分子幾乎被屠殺殆盡，正處於療傷止痛的臺灣，再度掀起恐怖血腥的浩劫。

　　正如獵捕和獵殺動物一般，巧妙設計的陷阱，可以輕易地捕捉誤闖陷阱的動物。一九五〇年的白色恐怖何嘗不是國民黨政府利用自首的蔡孝乾為餌，為陷阱，設下萬全的圈套，佈下天羅地網，一網打盡涉世未深的臺灣青年和來臺的所謂對祖國絕望卻不知政治險惡的菁英分子，設立形式上的裁判，寧錯殺一百，也不願漏殺一個，沒有公設辯護人，一審便決定終身的法庭，最後層峰再加朱筆一劃，兩年之間，把馬場町刑場染成血丘。

一九四五年顏一秀（後排右）與父母兄弟妹的全家福照，後排
左為長兄顏世鴻坐牢十三年半才出獄。（顏世鴻提供）

　　一九四九年，歲暮天寒的深夜，目睹在臺大女生宿舍裡，
被搜出共產黨黨章而被捕的流亡女學生們，打開我與白色恐怖
接觸的序幕。不過當時的我，天真地認為那該是國共鬥爭的一
小環節和臺灣人民絕對無關。

臺大醫學院的大哥顏世鴻被捕

　　接著一九五〇年，始料未及於六月下旬白色恐怖竟伸出魔掌突如其來地襲擊我們顏家。就讀於臺大醫學院四年級的哥哥顏世鴻（五年制醫學系）在期末考兩天前以涉嫌參與蔡孝乾的學委案而被捕了。當局認為學生一定會來考試，因此以迅雷不及掩耳之勢，趁機逮捕。哥哥原來期末考後便可以把醫學系的課程全部修完，他們等不及他考完就將他逮捕了。以後兩個月，哥哥不知去向且生死未卜。使全家籠罩在莫名的恐懼中。屋漏偏逢連夜雨，也是在六月下旬，母親因使用酒精爐不慎，引火燒傷了全身三分之一，傷勢嚴重，還在療傷中。為了不敢讓母親知道哥哥被補的事，全家因而處於度日如年的焦慮狀況中，憂慮中父親的鬢邊頭髮驟然變白。

　　在中國大陸行醫多年的父親，深諳國共兩黨的鬥爭是如何激烈，肅清的殺戮行徑是如何的苛酷。他說：「我們幼年在泉州街頭看過的，被五花大綁，背後插著奇怪牌子的死刑犯，不一定是江洋大盜，有些是被捕的共產黨徒。」可見他的憂慮是多麼深刻。在苦苦等待中，暑假已近尾聲的九月初，哥哥終於自軍法處來信說：「可以寄東西，但是還不能會面。」以後北上的我，大約每星期必須走一趟青島東路三號的軍法處，送些衣服和生活用品，順便取些較厚的衛生衣出來洗。

　　軍法處臨街道的路邊，有一排房舍是審判屋，有一次路過看見約十四至十五歲的少年，穿一身紅色衣褲，跪在審判室的地上發抖，庭上有一位法官和兩位大概是書記官，門口站著兩位拿卡賓槍的士兵，我不敢多張望，快步走出大門。天哪！稚子何辜！少年對政治的認知和稚子無異，他哪裡知道羅織的罪名：叛亂。顛覆政府。共產主義是什麼？連我已經是快大學二年級的學生，對這些事還是懵然無知，何況是他！我走出大門，面對軍法處的圍牆站立片刻，心中所受的衝擊久久不能平息。

　　回臺大女生宿舍的路途中，我不斷思索著那少年涉案的原因：也許在不知情的情況下，替人送信或傳遞消息，或是知情而不報，年幼能知情多少？或是被自己親屬或熟人所株連？想到這裡我悚然心驚。當時臺灣的每一個角落佈滿情報人員，學校裡不知道有多少職業學生正注視我的一舉一動？恐懼引起背脊一陣發涼，步伐也沈重，女生宿舍已經不是可安居的地方了！

　　在那個年代，思想犯像是可怕的瘟疫，人們談他色變，避之惟恐不及。九月初哥哥的下落有了眉目，另一個惡夢卻降落在我的身上。我被臺大化學系的系主任以普通化學只有六十多分為由不讓我註冊，因為我是思想犯的胞妹，要把我排除在系外。經過一個多月到處碰壁，在失學的邊緣掙扎之後，幸好心理系的蘇薌雨主任接納徬徨無主的我，得以轉到心理學系。此後我忙於補修學分，暫時把被監視的恐懼排除在外。

臺大教務處牆上，貼滿被槍決、判決的學生名單

　　但是一九五〇年的秋天，新學期開始後，臺大校園仍籠罩在白色恐怖中，陸續有各處學生宿舍傳來學生被捕的消息。女生宿舍再次有人被捕。一九五一年初某一天的黃昏，我擔任家教後返回宿舍，由後門到餐廳吃晚飯。餐廳的歐巴桑悄悄地告訴我，警總人員現在在你們房間抓人，嚇得我慌張中差一點將一口飯噎在喉嚨。之後，我一言不發跑去鄰近的樹林，在暗處注視停在門前的那一輛車窗裝有鐵絲網的綠色車輛，等它離開後，怯生生地上樓探頭看自己的寢室，室友爭先恐後的告訴我，隔壁寢室的外文系學姊被捕了，暗地裡我是鬆了一口氣。後來聽說她曾參加一場朋友主辦的鋼琴演奏會，以來賓的身分簽名而惹來一場厄運。寒假中她一直被關，受盡折磨。新學期被釋放後回到學校，好像變了另一個人似的，終日沉默，和藹可親的笑容也不見了。想到她在警總的遭遇，我不寒而慄！還有一位農學院的學姊，涉案後自首，聽說牽連多人被捕判刑。以後沒有人敢和她說話，她孤獨悲苦的神情至今難忘。新學期在教務處的牆壁上，貼滿被槍決和判刑的學生名單，令人怵目驚心。整個學院和學生宿舍都充斥著四面楚歌和風聲鶴唳的危機感。

　　我更是陷入嚴重的憂鬱情緒中，整日不言不語，只是默默地去上課。有一位外省籍歷史系的同學，常藉故要我幫他翻譯

大哥顏世鴻坐牢時，顏一秀四姐妹一起合照，再寄給大哥解鄉愁。
（顏一秀提供）

有關原住民風俗習慣的書。整個寢室都是臺籍學生，也都深諳日文，為什麼只找我，令我狐疑不安。

　　當時我住女生宿舍的二樓寢室，臺籍女生有兩間寢室並列，我們保持日據時代的居住習慣，房間的地板擦乾淨後，拖鞋在外面。被監視的恐懼使我懷疑究竟是誰，負責監視身為政治犯胞妹的我的一舉一動？於是想換房間或是換床位的念頭盤據心中不去，猶豫不覺中竟然鬼使神差選擇真的時時刻刻在監視我的學姐對面的床位，而兩個人相對的床位處共用排在房間中的書桌，坐在對面的她，對我的一舉一動包括讀書，寫字一覽無遺，還好我自大二便停止多年來寫日記的習慣，只是偶爾寫幾首日本和歌紓解鬱悶情緒，沒有什麼隱私可窺探。畢業後離開

女生宿舍後才知道她一直負責監視我，也曾經密告過我，大概上天保佑，也有貴人相助，才倖免於難吧！

　　當時自己像驚弓之鳥終日惶恐不已，因為知道無辜被牽連的人不計其數，更何況我就讀臺大，又是政治犯的胞妹，當然是監視目標之一。不過我一向謹言慎行，幼年父親從事抗日運動，屢次被捕。母親為了生計忙於做手工賺錢，我不得不打理廚房工作和家事，養成實事求是的務實習性，重視自然和理性的思考流程，不喜歡外力箝制的思考模式，因此和當時風行的思維模式偏離很遠，也沒有接觸過，也許就是幸運地未被捲入那恐怖風暴的原因吧。

　　一九五〇年十一月一日哥哥被移監到新店安坑。臺大對面剛好有開往新店的小火車站，因為還沒有判決，命運尚未決定，仍然不能會面，只能送東西。在小火車站認識和哥哥同案的葉雪淳的父親葉秋松先生。

　　一九五〇年十一月二十九號，臺北開始下著陰霾的霏霏細雨，近午我正要參加德文的期中考，葉伯伯神色凝重地在宿舍門外向我招手。走出校門外，葉伯伯說：聽說今天凌晨槍殺了學委案十一個人，想去馬場町看個究竟並邀我一同去，突如其來的消息使我膽顫心驚，也顧不得德文的考試（德文是選修科目），迷迷糊糊跟著葉伯伯和伯母走到馬場町河堤對面的馬路。我忍不住說：葉伯伯您們去看就好了，我在這裡等您的消息。我實在沒有勇氣去細看公佈欄裡的死刑犯名單。那個

時候馬場町附近還是一片田莊，行人稀少。我獨自佇立在路邊的樹下，在憂慮和不安中幾乎喘不過氣來，依稀聽見樹中的秋蟬，時停時鳴的微弱悲鳴。

葉雪淳（右）參加難友陳孟和（左）嫁女兒婚宴留影。
（曹欽榮攝影）

王超倫父親看到獨生子中彈，自己也昏倒

　　不久葉伯伯他們回來說，公佈欄裡沒有兩個人的名字，心中沉重的石頭突然落下，鬆了一大口氣。葉伯伯又說：昨天被殺的十四名臺北案的死刑犯的屍體到現在還在那裡！我們在愁雲慘霧的氣氛下急速離開那悲慘的地方。

　　後來聽說學委案的王超倫只有廿四歲，他的父親每天破曉時分必到我站立不遠的河堤上注視馬場町刑場演出的血腥的殺戮。所以十一月二十九日的凌晨，王超倫被看守叫出姓名的時候，據說用右拳猛打自己的左拳說：「我不能死，我不想死在馬場町！」但是連瞬息的醒悟也不給予，涉及學委案的十一名嫌犯馬上被押上車，開往死亡之路。當日王伯伯在河堤上目睹一顆顆子彈貫穿獨生兒子的胸膛而倒下去，他自己也昏厥在河堤上。

　　那不過是我站在樹下等待葉伯伯他們，幾個時辰前的事情。我雖然沒有目睹這個慘絕人寰的一幕，但樹梢的秋蟬似乎也在秋風秋雨中替他們悲鳴！那也是一九五〇年前後兩年慘死在馬場町刑場三千多名死刑犯和家屬的悲鳴！也是在煉獄中長期飽受折磨和屈辱的九千多名受刑人的悲鳴吧！

　　在那動盪不安，到處有人被捕的一九五〇年十一月中旬，父親想到新店安坑探視哥哥未果。我陪同他去拜見臺大傅斯年校長，請教有關哥哥的事情。雖然哥哥尚未被判刑，生命好像

得以保住。傅校長親切地告訴父親，其實他一直反對逮捕學生的，如果早一點自首就好，既然被捕了，勸他好好念醫學的書，父親深表謝意的告辭。

後來才知道傅校長用曠課理由未對被捕的學生退學處分，以留住他們的學籍，使哥哥十三年半出獄後得以完成學業。想不到和傅校長見面後一個多月的十二月十九日校長就因中風去世。父親和我對他卓越的學者風範和對學生無微不至的愛護留下無限的感念。

顏世鴻在綠島新生訓導處服刑時的留影。
（顏世鴻提供）

　　父親和我在臺北見面的時候提起，曾和哥哥中學和臺北帝大預科的同學石玉峰也因案而被追捕，聽說他躲在一大片甘蔗田內多日，看見他父親的朋友路過，託他轉告他的父親送些錢和生活用品。不料受託的人，竟然去警察局密告，他的下場如何還不得而知，因為認識他，令我驚駭不已！寒假回家又聽說：日據時代，住在父親服務過的醫院對面的施老太太，和父親是舊識。有人檢舉他將被通緝的兒子施至成窩藏在天花板上，搜查結果沒有找到人。

　　這個消息更使我驚惶不已，因為一九四九年秋，曾經陪高中同學也是臺大女生宿舍的室友，施同學去探望的姑姑，她也是日據時代我就讀的女子學校的學姐施水環，並在她的臺北郵電局的宿舍吃過幾次午餐，並且在那裡見過就讀於臺大植物病蟲害系的施至成和臺大電機的吳東烈，還有幾位南部來的臺大學生。一九五〇年後因為課業繁重，也漸漸習慣離鄉背井的生活就不再去探望了。不久傳來令人擔憂的消息，施學姐被捕，還有人以知情不報而被通緝。此後我和施同學絕口不提她姑姑的事。那一段記憶被壓制在潛意識的底層深處。

　　那是交淺也會惹來橫禍的年代。人與人之間更不敢言深相交！有人將自己的身分證報失，借給被通緝的朋友而判死刑，有人把左傾刊物借給退役軍人而被判無期徒刑。

大哥關綠島，見不到父親最後一面

　　一九五〇年的最後一天，十二月三十日，哥哥被判十二年的徒刑，被移監軍人監獄。刑期比預期的長，父親還是鬆了一口氣，他能留住生命就好了！此後我差不多每星期都去會面一次，父親和他的同學也紛紛來看他。

　　母親的傷勢還沒有痊癒，不敢告訴她實情，一直到一九五一年五月十三日哥哥被流放到綠島之後才告訴她。此後她常和臺南的政治犯的家屬，等待東海岸風平浪靜的季節去探望哥哥。她說坐船辛苦，也沒有旅舍，要借住民宿，諸多不便，不讓我們同行，所以哥哥在綠島十一年多的歲月裡只有父母親去探望過。

　　父親在一九六一年去世，他原來期望著再過一年多哥哥便服刑期滿能回家了，但是天不從人願，父親為了趕去講經跌了一跤，傷及肋骨，鬱血半個月後突然傷發，引起嚴重腦栓塞，四十八小時後去世，留下無法彌補的遺憾。

　　一九六二年五月，哥哥服刑十二年的刑期將屆，忽然傳來結訓延期的消息。父親逝世不久，全家驚慌失措不知如何是好。後來得知因為拒絕指導員開口借兩萬元而將他送去小琉球再服刑一年六個月。在小琉球服刑期間我和四妹替母親去探望了一次。父親去世和哥哥刑期延期的雙重打擊，母親再也沒有力氣渡海了。一九六四年一月二十一日，哥哥終於結束十三個

多月的刑期而回到了家。哥哥後來插班臺北醫學院七年制的醫學系，補修了很多學分，吃盡苦頭後，完成了學業。

　　一九五三年，我自臺大心理系畢業後進入臺北松山的錫口療養院（慢性精神病院）工作，試圖遠離令人焦慮不安的現實社會。慢性精神病院裡，精神分裂病病患較多。精神分裂病常見的被害妄想一般多於妄想症的自大妄想病患。有一個自大妄想的病患，竟然自稱是警總司令，令我啼笑皆非。他整天喃喃自語，有時候慷慨激昂比手畫腳，但和他在醫院裡相處，但安

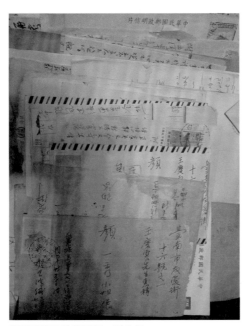

顏世鴻坐牢時寫給顏一秀的信。
（顏世鴻提供，曹欽榮攝影）

之若素。想到領導國家的可怕人們，為了政權，為了一己之私，以瘋狂、殘暴、苛酷的手段排除異己，變成比精神分裂病的自大妄想狂更為猖狂，更偏離人性和常理，令人唏噓不已。

　　多年前，某晚在《民眾日報》看到葬在六張犁的一百六十三名五十年代因白色恐怖被政治槍殺的死刑犯墳墓的名單，赫然看到石玉峰，施水環學姐和曾在臺北郵電宿舍見過面的施至成和吳東烈的名字，不禁潸然淚下。事隔四十多年，被壓制在我潛意識底深層的惡夢，原來早已成真！心中的悲憤久久不能平息。雖然只不過數次見面之緣，因險惡的局勢和膽怯，連暗地裡也不敢去關心他們的下落，自責和悲憤使我傷心不已。

後排左起為施水環、丁窈窕，前排左起張滄漢、吳東烈、施至成等人合照。（台灣游藝設計公司複製提供）

回顧一九五〇年，是一段詭譎而悲慘的年代，中共企圖渡海攻臺，卻因六月二十五日韓戰突發，美國派遣第七艦隊守護臺灣海峽而失敗。惡名昭彰的麥卡錫主義正全面籠罩在美國社會，給予國民黨政府莫大的鼓舞，有恃無恐地肅清在臺可疑分子，肆無忌憚地再度運用剿匪的伎倆，那簡直是藉有利形勢的恣意整肅！在這樣層層偶發事件的包圍之下，他們焉能不死！焉能不被判刑！

可恨，一群前途似錦的臺籍菁英分子，被蔡孝乾等任意如棋子般安置在殘暴的敵營，變起倉卒，一時前方無路，後方也無退路，插翅也難以掙脫國民黨政府的恣意宰割。哥哥涉案不過數月，卻付出十三年六個多月的牢獄生涯，斷送大好前程。

大哥不肯借錢給獄中管理員，因而多關一年六個月

有些青春的花蕾尚未綻放，便倉促地慘死在馬場町刑場！有些帶著手銬腳鐐，未經審判即遭槍決，被埋沒在六張犁的荒崗中！有些成為在煉獄中度過漫長歲月的受刑人，令人髮指！

同在一九五〇年代國民黨政府羅織罪名或被軟禁或被入獄的孫立人將軍、雷震、柏楊，甚至於崔小萍，因為他們的豐功或宏業，如今風華再現，還有人替他們申冤。而那些只不過年

輕氣盛信奉社會主義的理想，尤其是學委會的成員很多是在學學生或是剛出校門的青年對政治的認知還是一張白紙，或是想脫離殘暴的殖民政府再度控制臺灣，或是為了遙遠的祖國而死而失去自由，誰記得他們？誰為他們仗義執言！他們只不過是所謂的思想犯，絕少是有付諸行動的，被蔡孝乾等吸收後極短時間內使陷入冤獄中不能脫身，便命喪馬場町刑場，或是長期在煉獄中受盡折磨和屈辱！哥哥即是最好的例子：甚至於只不過害怕創下惡例，不肯借指導員兩萬元，卻因而多服刑一年六個月，天理何在？

　　五十多年來，在一九五〇年代熬過白色恐怖風暴的我，自我噤聲如寒蟬，將所看、所聽，甚至於所思沉澱在潛意識的底層深處，不讓它浮現在意識中，但它仍然盤踞在心靈深處，始終蠢蠢欲動，化成在心中的不安情緒，惶惶難安多年。如今已無禁忌的情況下，何不讓他重現在字裡行間，讓噤聲的寒蟬為三千多名命喪馬場町刑場的死刑犯和在煉獄中度過漫長歲月的九千多名受刑人和他們的父母和家屬悲鳴吧！

　　我始終耿耿於懷，王超倫的父親和失去僅有一對兒女的施老太太，劫後不知如何度過他們的餘生！

本文於二〇〇四年曾發表在臺南市文史協會刊物

作 者 簡 介

　　顏一秀，一九二九年生，臺南市人。為一九五○年代政治受難者顏世鴻的大妹，大哥被捕時作者就讀臺大化學系，後來因為哥哥被捕的關係，被迫轉心理系。曾親眼見到臺大校園和宿舍內的逮捕行動，自己也差一點被捕，不但常到軍法處看守所面會和送物品給大哥，也陪同台北受難者葉雪淳的父母去馬場町看槍決名單。

　　大學畢業後，顏一秀曾任職錫口（臺北松山）療養院心理師，婚後回臺南居住，擔任臺南市財團法人仁愛之家心理師及慢性精神養護所所長，從事臨床心理工作三十餘年，並曾榮獲第八屆醫療奉獻獎。

如煙往事

施雪蕙

受難者簡介

　　施明德，一九四一年生於高雄市，因家住高雄車站正對面，曾目睹二二八反抗學生的犧牲，為了想武裝推翻國民黨蔣家政權，他進入陸軍砲校，並積極找志同道合朋友私下聚會。

　　一九六二年他在小金門當砲兵時被捕，當時共有三十多位友人被控參與「臺灣獨立聯盟案」，連他的大哥施明正、三哥施明雄也被捕。施明德被控首謀，遭判無期徒刑，坐牢前他已生下長女施雪蕙。一九七五年蔣介石過世，他獲減刑，一九七七年滿十五年出獄。

　　一九七九年十二月十日爆發高雄人權日遊行的軍民衝突。施明德雖逃脫逮捕行動，但逃亡多日之後，還是被捕，再度判無期徒刑。直至一九九〇年五月二十日李登輝總統宣佈美麗島案判刑無效，他才重獲自由。曾任臺權會會長、民進黨主席、立委等職。

　　小時候總是覺得很奇怪！為什麼小朋友的爸爸都在家裡，他們可以牽著爸爸的手出門，坐在爸爸的腿上撒嬌。而我，要看父親一眼，還得翻山越嶺，隔著鐵窗、玻璃，用著電話交談。

　　後來稍稍懂事才真正了解，原來我的父親是政治犯，他，在坐牢。

　　我的父親，在有形的牢房過了二十五個年頭。

　　身為他的家屬的我們，在浮華的世間，也坐了二十五年的「心牢」。

面會父親，路途遠又危險

　　從小，我好像很愛挖鼻孔！

　　在記憶裡好像常常跟媽媽搭平快的火車上臺北，當時的我對看父親這件事沒有特別的感覺，只覺得搭火車很有趣。尤其如果搭有臥鋪的夜車，更是讓我興奮！好好玩！可以在火車上躺著睡覺，搖啊搖的，好舒服！

　　只是，搖到臺北，挖鼻孔時，小小的手指頭拿出來一瞧，都是黑的！因為當時的火車頭是燒煤炭的，開著窗子一路到臺北，鼻孔都燻黑了。

　　搭火車北上，除了看父親之外，主要目的是媽媽要為爸爸陳情，彷彿有些許的記憶是和媽媽跪在某個地方，後來才知道是總統官邸前，因為當時三、四歲的我還是懵懂無知的年齡，

只知道要跟著媽媽行動。也記得媽媽後來還上監察院陳情，多次的陳情也讓當時一位監察委員——曹承德女士非常感動，認了我母親為乾女兒，在我父親陳情的案件出力甚多。有一次在陳情會議上，有一個人還拿出厚厚一疊資料說我父親在獄中不良紀錄這麼多！

　　搭火車上臺北還算是輕鬆，後來父親移監到臺東的泰源監獄，媽媽都是帶我每週五晚上搭金馬號客運的夜車到臺東，再換一般客運進去泰源監獄。也不知當時為何我不能進去看我父親，常常被留在外面的走廊等我母親會面出來，偶爾才讓我進去，從剛開始的隔著鐵條窗子到後來隔著玻璃，用著電話筒交談。

施明德（右）在泰源監獄坐牢時，因病在花蓮醫院住院，難得留下與長女施雪蕙（左）的親子照片。（施雪蕙提供）

是因為從小就被鐵窗、玻璃隔離的緣故，總覺得和父親有一股無形的牆隔在中間，即使後來父親出獄有相處的機會，「親近」二字也從未出現在我的感覺裡。

媽媽是韌性非常強的女性，在當時那個孤立無援的環境中還能讓我父親到花蓮軍醫院保外就醫，真是了不起的事情！也因此有了與父親相處幾個月的時間，父親中午都會到外面我們暫住的宿舍見面，記得有一次，父親告訴我：「蔣中正是臭頭仔（臺語）！」我聽了還嚇一大跳！爸爸怎麼這樣說呢？學校老師都說「蔣公」是民族救星！怎麼會是「臭頭仔」！對父親的言論覺得很害怕！

說到每週五要搭夜車去臺東，學校就得請假，這都要感謝當時小學一、二年級的導師——潘辛杏老師，潘老師讓我每週六請假，這樣媽媽才能帶我去臺東泰源，直到三年級才改成每一個月去臺東，現在想想我可能是全臺灣搭車最多的小孩也說不定！

當時從高雄到臺東的路程非常不好，尤其是楓港到大武中間這段山路，只要一下雨就落石不斷或坍方，有一次一顆大石頭正好打落到我座位旁邊的窗欄上，嚇壞我了！另一次是坍方，只好搭一條臨時吊橋，天啊！搖來晃去的！我哪敢走！後來是一位阿兵哥背著我過去，還看見媽媽又走又爬地跟在後面。

上國中那段時間，父親已經又被移監到綠島。到綠島，剛開始必須要搭漁船，我這個從小長期搭車也不會暈車的人，竟然會暈船！還記得坐在船緣，身邊看到的就是波濤洶湧的海水，

好可怕！雖然多年後，父親出獄，當選立委後陪同到綠島，當時搭的已經是汽艇，平穩許多，然而多年前搭漁船的陰影還是浮現腦海。

還好，沒有多久，有了小飛機，好像是六～九人座的。有一次因為有事情錯過那班飛機，沒想到那架小飛機墜落了，媽媽和我躲過那次的劫難。不過，去一趟綠島的確蠻辛苦的，有一回和一群人一起面會出來，走在砂石路上，突然看見一位胖胖的婦女撿起一顆石頭回頭大力的丟在地上說：「再也不來這裡了！」

那個時候的綠島很荒涼，搭漁船時都得在綠島過夜，而那裡幾乎都是石板屋，非常簡陋！和目前的觀光地區——綠島，全然不同！不過也不盡然都是不好的回憶，記得當時的島民非常親切，送我不少貝殼，而且當時綠島的山宛如絨毛般翠綠，雖然很低，但在我年少的眼裡卻是最綠、最美的山。

開發會破壞大自然的生態真是一點都沒錯，綠島是一個活生生的例子。

害怕別人問起父親去那裡

從小和媽媽相依為命，沒有父親其實也沒有多大的感覺，因為媽媽把我照顧得很好，尤其小時候媽媽都在高雄堀江的洋貨行賣港貨，因為都需要很晚才打烊，我常常蹲在門口看往來

的人群，等媽媽下班。不過也因此我比一般小孩有機會拿到或吃到小朋友不容易享有的。

比如說，蘋果！在五〇年代蘋果是珍貴的水果，尤其是進口的蘋果，所謂的「五爪的美國蘋果」是在高雄市崛江才買得到，當時媽媽就常買給我吃。還有當時非常流行的一種絨毛洋娃娃，頭型是像小紅帽的造型，很大！是我當時的三分之二身長。我是愛不釋手地出門也要帶著她，常常在搭公車的時候，很多人會說怎麼一個小孩還抱著一個大嬰兒！探頭過來看，原來是一個洋娃娃！都用羨慕的眼光看著我。

正由於媽媽照顧我是無微不至，物質上沒有讓我匱乏過，有的話也是因為父親是政治犯在精神上有很大的壓力，以及因為我父親不在身邊而我必須應付外人的詢問，是一大困擾！！

施雪蕙手抱心愛的大娃娃。（施雪蕙提供）

　　小學時，我都說：我爸爸出國念書了！小學的孩子很好搪塞。國一剛入學，大家不是很熟，不會多問。國二、國三讀的是資優班，大夥都忙於讀書，也不太理人，所以這個問題還好應付。

　　直到高中，年齡漸長，不太容易說服別人了。因此我改說：我爸爸跑船去了！說到跑船，還有一段小故事。高中有一位很要好的死黨同學，她爸爸是廣東人，媽媽是臺灣人，她就是標準的「芋頭番薯」，重點是爸爸真的是遠洋船員，常常一年回家不到一次。

　　高三時，正好我們倆的父親都要回來了！她是爸爸長年不在家很陌生，而我是因為當時我父母兩人就已經有爭吵了，從小和媽媽一起相依為命的我當然是站在媽媽這一邊，對父親的出獄，是深感恐懼，很怕他來找我。同病相憐的我們倆，每節下課都站到走廊，說著我們該怎麼辦？爸爸要回來了！

　　爸爸回家是快樂的事吧！為何會這樣？

　　後來銘傳畢業後，有機會到日本東海大學日本語言研究中心讀書那一年，同學都是成年人了，當然更是不好騙了吧！日本老師又超愛問父親是從事怎麼行業？因此，我乾脆說：「我父親過世了！」此話一出，沒有人會再問下去！

　　其實我會這樣說，並非完全是怕人家笑我有一個犯人爸爸，而是不想造成大家的困擾。其實有人知道後未必會看不起我，卻會覺得怪怪的，甚至於會覺得害怕，所以我不說反而對大家都好，因此我的朋友並不多，但是結交的都是很好的朋友。日

子久了，我會告訴他們我的家世，而他們也都不以為意，這其中有一半是外省籍的同學。

機場被搜查行李，全機旅客等我一人

父親是政治犯，被歧視是家常便飯。

第一次讓我強烈感覺到這個社會是這麼的現實，是我到臺北銘傳讀書時，借住在一位我父親政治難友——林水泉伯父位

施雪蕙就讀銘傳專校時的照片（施雪蕙提供）

於陽明山的高級住宅區白雲山莊。有一天，我正好在家，有一位警察來訪。彷彿聽見林伯父說：「孩子在家，不要說了。」原來那位警員是跟林伯父說叫我不要住那裡，因為有住戶說會影響那裡的住宅品質和房價。

我知道後，搬到學校附近的宿舍住，深刻意識到守法的去登記流動戶口的我，卻招致那樣的待遇，從此再也不去登記流動戶口。

之後是到日本那一年，隔壁班有前輩很熱心地幫我申請校外的大學，我看見他們這麼熱心，又怕他會不會被我的身分影響或害怕，我老實告訴他們我的家世背景。第二天，這群人告訴我，他們以後回臺灣也想考公職，請我回臺灣後不要告訴別人我認識他們！從此我沒有再跟他們來往。

如果後來他們知道我父親出獄後，成為黨主席和立法委員，不知做何感想？

常常聽見綠色選民罵「外省豬」這三個字，我是非常不以為然！一來，我的好友有一大半是外省人；二來，從小會欺負、歧視我的也絕大部分不是外省人。當自己被外省人不公平對待時，我不會覺得特別難過。反而是被同為臺灣人傷害時，才讓我感到非常痛心。

我覺得我的運氣很好，學校老師和教官都對我很好，其實他們都知道我的身分，從他們的眼神就看得出來，他們也從未對我另眼看待，有一位護理老師還對我說：「沒有關係，好好讀書。」

　　還有一回很離譜的經驗，啟程到日本讀書那次在桃園機場，大概是國民黨政府得知我要出國，托運行李時，竟然「大搜特搜」地讓整台飛機的人等我一個，結果也找不到任何可疑的東西！中間暑假回臺灣，隔天警察又來問，我何時再出國？人權在那個年代比垃圾還不如！垃圾是我們使用後的產物，而人權是我們根本沒有擁有過的權利。

父親「美麗島事件」被通緝，困擾兩姊妹

　　走過白色恐怖和美麗島事件，我覺得家屬歷經的是截然不同的二種政治態勢。

　　白色恐怖時，家屬似乎很怕被人知道家裡有一位政治犯。當時的家屬是噤聲的一群，社會群眾也是避之唯恐不及！因此我母親還能不斷的和國外的人權協會聯繫的膽識，實非常人能為。然而至今還會記得當時我母親為政治犯所做的努力而心懷感恩的，恐怕少之又少吧！

　　而當時的政治難友，缺錢時跟我母親借錢，我母親也是二話不說地給予，然而在我母親被倒錢後，生活困苦之時，又有誰想到要還錢呢？或伸出援手？人性的醜陋面是一展無遺！真替我母親不值！

　　美麗島事件後，聲援的人多了，美麗島事件受害家屬是不孤單的！甚至於家屬許多還當選公職。與白色恐怖時期的家屬相比較，所受的待遇是天壤之別。

記得去日本那年，暑假原本是不想回臺灣的，卻被我母親騙回來，原來有人要我選立委，回家後得知這件事情，當然是很生氣！當時的我對政治是深惡痛絕，從小被政治迫害已經夠了，恨不得離政治越遠越好。

美麗島事件，我父親因為逃亡而聲名大噪，處處貼著通緝的照片，弄得我和妹妹十分困擾，尤其是妹妹在校還被叫上臺。

也因此一段相戀十年感情，因為男方父親得知我的身分後，說出：「娶這種人的女兒，怎麼說得出口？」結束了那段戀情。雖然多年後結婚了，我父親也當選立法委員，卻又因為我不利用父親的關係介紹工程，產生很多怨言，加上我罹患罕見疾病，婚姻生活宣告結束。

思想、觀念不合的婚姻是辛苦的，結束也許不是壞事，我是這麼想的。所幸孩子也都跟我很親，陪伴我度過生病那七年，尤其是母親還要照顧我和孩子，當然也要感謝我父親在那段時間供給我生活費。

三十二歲那年，第一次感受到父愛

父親！一個多麼陌生的名詞。

第一次較有機會和父親相處是一九九二年，我父親在臺南競選立法委員。

　　當時接到王幸男委員的電話要我上去臺南競選總部幫忙，痛恨政治的我，在百般無奈之下前往臺南，因為競選總部不能沒有家屬，而當時只有我和妹妹是父親唯一的直系家屬。

　　一到臺南，形單影隻的我，還遭受某些黨工的欺負，因為父親是孤鳥，只能靠黨派的支援。後來相處一陣子之後，發現我這個候選人的女兒好像跟一般人不太一樣，單純又安靜，所以絕大部份黨工都很照顧我。我也樂於跟他們相處，尤其是每一場演講會場後，我會留著和大家一起打掃、撿垃圾，再一起回總部。到最後，黨工都是「阿蕙、阿蕙」的稱呼我，非常疼愛我。

　　如果說，父親競選，我有得利些什麼？就是這群可愛的黨工，我們建立了很深的情誼。我喜歡和基層人群相處，沒有拘束，不用心機，多輕鬆啊！相對於父親的就職典禮，雖然父親有邀我參加，但是我總是興趣缺缺，因為到競選總部幫忙，我認為是我做女兒應盡的義務，而就職典禮？就讓掌聲歸於我的父親。

　　父親的生日宴，我也從不參加，我不想看到滿屋子錦上添花才出現的親戚，令人作嘔！

　　說到這裡，有一幕令人嘆為觀止的情景不能不說。

　　從小，我周圍的親戚幾乎都是外婆家的人。後來在競選總部，某一晚，演講會場結束後，回總部前就有工作人員來電告知滿屋子的自稱是施家親戚的人，鬧哄哄地！回到總部果然滿屋子人，可是我幾乎都不認識！既然不認識，當然無從打招呼

起，其實我也不想和他們打招呼！後來我父親進來了，他們竟然還好意思跟我父親投訴，說我沒跟他們打招呼。奇怪了！當初我們落難時，這群人在哪裡啊？現在情勢一片大好時，都冒出來了！

還好，我父親還算明理，跟他們說我又不認識他們！聽說後來我父親私下還跟人說，阿蕙不跟他們打招呼也是正常的！以前都沒見他們出現過！不能怪阿蕙！

另外一次，蘇姐（雲林蘇治芬縣長）要我回家時幫她把大提袋背回宿舍，結果我竟然忘了！回宿舍後突然想到，我好緊張地跟我爸爸說，可能是我的臉色很驚慌吧！因為當時的蘇姐是很有威嚴的，我怕她的袋子掉了。我爸爸看著我，握著我的手說，不要怕！不要怕！我請詹先生（司機先生）回去拿。

那是我第一次感受到父愛是什麼！那一年，我已經三十二歲。

出獄後的父親，已經越來越貴族化了，也許是我不了解他吧！或許那就是原本的父親。不知道為什麼？父親這二字似乎從未真正走進我的生命，只是給我生命的人。

移植手術後送進加護病房，沒有多久妹妹出書了，因為那本書父親和妹妹起了很大的衝突，他也說我是掃到颱風尾，從此也甚少跟我連絡，只到醫院看我幾次，出院後也只通過幾次電話。一年後，父親出來倒扁，因為我們沒有與他同一戰線，父親給予我的金錢支援也宣告結束。從此靠著低收的補助，手

工藝創作的貼補，七年來也建立了幾條通路，雖然不寬裕，但也沒有讓孩子餓著、凍著，活得心安理得。不會像以前，這個月拿到了，不知道下一個月會如何？那種不安定感，讓人不安。

　　從父親處得到的金錢，也是我去立委辦公室上班的所得、紅包等，還有生病時的生活費，那是因為我生病又離婚，才不得不跟父親拿生活費，並非如施家親戚所言，四、五十歲的人了還跟父親拿錢！

　　然而萬萬沒想到，二○○九年，父親向外宣告與我母親的婚姻關係是無效的同時，還提到即使我們倆姊妹要改姓也沒有

作者施雪蕙與妹妹施珮君合影（施雪蕙提供）

關係！至此，父親這個稱呼，似乎離我更加遙遠了，如今父女關係也已是形同陌路。對於過去為我父親做的所有行為、所遭遇的所有不公平的事情，我們三母女宛如演了一場沒有掌聲的戲。

許多人會說，我們過去受了多少苦難。其實我不曾稱之為苦難，以前我都會想成那是我的命，出生在這個政治家庭，哇哇落地，上天就賜予我一個十字架，背著這個十字架也曾經讓我感到要窒息。

時常覺得自己再如何努力，成就時，人們常會說是因為我父親的關係，似乎我從未努力；即使在目前與父親已經毫無關係，還常聽到有人說：「施明德的女兒要申請什麼都可以！」聽了真的很不舒服！甚至於連我可以雙肺移植手術也說是托我父親的福！這些話對臺大肺臟移植醫療團隊是一大侮辱，我是依法排隊、配對進行手術，雙肺移植我也不是第一人！這些都是可以求證的。

沒有媽媽，就沒有今天的我

經過肺臟移植手術的生死大關，讓我看淡很多事情。過去所經歷的，我當成是上天給我的功課，要讓我更能體會人生，讓我知道遇事要先站在別人的立場想想，也許很多怨懟會減少，過去的就讓他過去吧！再多的補償也追不回本該擁有的快樂童年、青春年少。

　　回憶對我們家而言是痛苦的深淵，所以我幾乎不去回想過去，今天是為了替歷史做見證，不得不再度回憶過去的種種。

　　往前看，是我目前的生活態度，重生後的自己，每天一早睜開眼睛，我都應該感謝上天、捐贈者的大愛、臺大肺臟移植醫療團隊的照顧、我的家人，還有不因為我父親對我們斷絕關係，而依然陪伴在我身邊的朋友。

　　最後，我要特別感謝我的母親──陳麗珠女士。沒有媽媽就沒有今天的我，與母親相依為命半個世紀多了，在媽媽眼中我們永遠是孩子，永遠可以享受媽媽的關懷。爾後，依然要與媽媽甘苦與共、不離不棄，生活到永遠、永遠。

作者簡介

　　施雪蕙，銘傳商專國際貿易科畢業，日本東海大學日本研究中心日本語進修一年，曾任職機車零件出口貿易公司及手工藝老師。目前在家休養，並從事毛線編織及串珠創作。

拖鞋和帽子的故事

呂洪淑女

受難者簡介

臺大法律系畢業的呂國民，曾經與好友協助黨外臺北市長參選人高玉樹高票當選。後來，他們組成的「全國青年團結促進會」準備推出十位議員候選人，一九六七年「全青會」卻被檢舉而遭大逮捕，呂國民被判十五年，同案還有黃華、許曹德等數十人。

我是政治受難者呂國民的遺孀呂洪淑女，一九六七年元月二日，呂國民與張明彰、黃華、陳光英等人，相約在吳文就（表姊夫）雲林古坑老家聚會（召開全國青年團結促進會第三次會議）。恰巧前一天，我和母親前往古坑華山弔祭姨母，回程時本欲在表姨家住宿，後因表姊夫的邀請，我們改到他家過夜，隔天中午大家同桌吃飯，午餐時大家有說有笑，甚至還談到我大姊夫蘇東啟。餐畢，我們母女便先離開回北港，由此次的因緣際遇，我對呂國民留下深刻的印象。接著我們兩人由相識、相惜、相愛，進而私訂終生。

　　呂國民是桃園蘆竹鄉人，一九三七年出生於佃農之家，他母親四十六歲才生下這位屘子，據他二嫂說：本欲將該嬰兒送人收養，該嬰兒突然開口說了一句「麥啦」（不要的意思），後來就留下撫養沒有被送給人家，呂國民從小天賦聰明又乖巧，而且很用功讀書，小學到初中都名列前茅，曾當班長，還被選為模範生，寫字又漂亮，每逢過年時還會幫鄰居或宗族們寫春聯。有一年我在林口長庚醫院開刀住院，我女兒國小老師來探病，老師娘家是呂國民隔壁莊頭的人，據老師說：莊內人家都

五十六年一月，呂國民（後排左一）與張明彰、吳文就、黃華等人於雲林古坑吳文就家聚會，會後與呂洪淑女（前排右一）、呂洪淑女母親洪沈英（前排左一）合影。
（呂洪淑女提供）

知道呂國民很會唸書，所以他們的小孩都以呂國民為楷模，並要他們的孩子能向呂國民學習。

呂國民初中畢業後，因家境清寒，父親原本不讓他繼續升學，像其他兄長一樣，留在家中幫忙務農，但宗族裡一些長輩們認為這孩子資質好、又用功、不升學可惜，為此特別向他父親勸說，終獲答應，呂國民果然不負眾望，考取了臺北師範學校。在早期臺北師範學校是許多窮困人家眼裡的明星學校，就讀該校不用繳交學雜費，每月還有零用金，畢業後還可擔任教師，許多家長都夢寐以求，希望自己的孩子能考上這所學校為榮。

呂國民原想考上律師後，辦結婚卻被捕

一九五六年呂國民臺北師範學校畢業後，被分發至臺北古亭國校擔任教師，後來興起了繼續唸書的念頭，遂在自力進修的情況下，如願考取了臺灣大學夜間部法律系，白天上班教書，晚上臺大唸書，唸臺大時非常活躍，人緣好、口才佳，還被推選為自治會會長。在就讀法律時，認識了吳文就、劉佳欽等人，這群年輕自由鬥士經常出入省議員郭雨新與臺大教授彭明敏的家。一九六六年決定自己籌組「全國青年團結促進會」，臺大畢業時，正值高玉樹競選臺北市長，他不僅義務助選，還幫高玉樹訓練了一批外圍監票員，以防國民黨做票而贏得選舉。黨外前輩李萬居先生過世時，呂國民和志同道合的青年朋友們前

往護靈，在幫忙籌辦喪事時，為了抗議國民黨對李萬居先生的迫害，凡有國民黨要員致贈的輓聯，全部收起來不予張掛，從此觸怒了國民黨相關人士，也引起情治單位的關注，從此列入了黑名單——被監視跟蹤。

　　在黨外時期，大姊蘇洪月嬌曾在黨外活動中與呂國民有數面之緣，據大姊說：呂國民家窮，但人優秀又有才華，聞言後更增加我對呂國民的好感。當年我們認識時，他還在臺南服預官役，幾次的交往，兩人的感情與日俱增，更決定非他莫嫁，並互相約定等他八月二十九日律師高考後，年底金榜題名同時辦理結婚，呂、洪兩家雙喜臨門，故在退伍前我們在嘉義互贈戒指，豈料原本幸福的藍圖，卻在八月二十破滅成空（被捕）。其實相識未久，他就坦白告訴我，他已遭情治單位監視和跟蹤，恐隨時被捕，而我堅定的向他表示，即使被捕入監，我願意等

呂國民於信中約定一起照訂婚照，兩人於五十六年四月十五日（農曆三月六日）留影訂婚紀念照。（呂洪淑女提供）

他出獄，果真一語成讖，信件從此中斷（人也不知下落），原以為他是考前衝刺閉門苦讀，癡癡的我終日引頸期盼綠衣人送來佳音。

在呂國民退伍返北之後，茲因旺弟當兵，為要申請安家費以貼補家計（後來申請沒通過），故將我的戶口遷出，然後由呂國民辦理假結婚登記，從此戶籍上我便成為政治犯呂國民的太太。辦公室每次開會，我都被排拒在外，一九七五年我參加丙、丁等兩種警察人員特考及格（戶政事務所在戡亂時期隸屬於警察局，平時隸屬於鄉鎮公所），但雲林縣警察局晉升人員名單裡沒有我的姓名（一位何姓初中同學在雲林縣警察局上班，得知消息後偷偷告訴我，據稱：因人事公文未發佈，警局追查誰洩漏消息。）隔天我便急忙請母親陪同到雲林縣警察局查明事實並強加理論，為何丁等及格可晉升為辦事員，而我是丙等及格，再說論年資、學歷、工作能力等皆遠勝於她，為什麼我不予補正職，局裡面的人說：因我先生呂國民是政治犯，我反駁說：我沒有結婚啊！不論公家機關，或私人單位，凡結婚者必有婚假，如公證結婚也需請假上法院，當天我人在辦公室上班，有同事可做人證，簽到簿有簽名便是物證，局裡人還說：「不離婚」就是對呂國民念念不忘——硬拗。後來便直奔臺北警務處陳情，警務處一位小姐還說風涼話，說這個工作不好，叫我另找工作。最後苦無良策，只好請黃華先生陪我到立法院請康寧祥委員幫忙，結果失望而歸不肯伸出援手，人間冷暖啊！

為保工作，不得不寄信綠島，請求離婚

　　癥結在於呂國民（解鈴還須繫鈴人），只好找他四哥訴說苦衷並求原諒。蒙獲同意後，我便寫了一封請求離婚的信及兩張離婚協議書，交由北港戶政事務所正式發文給綠島監獄，然後再由綠島監獄轉給呂國民簽名並蓋指模，事畢再由綠島監獄寄回北港戶政事務所始能辦理離婚登記。雖我倆已辦妥離婚，毫無瓜葛，但可惡依然不給正職，後來再經大姊找監察委員陳翰珍先生幫忙，始能當名書記（公務員最低級職位），並被下放到水林鄉戶政事務所上班，工作雖有，但規定需有二位警政人員作保，北港戶政所郭黎民秘書平日待我很好，但當我偕母親到其府上懇求幫忙，卻未獲許，逼於無奈，我只好雙膝下跪，聲淚俱下苦苦哀求拜託，連年近七十的老母也一樣跪下，郭秘書鐵石心腸始終不肯作保（雙膝是跪天地、跪父母，母親竟為了女兒的工作，甘願受辱向人下跪，真是感動，不愧為天下父母心。），另一位蘇姓同事也一樣怕牽連拒絕作保，警察局北港分局一位男性工友見我四處求人碰壁非常可憐，自動願意當保證人，但規定工友不能作保。最後再提出商量，始同意不限警政人員，公教人員亦可，結果就由我弟弟請其任教學校的同事當保證人，費了九牛二虎之力，和諸位貴人相助，終有了一份正職可餬口度日。

　　政治是非常可怕的，戒嚴時期白色恐怖年代，警備總部宛如明朝的東廠，抓人如抓豬、狗，他們寧可錯殺一百，也不可

放過一個，所以人人自危，恐被牽連，否則人便失蹤，甚至不見屍首。

呂國民是以懲治叛亂條例二條一唯一死刑起訴，該案牽連百餘人，郭雨新為此曾被約談二天一夜，彭明敏被二十四小時監視跟蹤，後來被迫輾轉逃往瑞典。感謝彭明敏教授的奔走，也感謝美國駐臺大使馬康衛對蔣經國施壓，國民黨本擬對此案前面數位（呂國民排名第二位）判處死刑，歷經三年官司才結案。在軍法庭聆聽被判十五年的呂國民，一走回押房內，就被其他同房難友，將整個身體抬起往空中丟三下，以表示慶賀未被判死刑──槍斃。

呂國民被判刑十五年後，非常失望且傷心，也意識到自己須面對十五年的牢獄生涯，因怕耽誤我的青春，有幾次來信說：

在土城仁教所前留影（呂洪淑女提供）

事到如今，為你的幸福，你應為你自己尋覓最幸福的人生途徑，只要你幸福，我就感到快樂，你不要再使自己受苦。他雖是善意，但都被我堅拒，甚至回信時非常生氣，說他侮辱我的人格，我是傳統堅守婦德的女人，我是位不離不棄、堅貞的女性。

寄帽子表示假離婚，寄拖鞋是要真離婚

民以食為天，人為五斗米折腰，而我卻為工作而辦假離婚，呂國民遠在綠島，突然接到我的離婚協議書，和不近情份的一封信，心裡既傷心又納悶，不了解我的苦衷，為何苦等了六、

民國六十六年八月二十三日重拍結婚照。（呂洪淑女提供）

七年，才要求離婚，當時剛好是蔣介石逝世，政治犯獲得減刑，有一天，吳文就表姊夫忽然到水林鄉戶政事務所探望我，眾目睽睽之下，怕引起事端，我請他到辦公室對面的冰果店等我，然後我再藉機溜過去見他。吳文就詢問離婚真偽，我才將我的苦衷坦承以告，吳文就說他與呂國民約定先來探虛實，然後再寄小包裹到綠島當做回覆，包裹內如裝帽子，表示離婚是權宜之計——假離婚；包裹內如裝拖鞋，便是另有新歡——真離婚。在苦牢裡突接離婚協議書，無異是雪上加霜，是傷心痛苦的，所以當呂國民接到帽子時甚感欣喜和安慰，表示呂洪淑女還在等他，這就是我們刻骨銘心的愛情故事——拖鞋與帽子。

　　一九七七年八月二十日，呂國民減刑期滿，由親友迎接步出黑牢，回到闊別十年的故鄉——桃園老家。同年十月三十一日，我們兩人正式結婚，有情人終成眷屬。（我倆是革命情侶，患難夫妻。）

作 者 簡 介

　　呂洪淑女，雲林北港人，她的大姐洪月嬌嫁給後來擔任雲林縣議員的蘇東啓先生。一九六一年蘇東啓與妻子蘇洪月嬌雙雙入獄，呂洪淑女也因表哥吳文就的介紹認識臺大法律系畢業的呂國民，兩人訂下婚約。不久，呂國民因「全國青年團結促進會案」於一九六七年被捕，判刑十五年，直至一九七七年出獄後，兩人再正式完婚。

　　呂洪淑女在夫婿呂國民遭褫奪公權下，屢屢代夫出征，先後以黨外、民進黨身分參選，曾任桃園縣議員。

我的姑姑陳月娥

陳玲芳

受難者簡介

　　蘇嵩源任職於臺大醫院藥局，二十一歲那年與小他一歲的陳月娥結婚，新婚二十天，發生二二八事件。一九四七年三月九日，因住家附近仙公廟傳出擲筊出現「立杯」，群眾圍觀，當時軍隊出動，沿途掃射，並逮捕蘇嵩源和作者堂伯陳進順，兩人均遭槍斃。

　　張添丁為鐵路局中崙機務段員工，一九五〇年五月十三日因「省工委會鐵路局案」被捕，他和蘇玉鑑、陳鏗等同仁都被捕，該案張添丁、李生財等多人被槍決。

緣起

　　從小到大，寫過無數作文題目，我的爸爸、媽媽、兄弟姐妹都涵蓋在「我的家庭」裡，卻從未想過有一天，會被出題，要我寫一篇〈我的姑姑陳月娥〉。

　　緣起，當然是「受難者家屬」身分，尤其，我的姑姑張陳月娥還具有兩任丈夫先後罹難的「雙重受害」經驗。她的悲慘遭遇，我知之甚晚，解嚴後的某一天，才從《自立晚報》刊登的報導中，讀到自家姑姑的故事，獲悉我曾有兩位姑丈，一位死於二二八、一位死於白色恐怖。

　　一九八七解嚴那年，我已經是一名二十出頭的大專畢業生，何以在這之前，從未聽聞家人透露任何蛛絲馬跡？於今回想，仍有種說不出的荒謬感。

　　尤其，月娥姑姑是較父親年長五歲的大姊，也是父親眾多兄弟姐妹中，唯一成年後還回娘家居住（原因自是「不明」），甚至，在我們家開雜貨店時期，還曾與就讀國小的我同睡一房。

　　而我，也始終忘不了其中一幕：睡眼惺忪的醒來，不知為何竟解不開腰間綁著的肚兜（當年許多家長為防孩子踢被、半夜著涼所做的防禦工事），幸好，有細心的姑姑，用她的巧手為我「解圍」。

陳玲芳與大姑陳月娥合照（陳玲芳提供）

　　我之所以跟月娥姑姑特別親，也許因為我們的生肖同樣屬龍，而她整整大我三輪（三十六歲），應當早已愛屋及烏地將我這個親姪女視為自己的女兒吧！否則，為何每逢過年，月娥姑姑總是包給我比較其他長輩來得豐厚的壓歲錢？

　　雖然月娥姑姑給人的印象，總是如此溫良恭儉讓，但從小跟著表姊叫「阿伊（姨）阿」（當年另一種「母親」的代稱）的我，為何總比別人更能夠感受到她姣好的容顏、溫柔的眼底下，似乎隱藏著一層不足為外人道的淡淡哀愁。

　　是呀，就是那「不足為外人道」六字，讓我在二十幾年前糊裡糊塗、不明就裏，從來不想搞清楚：何以我的童年與少女時期，會有大姑媽與表姊和我們同住的記憶？當時偶有「姑丈人在哪裡？表姊的爸爸是誰」的疑惑，但卻從未開口詢問。

　　想來，這也是深受當年大人普遍掛在嘴邊的一句告誡：「囝仔人有耳無嘴」的後遺症吧！二十幾年後，我還要繼續懵懂下去嗎？於是，身為文字工作者的我，在接到這項邀稿指令時，心頭不免怔忡了一下：原來，我的確缺乏任何藉口，足以用來拒絕為姑姑張陳月娥、也為自己的家族，進行一段跨越時空的歷史陳述。

序曲

　　二〇一二年七月，父親八十歲生日的壽宴上，主桌除了爸爸、媽媽，座上賓客還有父親家族中最年長的月娥姑媽，小父

親五歲的孝雄叔叔，從小給人當養女的月琴姑媽，與父親兄弟姊妹中排行老么的月桃姑姑。算一算，除了五年前以八十八（米壽）高齡辭世的「日本阿伯」陳添福（父親的長兄），老爸的兄弟姊妹，都到齊了。

　　約莫七十歲起即滿頭銀髮的「阿伊阿」，因為雪白的髮色，足以媲美早期國語（北京話）老演員盧碧雲，因此親友們都力勸她「麥匿（別染）啦」，月娥姑姑索性也從善如流，讓一頭銀髮成為家族中最醒目的標記。

　　月娥姑姑其實還有個乳名叫「卻仔」，音同臺語「撿到」之意，向父親追問乳名的由來，才知當年醫藥不發達、嬰幼兒夭折率偏高，祖父母原本為長女取名陳珍珠，不料她卻在兩歲時夭折，因此在排行老四的次女陳月娥出生後，即以「卻仔」表示女兒是撿來的，希望老天爺別再將她奪走。

陳月娥（前排右一）與弟妹的家族合照（陳玲芳提供）

藉此機會請父親口述，才知道表姊口中的「三舅」（我的老爸陳添盛），其實在家排行老六，上頭除了大哥陳添福，還有二哥陳添財（二十七歲病逝，膝下無子，妻子改嫁）、三哥陳添壽（排行老五，未滿兩歲夭折）。我的祖父母陳泰平與陳楊岡市，一共生下十名子女，在老爸之後，還有月琴姑姑、孝雄叔叔、幸雄叔叔（十四歲罹患肝病過世）、月桃姑姑。

家族中另一位二二八受難者陳進順，也就是父親的堂哥，他們家的兄弟姊妹數量更是可觀，「妳嬸婆生了十六個，扣除夭折的，還有十個。古早真艱苦哦！攏是大的帶小的、一個顧一個。」至此，我才明瞭：原來「多子多孫多福氣」的傳統觀念，竟是老一輩們，用盡一輩子的青春與心血，一路跌跌撞撞所換來的辛苦代價。

冥冥中牽線

二〇〇六年，當我任職的報社《臺灣日報》已經搖搖欲墜（終至同年六月停刊），丈夫簡唐（本名林辰峰）在這一年的一月份，進入財團法人行政院二二八事件紀念基金會任職。截至二〇一二年二月底，簡唐離開基金會，這六年期間，他的歡喜甘願、無怨無悔，每當有人問起，他總是說：「我為二二八做事是應該的，因為太太家的關係，我也是二二八家屬。」

家族中慘痛的二二八經驗，讓簡唐總覺得他會與我結婚、

乃至於因緣際會進入二二八基金會，都是二二八英靈們冥冥中牽的線。而也許亦是這段沉痛的歷史教訓，讓我在得知這段家族史後，偶爾也會因為它與時代漸行漸遠，年輕世代對二二八日益「無感」，從而產生「不堪回首」，不如不想、不談，任憑二二八記憶消失亦無妨的「自暴自棄」念頭。

這當然是國民黨長期以來洗腦的結果，讓臺灣人的歷史教育中，獨缺有關二二八前因後果的完整論述，長期的「有碑無文」，讓二二八永遠只能輕描淡寫，英靈們的犧牲變得輕如鴻毛，甚且微不足道的形同「牆上的一抹蚊子血」。

這樣對嗎？你甘心嗎？當然不對！誰也不甘心！有受害者卻無加害者的二二八歷史，別說家屬不甘心，任何追求公平正義的現代公民，誰也無法默然接受。儘管內心是非了然、黑白分明，但人在某些時候，言行總有流俗、儒弱的一面，譬如不願在公眾面前對自己的家世、政治立場或信仰表態。

常想，我來自「深綠」家庭，養成原因當然有八成來自二二八受難家族背景。但仔細追究，家族成員對待此事的態度，其實是因長期噤聲而趨向緘默、保守的。否則，我的姑姑陳月娥有兩任丈夫一位死於二二八、一位死於白色恐怖的慘痛經歷，何以我從來不曾聽聞家人提起過？

未曾聽聞、不想提起，並不代表事情從沒發生過，反倒是若有人害怕「犯行」被寫入歷史、一再被後人提起，則這些人就算不是加害者，也是共犯結構中為求苟安、姑息養奸的包庇縱容者。

重回歷史現場

　　他們是二二八見證者,也是承受與轉化二二八傷痛的勇者,
更是以大愛傳承二二八經驗與智慧的長者,讓他們告訴你我,
什麼是二二八,什麼是一九四七年發生在他們身上的臺灣苦難
故事。
～引自二二八事件紀念基金會出版《二二八見證者紀實影像展》一書
扉頁。

　　見證者、勇者、長者,是的,只不過,在二二八事件發生
已過六十五年後的今天,才看到數十位長者,捧著親人遺照、
面對鏡頭留影,又一種荒謬感油然而生。也許是因為塵封已久、
終見天日,也許是罹難親人多為青壯年,而受難者家屬卻都垂
垂老矣,兩相對照下,生者彷彿亡
者的長輩。

　　這種老少落差,剛好也出現在
我的姑姑陳月娥(後冠夫姓,張陳
月娥)身上。她手持蘇嵩源年輕時
的照片,那時蘇先生才二十一歲,
在臺大醫院藥局任職,也住在我們
老家水道町一帶(今公館汀州路、
水源路、羅斯福路三段到古亭國
小),近水樓臺,娶了小他一歲的

陳月娥在二二八遇害的丈夫
蘇嵩源(陳月娥提供)

月娥姑姑為妻。孰料，新婚二十天，竟發生二二八事件，一樁看似天造地設的婚姻，不敵政局動盪，立即慘遭摧毀。

時間回到一九四七年三月九日，星期天。根據月娥姑姑口述：那一日，二哥陳添財與堂哥陳進順以及另一位朋友，相招來家裡聊天，屋內的人完全不知道外面發生什麼事。後來聽說，當天中午有人到附近的仙公廟拜拜，擲筊時出現「立杯」，人們議論紛紛、奔相走告，聚集圍觀者漸多；位於仙公廟對面的軍營聽聞此事，竟藉故出動大批軍車，沿途掃射無辜民眾，甚至以「聚眾謀反」之名，挨家挨戶撞門、侵入民宅，翻箱倒櫃兼搜捕所謂的「犯人」。

蘇嵩源與陳進順，自認沒做虧心事，在屋外軍人不斷叫囂下，不願噤聲、躲藏，勇敢前去應門，不料當場就被形同「土匪」的士兵，強行捆綁、押上軍車。月娥姑姑無法忘懷的一幕，是蘇嵩源的祖父，七十幾歲的蘇老先生，眼看孫子快被抓走，拚了老命、奪門而出，跪求士兵放人，對方非但不聽，還往老人家大腿刺了一刀，當場血流如注。

可想而知，事發當天，水道町附近民宅，都被軍部的小題大作（後來才知道政府已宣佈戒嚴），搞得雞犬不寧，當地人也有稱之為「仙公廟事件」。另一

十八歲的周定為救父而慘死。
（周寶玉提供）

位受難者家屬周寶玉，是月娥姑姑夫家的鄰居，她在口述歷史中提及，當時他們住在羅斯福路二一〇巷、一排七間「半樓仔」（樓中樓）的房屋，也許軍部以為該巷是民眾從仙公廟逃走的唯一通路，因此住在那排房子裡的住戶全部慘遭池魚之殃。

周定養父謝烏龍二二八事件後傷殘一生。（周寶玉提供）

受難家屬之一的周寶玉說，她的養父謝烏龍（給周姓養母招贅）原本躲在半樓上，看見軍人無比粗暴的撞門方式，正在猶豫是否要下樓從後門逃出去，哪知道人才下樓，就被撞破門閂衝進來的士兵開槍打中左手，當時她的二哥周定正在廚房煮麵，還來不及吃，聽到父親的慘叫聲，馬上跑到後院查看發生何事，結果「砰！砰！」幾聲，周定腹部中槍、當場倒臥水缸旁血泊中，十八歲的生命，就此含冤而終。無故喪子的謝烏龍，因為沒錢醫治手傷，終至傷殘一生；妻子則因傷心過度，長年精神失常。

蘇嵩源、陳進順被抓走後，據說人在政府機關任職的我的伯公，當晚就託人打聽抓走兒子陳進順的單位、以及他們可能被監禁的地方。正苦於查無所獲，翌日清晨隨即傳來噩耗：有

人看見蘇陳兩人被槍斃於公館萬盛橋下。面目清秀的兩人，被抓走時猶西裝、領帶、皮鞋、手錶、戒指穿戴整齊，槍決身亡的遺體，衣物卻遭剝光到僅剩內衣褲，且全身傷痕累累，雙肩也被槍尾刀刺到脫臼。

當時，我的堂伯父陳進順未婚，在新公園附近檢驗所工作；姑丈蘇嵩源，結婚未滿一個月，「連結婚登記的手續都還來不及辦」，姑姑陳月娥就莫名所以地成了二二八寡婦。

歷史竟又重演

蘇嵩源過世後，月娥姑姑和公婆住了一兩年。有一個跟蘇嵩源同年、名叫張添丁的年輕人，因為在水源路一帶做工，必須在附近租房子，於是租下蘇家的半樓仔居住。住了一陣子，月娥姑姑的公婆覺得這人很老實，也心疼入門不久的媳婦年紀輕輕地就守寡，極力撮合這門親事。在鐵路局上班的蘇父，甚至熱心介紹張添丁到鐵路局工作（在中崙車站從事車輛修護）。

婚後大約一年半，月娥姑姑生了一個女兒，才搬到舒蘭街（今吉林路與新生北路附近），與張添丁的姊姊、姊夫同住（張的父母早逝，從小與大姊相依為命）。怎料好景不常，二二八大屠殺慘案發生不過短短三年多，白色恐怖的肅殺陰影又再度籠罩臺灣上空。

平日正常上下班、安份守己的張添丁，只不過比同儕喜歡閱讀，便遭人構陷說他在鐵路工會擔任地下黨書記，是共

產黨的同路人，而在一九五〇年的五月十三日被抓，同年十月二十一日遭槍斃。

可憐的月娥姑姑，在親生女兒才七個月大即夭折後不久，好不容易又懷有第二胎身孕，她的第二任丈夫卻又遭到非法監禁，終日以淚洗面的結果，導致男孩胎死腹中。從傷心的妻子，到絕望的母親，月娥姑姑所受的痛苦折磨，實不足為外人道。期間，她曾前往軍部「面會」兩次，禁止會面不到三個星期，張添丁即被處死刑，在馬場町遭槍決。可惡的軍方，竟要經濟拮据的家屬，自己花錢將遺體領回。月娥姑姑一時不知該向誰借錢，隔天屍體就不見了；直到四十年後，才在六張犁的兩百多個荒墓中，發現了張添丁的墓碑，月娥姑姑與後來領養的女兒張秀英（我的表姊）「終於有墓可掃」。

娘家親情的依靠

我前後結了兩次婚，第一個丈夫死於二二八事件，第二個丈夫死於白色恐怖。我是歹命女人。我從來不敢想要什麼，這輩子，再辛苦都熬過去了，還要什麼呢？

～引自吳三連臺灣史料基金會出版《淡水河域二二八》

寫完發生於一九四七與一九五〇那兩段慘痛歷史，我有種「鬆了一口氣」的感覺。事實上，如果要進一步描述細節，那短短的兩千字根本不夠寫。尤其，每年二二八前後，當相關歷

史再度被提及、報導，爸媽總忍不住咬牙切齒痛批：「國民黨那些土匪兵！」然則，我雖越寫越不甘心，卻又一邊矛盾地想要快快將「歷史」交代完畢；至此，我終能理解身為當事人的月娥姑姑，後來為何宿命地不再婚，也從未想過伸冤平反，只希望能夠藉助家庭與宗教力量，平靜地度過下半生。

在撰寫本文的同時，我特別勤於抽空回娘家，為的是多多從父母親那裡，挖些家族記憶的金礦。父親憶及「阿姊」正式回到娘家居住前，他經常騎腳踏車載米去接濟；也許因為如此，當「阿伊阿」完全被娘家親情包容接納後，便與表姊成為下班後經常幫忙照顧自家雜貨店的「志工」。

相較於周寶玉未及等到成婚，二哥周定就成了二二八的槍下冤魂；我那身為舊時代幸運「童養媳」的母親，也曾經是月娥姑姑在皮鞋工廠的同事。平時總被我嫌其「碎念」（嘮叨）的阿母，其實記性非常好，當問到一些「古早、古早」的往事，父親也許還要左思右想，小他三歲的我的母親卻能夠「繪聲繪影」。

陳月娥手捧亡夫蘇嵩源照片。
（潘小俠攝影）

　　阿母說「阿伊阿」會信一貫道，是在我們老家被政府道路徵收，月娥姑姑母女搬離羅斯福路（我們則遷往景美興隆路），剛在堂哥陳進順的弟弟介紹下，買了中和「土炭埕」的房子後，卻被當地一名患有妄想症的婦女疑為「勾引別人丈夫的歹查某」。當時孤女寡母，還要面對鄰人有色眼光，其中艱辛，可想而知。所幸，一貫道讓她在「得道」（入信）約莫一年後，即化解了此一危機。

　　長年茹素、信仰一貫道，是我這二十幾年來對「阿伊阿」的主要印象；儘管我對一貫道始終一知半解，但月娥姑姑的待人處事，倒是不分信教前後，永遠是「吾道一以貫之」的和顏悅色。

　　也許是「月娥」姑姑名字給我的錯覺，我常將她聯想成奔月後獨自住在廣寒宮裡的嫦娥。當然，淒美的故事只是傳說；「月」宮嫦「娥」的名字，也只是巧合。

　　我的姑姑陳月娥，她的前半生確是淒淒慘慘戚戚，但幸運的是，她終究擁有好的娘家與親人，以及共同信仰的道親，這股穩定的力量，安頓了她的身心，也成就了她晚年的「美」──一種歷盡滄桑、反璞歸真的靜與美。

作 者 簡 介

　　陳玲芳，一九六四年生，臺北市人。文字工作者，世新（三專）編採科畢業。曾任《臺灣日報》藝文記者、《臺灣大百科》藝文卷主編、《拾穗》雜誌總編輯。

第二部分　現身說法

陪客

胡子丹

同學收到香港來信，附筆問候我就被捕了

　　我當過一次荒謬的「陪客」，自始至終，如電擊、如醉酒、如臨淵、如撞車，騰雲駕霧，疑夢非夢。迄今六十一年來，後遺症是經常重夢斯夢，沒消沒歇，夢中拳打腳踢、咬牙切齒，汗如雨！泣如吼！其內容我未曾吐露隻字片語，被勒令不得洩漏是主要原因，而人證難覓，物證不存，洩漏了恐也少人置信。

　　那一年，一九四九，記得很清楚，是十二月三日，我在臺灣左營，在服役的永昌號軍艦上，被敵人的敵人誘捕了，羈押到鳳山海軍來賓招待所。只因為同學宋平在香港給在左營的同學陳明誠寫了封信，附筆問我好，我沒看信更沒寫信，信的內容也未被告知。被捕的事兒在當時的海軍大環境裡，並不稀罕新鮮。左營街上，碼頭艦艇間，常有耳語，不是張三失踪，就是李四沒影兒；重慶號沒了，長治號走了；風聲鶴唳，草木皆

兵，山雨欲來風滿樓，人心惶惶。官校的學生們，整批整班的被逮捕，校長魏濟民和海訓團主任林祥光也都成了招待所的來賓。總司令桂永清的隨身參謀徐時輔和第二艦隊司令林遵，陣前倒戈，竟高居敵營中海軍要職，還有那江陰要塞司令戴戎光，拱手讓出了長江天險，等等等等，這當然都是事後知曉的歷史。尤其令人頓足太息的是，海軍中主持情報的兩位陸軍官長董行健和黃開元，竟因索賄或姦淫「來賓」妻女等惡行被處決。那年頭，海軍中有多少菁英便栽在他們手中，被冤死、被囚禁多年，被逼走海外。「罪疑惟重，罰疑從與」，每一位「在劫」官兵，無法消受那莫須有的罪名，也不能容忍那無緣無故的人身侵犯。辦案人大言不慚：亂世辦案，錯、冤即使有，也只佔百分之幾。他怎省得，對那百分之幾的當事人來說，卻是百分百的憤慨終生，憾恨終生。

我被押進了招待所的一個防空洞裡，眼見「先進」十來位，或坐或躺或站，或在榻榻米橫頭的泥地上來回不停走動。有穿軍服的，也有穿睡衣，抿嘴蹙眉，焦慮異常，還有一人瑟縮榻榻米上，裹在軍毯裡呻吟，「白髮三千丈，緣愁似箇長」。一時間，我暈頭轉向，怎麼看也不像電影上的監獄模樣，沒人穿囚衣，手銬腳鐐也沒有。牆上貼有一張告示：「查本所近來來賓甚多，加以房屋窄狹，不便之處，尚祈諸來賓見諒。所長劉斌敬啟。」

我把這三十二個字一連默唸幾遍，好怪！真好笑。除了這個防空洞，另外一定還有牢房。對！對！不然和我同一囚車來

作者胡子丹於二〇一一年五月十七日重返綠島人權園區，代表受難者致詞。
（曹欽榮攝影）

的難友們，關到何處去？我們被囚牢中，偏偏叫做招待所，關進來了，又尊稱我們為來賓，是嘲諷？戲謔？明明是軍事機關，為什麼要如此政治味？神秘兮兮！恐怖異常！

傳授救命口訣：不亂說

我正驚魂未定，失神志忑、急躁無助時，忽有人低聲呼喚我的名字，定睛一看，竟是海訓團的陸錦明大隊長，第一次見他穿睡衣，難不成也成了來賓？他湊我耳朵，鄭重、簡短，一字一字：「喚你談話時，不知道的別亂說，受刑、挨殺威棒時別亂說，遇到意外遭遇時更不能亂說。性命交關，切切牢記。」

殷殷諄諄，堅持堅定。第二天我被調房了，至今一甲子，沒再見到陸大隊長。

有別於山洞的囚房才是真正囚房，傍山而建的一間間小屋，兩排各十數間，中間甬道約有一步半寬，不到百步長，盡頭處各有鐵欄柵加鐵門。小屋有兩疊榻榻米大小，門上肩高處有一郵筒般小口，是給水、給食和班長吆呼我們的所在；光線自高牆的透風孔斜入，讓我們分辨出方向和晨昏。兩位室友比我稍長，一是「八艦」的姜光緒，另一乃官校學生，我忘了名姓。三人相處數月，姜兄離開時，送我一本殘缺不全英漢字典的遺骸，這是他每天背熟後撕下一頁和水吞到肚中，剩下來尚未裹腹的佳餚。他有兩句名言：「你必須設法殺時間，不然時間會殺了你！」那位學生自告奮勇教我球面三角，說是大圓航行必修課程；和我分手時，他居然重複了陸大隊長的那句話，同義不同詞，也是耳語，也是一字一字，棒喝錐刺：「任何情況不要亂說話！尤其是碰到了意外情況！」當時我完全聽不懂這些話的意思。幾個月後的某一個夜晚，我豁然開竅！因為我真的碰到了意外，意外得不管怎麼解釋都覺得意外！簡直是一齣戲，戲如人生！

有人精心分析：抓進招待所的來賓是三個月一期，最多三期必須結案，必須送往軍法處走完軍法程序。我的案子聽說問題不大，但人多，恐怕非得三期不可。我苦惱尋思，同學間寫信，只是附筆問我好，我能怎樣？我又會被怎樣？到底寫了些什麼？

百思不得其解，天問奈何！不得不狠下心來：「萬事固如此，人生無定期」，自己無法把握的事，乾脆別想它。

兩位室友走了，打從我的第三期開始，我這囚室裡，前腳走後腳來、進進出出的有好幾位，其中一位印象深刻，姓張，小我三兩歲，說是幼校學生，白皙細聲，愛哭愛笑，沒待幾天，是調房了還是離去？不知道。好多年後，始知他成了名作家，馮馮是也。

乍睡乍醒，往往錯覺到自我失落，泣聲牢愈靜，耳語囚更愁，夜中常聽到有人被叫去談話，凌晨被送回牢房後的呻吟啜泣，這都是正常的牢獄音響。如果不見回房，或是班長關照室友代為收拾衣物，那敢情有了意外，後果就夠馳騁想像：被移送軍法處，或去了反共先鋒營，甚至回軍了，這都是好兆頭，我們為之慶幸、樂聞；要不然，押去桃子園碼頭被斃了，被蔴袋蒙頭丟進太平洋了；來風絕非空穴，類似的種種駭人聽聞，彼時我們常常拒聞，到頭來，卻事實得不由你不相信。

等待的日子不好過，沒有消息的等待更不好過。在第一期的三個月裡，分分秒秒，等待又等待，等待談話；腦中一片混亂，我十五歲從軍，陸訓艦訓加服役，直至二十歲被捕，家人全陷大陸，揪心更甚。挨到了第三期的三個月裡，秒秒分分，又是等待再等待，等待發落。我已經享受了殺威棒，也曾在談話刑求時被炮製了口供，這都是我在第二期三個月裡經歷過的風風火火。此期間，嚴控情緒卻盡是情緒，我居然想到了死，死的實景聽到的、看到的已經夠多，要為自己也編織一個，甚

至想到了死的方式，撞牆、放封時猛撞鐵絲網的水泥柱、絕食，把牙刷的柄磨尖用來割腕……等等，想到死前的痛苦，自殺勇氣頓失。我堅持那來自理性分析中的堅持：活下去！人生如戲，自己得從角色中抽離出來，對劇情的發展不論如何失望，只要不絕望，那就有了希望，眼前現在的我，儘管被擺佈，但求青山在，未來的人生，還是要我自己去經營。

第三期中的某一天，是我離開招待所的前一個禮拜左右，那就是一九五〇年八月二十四或二十五。

胡子丹（右一）在綠島新生訓導處新生上課廣播。（唐燕妮提供）

　　那天晚點後，輪房尿尿的景觀剛結束、宣佈就寢不久，每晚每晚，那是最最叫人心膽俱裂的要命時刻。來賓們都在閉目豎耳傾聽，「嗒嗒嗒」班長的皮靴聲停在某房門口，開鎖開門喊「某某某談話」，有時一人，有時好幾。今晚喊了三間房，一房一人，名字聽來都陌生，接著我這間房也中了獎，萬萬料不到，被唱名的竟是我。我慌七慌八，穿鞋竟錯插了左右，班長厲聲，忙什麼，加件上衣，外面冷得很。把我聽得迷糊，我談話已四次，那幾間談話室不都在前排屋子裡？怎會走到外面去？

　　在甬道燈光下，我偕自己的影子行走，悽悽戚戚慘慘；班長和一位腰別 0.45 又捎有卡賓的戰士尾隨押陣，添了幾分肅殺。經過間間牢房，出了鐵門，步向停車場方向。忽地，有兩位著中山裝的，緊一步迎上來，按我站定，「對不起，我們是奉命行事！」上了我手銬，蒙了我眼罩。我被推扶著走，低聲關照我，別喊叫，別哭號，待會兒有的是時間，讓你們喊叫、哭號。

　　我剎時呆住了，在絕望與渺茫中徘徊，腦門轟的被封閉，眼淚像麵糊般涮下來；要思考，要思考，就是不能思考，全身癱瘓麻痺。我的大腿被分別兜起，架上了車，按到座位上。我直覺到那三位先我被傳喚的來賓已在車上，左、右、對面都有人，更有好幾位荷鎗實彈的戰士；呼吸各異，咳聲有別，重濁、短促、急迫、徐緩。寒風更緊，伴著「轟通轟通」的快速車行。我居然全身火熱火熱，胸口燒烤，我說服自己，力求鎮定、冷靜，勿慌勿亂。這是走的哪一著棋？盜亦有道才是！那位和我談話的趙正宇組長不是說，「你的事沒什麼大不了，頂多是知情不

報。」我說我哪知情,向我問好的那封信,到現在我都沒看到。「看不看都一樣,你去了軍法處,自有下回分解。」車程中,他在我腦袋裡一直糾纏不已。

搭上死囚車,只說冤枉救我命

　　幾乎和車子發動的同時,我揣測是開往左營桃子園碼頭,可能被槍斃,也可能沉溺太平洋。寒風在車外大聲怒吼,車上人開始了數落老蔣和桂總的種種不是,氣極敗壞,似驟雨,如沸水,激起了層層漣漪:「這些特務們搞什麼鬼,真正的匪諜抓不到,卻拿我們出氣,早知如此,老子何必長江突圍出來。」「蔣介石真狗屎,用桂永清來整海軍,現在報應一一來到,重慶號、長治號都沒了,我又不是共產黨,幹嘛要我死?我好後悔,為什麼不留在大陸!」那高亢的怨恨猛地開啟了我心竅:「遇到了意外遭遇或意外情況,都不要亂說話。」「你們死到臨頭,有什麼苦水,趕緊向老天爺喊罷!」我全身發抖,一聲未吭,該怎麼說?他們這般牢騷、喊叫,算得上是一種精神勝利法?是自我安慰?此時,有人向我挑釁,口沫濺上我臉:「你怎不喊幾句,大聲喊出來?」「我好冤,我什麼都不知道。」「我冤枉,我十五歲當兵,去年被抓時才二十歲。」不管怎麼慫我逗我激我甚至辱罵我,我講來講去,就是這幾句。後來,乾脆重複我的三字經:「我冤枉!」

　　滿車人都在罵聲中悲憤、涕沱，「其存其歿，家莫聞知；人或有言，將信將疑」。有人開始了喊口號，口號得驚人：山岳崩頹，風雲變色。光憑這幾句口號，就足以執行好幾個死刑。我來不及叫他們住口，我的危機意識，柔弱得不夠悲天憫人，我的明哲保身，耽誤了喝阻制止！

　　死囚車終於到了終點，寒風挾帶著鹹濕的空氣，鼻孔察覺到車停處正是海邊，海鷗夜啼驚心，海浪拍岸儡人，難道真的

一九五六年作者胡子丹在綠島鬼門關留影，泳褲是借康教官的。（胡子丹提供）

是傳說中的左營「馬場町」？說時遲那時快，我被拉下車，踉蹌數步，推倒在地，不掙不扎，等斃等溺；有人默默然，有人憤憤嚷。我的肩膀被人踢：「喂！喂！有沒有什麼要說的？」我口供未改，大聲喊：「我冤枉！」從容得尷尬，赴義也窩囊。

「砰！」我應聲而去。「砰砰砰」，又聽到好幾槍響，好遠好遠，夢境？醉鄉？難不成我不是一槍斃命！

不知道過了多久，我被推醒，眼罩卸了，手銬解了，車上人全不見了。一班長和一便衣，在車門旁正瞅著我。班長示意押我回房，便衣向我狡黠地搖搖手：「不可說！不可說！一輩子不可說！」

本文原載自臺灣《傳記文學》月刊二〇一二／〇五期

作 者 簡 介

　　胡子丹，一九二九年生於安徽蕪湖，一九四九年十二月三日涉「海軍永昌艦陳明誠等案」，於左營被捕，當時是海軍永昌軍艦電訊上士，一九五○年十二月二十五日以「為叛徒搜集關於軍事上之秘密」判刑十年。

　　胡子丹十五歲時，和同學到南京找一位老師，經過海軍司令部看到招考海軍的告示，糊里糊塗應考，也沒先告訴父母，就「投筆從戎」。胡子丹經過江陰海軍「陸訓」及青島中央海軍訓練團「艦訓」後，開始上艦正式服役。上海失守後，胡子丹隨艦到左營，調到「永昌艦」擔任電訊工作。在那個動亂的年代，一個青島中央海軍訓練團的同學從香港寫信給另外一個同學，信中附筆問候胡子丹，引起特務懷疑，被羅織罪名，判刑十年。胡子丹曾被關押過左營的鳳山招待所、軍人監獄，一九五一年移送綠島新生訓導處。胡子丹喜愛文學及戲劇，在綠島期間被指派參與多次話劇演出，也利用時間苦讀英文、廣泛閱讀。他經常在宣傳刊物《新生月刊》上發表生活雜感，政治課小組討論經常要在短時間幫難友寫同內容但不同文詞的發言稿，養成日後快速寫作的能力。他剛出獄時，舉目無親，十分潦倒，睡過臺北新公園。後來受到難友鼓勵，從事文化工作，曾經在廣告公司寫文案，也翻譯電影對白字幕，最後開設國際翻譯社，也從事出版工作。解嚴後，他在《新聞天地》以秦漢光筆名發表《我在綠島三千兩百一十二天》，二○○○年將該書內容縮寫成〈跨世紀的糾葛〉一文，獲得第一屆劉紹唐傳記文學獎。二○○一年以本名修訂《我》書，更名為《跨世紀的糾葛》重新出版。

獄中獄外的人生

王文清

這天，一九四九年三月十日一如往常八點接班，進入職守，臺北郵局快遞掛號組，這天郵件特多，一直埋首工忙，記得約十點左右，忽有兩個魁梧大漢走進來，反射動作，直向來人：「這裡是辦公重地，你們有什麼事？」兩人不理直逼我左右站住，右邊者腳尖搭椅反身撩起西裝，故意讓我看到，左腋下佩帶手槍，是特務！！另個有條不紊地問我：「你是王文清嗎？」「是。」「你認識計梅真這個人嗎？」「她是國語補習班老師，當然認識。」「你們計老師要跟你們談話，你

王文清因國語老師計梅真被捕。
（郭錕銘提供）

現在就跟我走。」我提高音調搶說：「我現在公務中，無交接交代，怎能隨便離職走開？」我看到兩人互使了個眼，同時一齊快速動作，把我雙手反扭向背，抵不過抗拒，又把我頭壓低，下壓的有點呼吸都難，架拖著對向後院走廊內門推去，往後出入大門架走，到出入門時，我大聲呼喚警衛，「快告訴掛號組長，快遞組無人…」，一隻手猛地摀住我的嘴，一陣掙扎中，我看到守衛一臉莫名奇妙，不知所措的驚嚇表情。特務改跑快腳把我架拖到停在三十公尺外，漆有紅十字密閉吉普車上，一上車就把我雙手反拷背後，「碰」一聲把門關了。車沒即開，獨自一人在暗黑車內，暗度思索「他們怎麼認識我？而知道找到我而逮我？」「逮我做甚麼？要逮到哪裡？」一臉的迷惑、恐懼和懊惱直翻擾著我。約過了片刻，聽得講話聲，車開動了，忽記起追隨車程，盤算經路事。車好像在延平南路底複雜的巷內停住了，特務替我卸下手銬後，交給裡面來人。

當年為學國語而坐黑牢

　　來人促我往裡走，在第七牢房前，獄卒開門推我進去，即把牢門鎖了。一見情景，我被駭住了，足足有一兩分鐘完全愣住了！終於最門邊老兄說話了：「不要老占我的位子，你到馬桶邊去。」這兩坪不到斗室，擠了連我十二個人，各個誰也不

理誰，冷漠自在，我客客氣氣地躡手躡腳渡到馬桶邊，這老兄愛理不理地稍稍挪了一下屁股，給了我幾乎要抱著馬桶才能坐下的位置，不一回兒，有人要大號，我得一直站著陪他解完。一室的汗臭味，匯集大便味，一股汙穢齷齪氣味，瀰漫著全室不散，在這樣環境，我整整蹲了五個月。日復夜看著叫出去審問，抬進來的受刑人，聽著他們痛楚無助呻吟。先進有心人提醒我特別留意某人物，屢有先例，無故無端要你「冤受」一場拷刑得照收。這就是保密局南所。

不知是福是禍，未經偵訊、審問或拷刑在平靜時日中，在七月底被轉移到桃園南崁一處大竹圍包住的大宅第，後悉說是徐氏祖厝，裡面卻是不折不扣的大監牢。用圓形木串圍造的臨時監牢，比起南所，居住空氣好，睡也較寬，然因大竹圍包住廂房，日夜降露濕重得一夜醒來，衣被無不濕漉漉，加上伙食極差，難怪在監人個個都是患非常嚴重「腳氣病」，手不能提拿，腳無法行走的半癱瘓人。同監人有反戰蒙古人、情報販白俄人、有保密局高官、韓戰翻譯官、軍中將卒、流亡學生、有獨監貴夫人，獄雜情雜，全監瀰漫陰森兮兮，人人自危，相互少攀交，守孤獨，不惹事為本。但監外可聽得鳥鳴蟬叫卻是世外桃源。

三個月的寄居，十月底又被轉移到青島東路軍法處。這裡是所有被逮者，經審問拷打，無所不用極刑過後，要殺、要留活口的最後關卡，「鬼門關」人人如此稱之。我到達時初冬，初夜陌生的失眠，三更半夜忽開監門，我驚醒未醒中，看同監

王文清學生照（王文清提供）

各個打衝鋒一般往外衝跑，只好跟隨著衝，跑到是一排排盥洗臺，看見先到人打開水龍頭，用口杯小盆接水猛往身上澆，我把衣褲脫掉，就已冷得一身雞皮疙瘩，甚至禁不住打哆嗦，隔壁難友催促我「只有十五分鐘，動作慢會捱藤條」，我被激得何懼嚴冬霜凍，往身上沖下兩杯，哨聲響了，來不及搓擦，半濕半乾趕緊穿上衣褲，已遠遠地落在人後，後輪的人已衝過來了，事後聽悉全區一輪就要三個多小時，我暗推算，同難至少也有七八百人。奇景怪哉。

軍法處可與家人通信會面，我趕緊給家及女友信，告知會面規則，這是打從失蹤起，九個月來第一次見面。來的是父母、么妹及女友，透過鐵絲網小窗口，兩眼對八眼，都想從各自臉上讀出九個月來之多少事，卻都盡在無言中。

父親終於問說：「你身體有好好無？」「有啦」，我說我已半年用手指當牙刷、屇水搓擦洗澡，這時間過得奇快，會面結束了。果然午後女友即送食、用、穿應要盡有，這是九個月來的溫馨，不禁紅眼濕熱感懷激昂，恢復了人樣。

難友赴刑場，高聲喊口號

這天似是四時未到，靜悄悄中忽響「卡卡」開鎖聲，同監不約而同地瞬間躍起靜坐，豎耳傾聽後續動靜，不祥肅殺氣氛瀰漫全區，塞滿每個人心底。門開獄卒打從眼前晃過往遠區走去，遠遠聽得開鎖聲叫人聲「某某把東西帶出來」，共點了四位，隨即聽得他們忽前忽後訣別留言「難友們，我將赴殺！先走一步了，好好珍惜來日生命。」也有人喊「臺灣人萬歲，我父母萬歲，兄弟們萬歲」烈士的呼喊激昂地，聽者無不熱淚盈眶，受壯烈的感憾，多麼英勇的吼嘯，然音隨遠逝而消散，卻哄出多少追思和哀殤，他們用熱血滿腔胸膛去擋受奪命的子彈，把鮮血噴灑刑場，壯兮悲兮，「烈士一去不復返！」四周不由

王文清在新生訓導處留影。（王文清提供）

而一地響起，極低沉的哀韻歌聲，起伏不斷，「安息吧，死難的同志，別再為祖國擔憂，你流的血照亮著路，我們會繼續往前走…」沉澱住的一片哀傷氣氛被一聲刺耳地哨聲劃破全區，一日行事起始，吃喝拉撒睡周而復始，回復到陰森的世界。

在過年前，我又被轉移到軍人監獄，只是樓上樓下之遷，有天外役手拿書紮在點名分發，居然也有我，到手一看原來是判決書，洋洋灑灑油印三大張，案說詭戾疑惑無理，怎一路來沒有偵審、沒開庭、沒判決，莫名其妙地忽有了判決書，欽定了我十五年刑期，沒關防、沒人蓋章，何其詭譎神秘的判決書。

綠島第一批政治受難者一住就十四年

一九五一年五月十七日，我再次被放逐到隔海相望的火燒島，在此一長住就十四年，十四年有多長久？宛如一嬰兒呱呱誕生，成長到中學二年級之期，這裡是不折不扣的勞改營。初到時，營區已建在一片荒蕪、丘坡起伏、高低不平的沙洲上，迫不急待要勤勞的是環境整理。甚麼都沒有，用我們僅有的臉盆做搬運工具，猶如螞蟻扛蟲般挖高填低，砌坡隔區，開闢集合場地兼具球場用地，挖移花木造園地。遼闊海邊，咕咾石之多，只要有囚工無止境的去打石頭，就有無盡藏的石材，為日後的砌牆造壁，建房造屋，築堡壘，砌圍牆，自築圍一道越區

之界，豪稱「綠島長城」，雙手萬能下創建了可比美「羅馬競技場」宏偉劇場舞臺，我們的水力建造可供千人洗滌澡浴又兼泳賽場地，築路引渠做土木工外，鐵工、木工至醫療專業、養豬、養雞、牧羊、農牧洋洋大觀，何諸枚舉。相較體勞之外，更有心勞之一片天，國父遺教、領袖言行、共匪暴行、蘇俄在中國、中國革命史、毛匪批判，綜合小組討論、軍歌教唱綿延不絕，忙得團團轉。最令人心煩的莫過於早晚點名行儀，早起六點，全員集隊排伍，以班序唱名對應，之後高唱新生之歌、反共復國歌、呼口號，恆日無缺，還有政工幹事由身後躡手躡腳竊聽有無不唱、不宏亮，不預期之偷襲，由後猛地踹你一腳，讓你

王文清在綠島拉小提琴自娛。（王文清提供）

跌得人仰馬翻，弄得你醜相難堪，算是諸多事，也有大事者，據以抓扒捏造小情報，伺機不定時之細密精查，全員搜身集結隔離，全室水密無隙地檢查，哪怕密得樺縫窟窿，「被」「衣」裡襯縫層、書冊翻頁只要有疑意，無所不盡操驗，不過曾有過查獲確據成立專案送軍法，加判加罪，甚有十餘人遭殺，未知是殺雞儆猴，抑是罪該應得，猶待歷史驗明。

獄內人生：被摘棄「人格」、「自尊」，枷鎖與欺屈侮辱之冬眠人生也

　　一九六四年三月底，我終於回到闊別十五年的老家，一眼認出跟離家時、陌生不一樣的家，蒼老父母與三弟同住老家，姊妹們都出嫁了，大哥么弟為職守，背井離鄉搬外了，變了調的家，沉痛地苛責著我，十五年積欠的不孝、手足悖離之罪。回家首夜，雖長途車勞之累頗感憊睏，卻是思潮起伏無法入眠。比其在獄中的幻思，擺在眼前事事種種，無不喊起我深切的覺悟，「我必須盡快找到工作，至少也要自立，斷不能再拖累家人」，翌日晨起趁早找三弟，打探世情，相談找工作，三弟安慰勸說「找工作不是一時之急而可解問題，緩一緩再說好了。」心情卻如坐針氈。在旁家母想起二姑丈女婿在三重開工廠，用人很多，不知有無欠人？託姻親之誼，即日就造訪，表姊一見如故，熱情招待，特為我洗塵之宴，很多感慨和歡悅，引我全將希望都寄託在這椿事上。然回後久久，等無消息，這是回家後，第一次遭受失望和幻滅，感慨尤深。

出獄工作困難到老同學花蓮工作打拼

　　每天徘徊在火燒眉急中煎熬，唯一可做之事是窮翻新聞廣告找工作。每天東奔西走，到處碰撞，而卻是天天拖著疲憊和失望而回。時日已過掉了一個多月，依然如故，再加白吃難嚥的三餐，經過這段教訓結論，深深體會到世人對政治犯之排斥歧視，忌避之深猶如一道鐵幕，決不是輕易能戳破，奈之何也！三弟有天意外帶來佳音，告知我職校老同學、舊隔壁林某與花蓮廠商共標得電力公司工程，這不正是飄海最後一根稻草嘛？下定決心賴在他身上。即刻造訪他，申訴出獄後困境，請方便

王文清夫婦近照（曹欽榮攝影）

就職到工地，任何下賤勞苦工作不計，只求換得零用錢過活即可，畢竟老同學，有段如手足年代之誼，況且憐憫我歲及不惑之年，開大恩收留了我，這個無人可接納的人物，約定花蓮碰面成事。離家之晨，父母看我，拖一大把年紀，十五年闊別剛回家，孤苦隻身又要離家千山萬水奔，不忍流下悲憫之淚，反引得我潰決不禁的熱淚，趕緊掉頭，頭也不回地離了家門。

　　這裡是花蓮新城區秀林鄉龍澗發電廠上游龍溪壩址，海拔一千兩百公尺深山峻嶺，老林標到的是這裡一處地下機房，集水揚水土木工程。車子只能到龍澗電廠止，以上交通唯賴一道經六段接駁轉運索道方能到達山上，幾十萬包水泥到達工地時，因流程艱難，破包殆半堆積如山，勢必都重量裝包，泥灰飛揚、蒙面戴罩之辛苦工作，無人願為，我卻接了，且每天須工作十小時以上始能符工程進度。日日綿延不休，一個月下來成了泥人，髮梳不開，雙手被灰質灼傷得指節腫僵，節眼龜裂，裂口淌血慘不忍睹，老林看我一身狼狽樣，一臉驚駭且給安慰，有天花蓮王老闆來電話告知，新城分局警察，從家追蹤到公司，因我未報到備案要逮人。王老闆擋擔權宜之作，特加辦全責擔保才免了事。我繼續每天用我的鮮血做為裝包成品的驗包烙印，血跡斑斑。我的忠實、刻苦耐勞、專心認真獲得了肯定，也因而得寵，無意間自然而然地加多了很多任務與工作，擴及器材管理、工程進度、安全維護、衛生醫療等，幾時也成了承包商和電力公司監工群間之不可或缺的橋樑。

　　工地現場多變，危機四伏，有天鋼索忽斷，造成一員工受到嚴重創傷，皮裂肉綻，血流不止之危，眾人不知所措，我趕到現場時，傷者仍血流不止，臉無血色，呼吸急促，刻不容待，不加以緊急止血，恐有生命之危，我令兩人押住傷者，用鑷子在血肉模糊傷口中細心尋找血管斷頭，一一用鑷子夾住，用特強碘酒燒封，最後最大一斷頭經處置後，等待三分、五分、十分、十五分，我徐徐放開夾頭，謝天謝地，血止住了！頓時眾聲歡呼，凝住的氣氛頓時化開了，一時大家拱我妙手救一命。這件事使我在山上工地站住了敬重的地位，大家肯定的成就感，使我扳回十五年前被剝奪的自尊、人格，掙脫了被枷鎖的欺屈侮辱，吐氣揚眉，贏回了尊嚴，從我上山兢兢業業兩年半，終於完成山上工程，下山回公司。

　　王老闆告訴我下個工程更具艱鉅、更大挑戰，這是基隆和平島上臺灣造船公司的十萬噸造船冷作加工廠工程，跨距六十米，長二百米大廠房內有六十噸、四十五噸、三十噸、十五噸各級吊車，馳駛於廠內吊車道上，精工工程王老闆把我叫到面前，親手交給我公司印鑑、支票簿，派令我代表公司駐場主持工程，前後三年順利圓滿，完工交廠，這件事促成臺灣造船公司建造十萬噸級造船成功，榮登國際造船市場，為國爭光。我衣錦還鄉，回花蓮千謝萬謝王老闆對我的牽成，大恩大德栽培的厚恩，無不感銘沒齒難釋，但我還是婉拒了王老闆的盛情強留，我一心決意回歸所學本科，毅然決然投入經濟政治中樞的臺北商場圈。

　　曾經學了十幾年日語，卻在二十出頭歲時被國民黨政府一聲令下禁絕了，叫我即成聾啞盲一人，為一生長遠生活，逼走國語補習之路，哪料卻又惹得白色恐怖漩渦荼毒，毀斷了大半生，可是幾時歲移時遷，我又拾回了它，「日語」成了我最有用的利器，一起始我就為臺北新公司開拓打下臺日間百貨貿易市場，讓新老闆得心應手開創了新企業，我更啟蒙了工程機械化新世觀，為臺灣工程營造業開鋪了新境界，我以公司名義爭取到日本廠商「富士物產株式會社」在臺工程機械行銷代理權。不過之間，我開步走上光明路段中，卻始終不斷形影不離地纏繞在我身上之監控臍帶，無時無刻惹得時常遭遇不意挫折、阻礙。我終於不得不狠下心，花上一年重金，從特務的特權手上，買得了日本出國簽證，方使我打開往日本途上坦坦之路。但，可萬不料到，臺灣營造工程業老闆仍在保守搖籃裡酣睡，喚不醒他們的認知覺醒，經三年慘淡行銷，我踢到鐵板，徹頭徹尾的失敗了。空轉三年又回到原點，我雙手奉還三年代理行銷權，繳了白卷，一生失挫莫過於此。

　　然日本企業的蓬勃發展，科技學術的百花齊開，實叫我忍不住的嚮往，一九七五年代科技學術界興起了精密陶瓷新素材，引起我莫大關注，我再往日本搜集了精密陶瓷泰斗素牧洋一的著作，投下我所有儲蓄，買回我明日起業的資產，我先在鶯歌開了一家一般電瓷研鑽科技新知識不斷，經過好一段沉潛歲月，在一九八七年已是耳順之年，開創了涵蓋尖端科技加工技術專

業，精密陶瓷新廠誕生了，經過慘澹經營，在臺灣材料工業界、環保工業界佔有一席之地，精益求精，突破企業經營之「資金」、「競爭」企業成長之理則邏輯，屢屢突破，企求早日達到「上櫃上市」之路，然卻在二〇〇二年，以古稀之年，因積勞成疾下不得不退下企業第一線，安養餘生。

獄外的人生：

天生全然平等自由人，

何負國家社會與人群，

何酷使殘白色恐怖障，

累贅終身啼血訴控反，

未酬壯志夕照人已老。

作 者 簡 介

　　王文清，年輕時任職臺北郵局，光復後為了學習「國語」而參加國語補習班，卻因外省籍老師計梅真被捕，也被判刑十五年。作者是綠島第一批政治犯（一九五一年五月十七日登島），並且一住就是十四年。出獄後在老同學的幫忙下，遠到花蓮從事臺電發電廠的開發工程，屢屢冒生命危險完成艱鉅任務。後來他又成立精密陶瓷新廠，在臺灣材料工業界和環保界佔有一席之地，二○○二年退休迄今。

回顧仁愛之家

郭振純

高砂鐵工廠

位於臺北市舊社區大橋腳的高砂鐵工廠舊址，大門深鎖既不見人影無機輪作響，卻在晨暮時分從高牆裡傳出肅寂的念佛敲木魚的響音。

原來是該工廠業主被套上觸犯懲治叛亂條例之罪名，判刑且被沒收了所有財產。於是特務機構保密局就順勢佔之以「北所」為名、充當捏造叛亂犯的地下工廠。

俗人諷刺不淨的野奸僧說：「嘴念經，手摸乳」，然而那些殺人不眨眼的劊子手，則「嘴念經，手殺生。」

天未亮看守長親自來到孝字號牢房客氣的招手：「刁同志，請起來洗臉準備移去青島東路。」

目的地是軍事法庭，刁少將早有覺悟而且在此時此刻，他從容不迫地換西裝後留一聲：「大家保重！」就跟看守長走了。

　　大家屏息聽數其腳步聲測出其停腳處是中間柵門內側，滯了一段時間才聽到了中間柵門開閉的動靜。

　　死！已不容置疑，大家使目相傳。向來被押解刑場的死刑囚皆在那裡被綑綁後出庭聽法官宣判，就直赴刑場。

　　刁少將是他們的自家人，卻認為孫中山的國民黨被蔣介石變成剋民黨而唾棄之後，曾經就任過汪精衛政府的要職。也說：「黨這個東西，如其以尚，黑兩字構成的字型所示，是尚黑的團體，永遠是人民的公敵。」而與清朝廢帝之弟溥傑組織中華青年社，聯繫美國情報人員計劃倒蔣而遭識破被捕。

郭振純重返綠島，在人權紀念碑指著自己姓名留影。（郭振純提供）

　　才叫出刁少將不久，值日官跟著出現在孝字號房前口氣兇兇地喊：「郭振純把所有品帶出來！」

　　不該這麼快！我為事出於意外而繃起臉，卻仍能沉著氣踏上死亡之路。然而情況異與所思，直接通過中間柵門而被推上的已有吳卓異等同案者的中型吉普車，兩人共戴一副手銬就開走了。儘管死神在軍法處等著，早日離開此地免受折磨總是好的。

長期飽受恐怖，虐待而殘喘於活不如死的苦難中的人，傾向於選擇死亡者，多於堅強求生者。

青島東路三號

　　臺北市青島東路三號軍法處看守所是日治時代的陸軍倉庫的變貌，是鋼筋水泥的二層建築物。我們被押到二區第十九房旁邊的走廊上，等待接受安全檢查。押房裡的人擠在窗口，放射各色眼光觀看這些跟著來的受難者。忽地一聲：「府城哥！」（府城：臺南市的古稱）扭轉了我的頭，一看竟是在北所同房的張潮賢。

　　一時驚喜之餘親熱地逗弄他：「好傢伙還活著！」

　　「嘴要乾淨一點！」

　　「堂堂唯物論者還忌諱這？」

　　「還沒倒吊蔣疥豕呢！」

　　小張掏出一份簡報續說：「最近剋民黨的報紙頻刊祖國隨時血洗臺灣的消息。我看快了！」

　　我接過來久未觸目的報紙而逐字啃嚼報導，然後禮貌上附和一句：「但願如此！」卻在口裡自語：「紅軍未登陸之前，攏總烏有了！」

　　之間，小張的嘴忙於引導眾目齊射我身上。整個看守所似瀰漫著等待「解放軍」來搶救之氣氛，如溺水者死抓浮草。

　　恰好我被分配到第十九號房。人未到而名已到，我一跨進牢房呼喚之聲不絕、熱情騰騰的似相識已久的老友，與監牢巡禮所經過的各處監牢一樣又得福結上人際佳緣。

　　長方形的房間兩面是有鐵筋橫穿的粗大丸木欄杆、另一面是與鄰房相隔的木板壁，而向外的一面是鐵窗，三面通風又光亮所以牢味較淡。約兩坪大的地板上雜居著來自南所、北所以及保安處等秘密監禁所五花十色的十五個大漢之外，內角配一個大木桶以伺候囚爺們做新陳代謝的生理活動。

　　其中最年輕的娃娃軍官青年軍出身的鄔少尉，在綠島服刑中出事而被押回來重審。這個滿懷鬥志的熱血漢堅守其尿桶邊的舖位而將應得的較好舖位禮讓給我。個子瘦小的徐蠻枝是新竹高商出身的苗栗客家青年性情開朗，是房內幾條煙蛇之一。他自認我也是同道之友，便拿出煙具袋要點一支來歡迎新客：「怎樣，來一口吧！」「難道這裡不禁煙？」「當然禁煙，但

郭振純示範獄中難友打火點煙。（郭振純先生提供）

是可拿日用品向進來打雜的軍事犯交換新樂園牌的。還有，散步場、出庭經過的路上也是主要的貨源」。他撕開撿來的煙蒂將煙草用紙片捲成煙支之後，說「有些看守故意只吸一口就滅火丟棄讓人撿；相反的那些虐待狂看守就故意扔入水溝，要不然就用力踩碎。」

我好奇的看他的道具，見習其生火術：他先用兩腳跟夾住鴨蛋大的丸石子之後，把盛滿未完燒棉灰的小護士盒置其前面，然後拉起穿有尺餘的二條平行的棉紗的，直徑三公分的罐頭蓋搥平的輪盤就拉直棉紗兩端打圈圈般旋轉幾下，使平行棉紗搓成一條之後用力一鬆一緊拉動來轉動圓盤去磨擦丸石就迸出火花，一見火花飛入棉灰起了紅點就移嘴輕吹幾次火苗就擴散成火了。

幾條煙蛇各執一把扇等輪轉過來的卷煙深深吸一口就傳給另一個，接著急忙搖扇吐霧一齊來，以免煙味招來看守找麻煩。對於這些人這是個重要的節目，可以感受到緊張與刺激交集的快感而做短暫的解脫。

牢房雖然通風良好卻因人口密度超高，以致悶熱如蒸籠。為解決之苦，所謂窮極智生，有人憶起南洋貴族家庭用椰子樹葉編成的吊扇而想倣行，然而製造與使用都是違規的，幸而，熱氣和嗅味使看守人員小事化無事的行事作風更加積極化，索性入夜後就不步入牢房巡邏。儘管點名後夜不消燈，就寢號一響就乘機合力將毯子橫折縮短，在其下邊中央結一條布繩之後，將毯子的一端繫住於中央的丸木，再把另一端結上貼在對面壁

郭振純先生在景美園區仁愛樓押房示範搧風（郭振純先生提供）

上的布紐而懸起毯子就大功告成。然後通宵輪流一緊一鬆前後拉動便扇起涼風，使大家安遊夢鄉。

　　中華民國軍法處是製造叛亂犯的總廠，而軍事法庭是貼標籤的末端單位。執行草菅人命的惡業，進行不當審判叛亂罪犯的過程乃裝模作樣假正經的由軍事檢察官登堂開始。獨夫為了威嚇被告俯首認罪，刻意布置審判的場面，殊不知掩不住不公不義的陰影邪氣，不足以令被告畏縮。站立於被告席的我，根本不當一回事，處之藐藐，隨便應對完畢就冷眼旁觀其他被告費舌喊冤叩求明鏡高懸，而暗自搖頭垂憫「是無知抑是天真？」待最後一名被告答辯完了，書記官就指示庭丁分發起訴狀給各被告過目，簽收後和起訴狀一併收回去，即時宣告閉庭。審查

與起訴同步進行一舉而成，在高懸「公明正大」大區之下，檢察官堂堂下筆的起訴狀竟不可見人！

被告陳炯清踏出法庭便驚奇的追問我：「夠阿莎力唒！」

「被含在虎牙之間有啥好爭辯？除非你有本事咬腳斷虎舌迫它把你吐出來。」

「姓翁的說，你早知他被捕，且確信靈敏的你會逃逸，他才放心洩密。怪你不逃亡也不自首。」

「別多說！好漢赴難何必人作陪、自首。你們不是被自首者牽成的嗎？逃亡，為人子弟，你忍心家族被卑劣的魔爪綁架當作人質受苦？尤其我與長兄情如父子，他更是我家的棟樑不許受侵犯！不阿莎力（乾脆），才會編成這麼慘的悲劇演不完。」隨後接到指定馬心聲為我辯護的公設辯護人的通知，按規定我就呈文申請與辯護人接見。

郭振純在泰源監獄的識別證（郭振純提供）

公設辯護人徒具虛名，不過是粉飾斷頭臺的暗藏銳刺的玫瑰花。軍事法庭的三要角：法官、檢察官及辯護人宛如戲臺頂的演員，下臺換裝便可唱另一個角色，互調角色再演另一齣戲，反正是閉門悄演的戲！

公設辯護人不但不為被告做有利的辯護，反倒利用被告臨危求助的處境，設陷阱誘導被告傾出不利於己的點點滴滴。對於沒有剩餘價值可榨的被告就格式文章一編了事：「被告在調查過程誠懇合作，深悔前罪。請庭上體念被告年輕無知，恩予自新……」寥寥幾句話結束其堂皇任務。

放封輪到十九、二十號房，門一開個個只穿一條內褲、手拿鋁質碗、毛巾等珍惜寶貴的十五分鐘像衝出寮門的鴨群般奔向水池。看見前面的人都面向醫務室佇立不動，我也隨景投射視線看到了一位抱嬰兒將跨入醫務所的少婦，這急促的一瞥給我閃電般的衝擊。

「給我刀片」我從蹲在足邊的老徐的肥皂盒取出刮鬍刀片折斷一角，就用左手指挾捏左足大拇指基部兩側，然後停止呼吸狠狠地向指腹劃了一刀鮮血如注迸出來。

「背我去醫務室！」向左邊的阿德求助。

阿德拉上脫了一半的內褲就背起我朝向看守跑去：「報告班長，他被地上的刀片割傷了！」我跟著把手裡染紅的刀片伸到班長的鼻頭去。

「快背去醫務室，倒楣鬼！」班長稍往後驚傾頭部說。

「我要跟那女子講話，你要做適當的對話。」

「報告醫官，他割傷腳趾頭。」正在抽藥液準備給嬰兒注射的老醫官使眼色示意稍等。

我的出現驚動了少婦，當兩對射放複雜光譜的瞳光交叉的同時，像接通了電波互傳心意做好默契。

我從阿德的背上滑到靠壁的椅子。

「我沒牽連妳」我注視少婦壓低聲音急口快說「咱倆互不相識！」

「血還在流！」阿德大聲配合掩護。

少婦輕掐嬰兒臀部使嬰兒大叫，製造應答機會：「乖、乖，不要怕！」伴著嬰兒哭聲回應：「我也沒提到你！」再改口指鏡子說「羞羞，看看鏡子，好醜呦！」

「乖乖不醜，好可愛是不是。」醫官在嬰兒哭聲中完成其術。

「惜、惜好乖，別哭了，醫官好壞呦！」少婦在哄嬰兒的話間夾帶著案情：「吳麗水拖累的，二條一定了！」

「我也在等死！」

「會不會壓得太緊！」阿德及時回腔。

郭振純的戰友丁窈窕槍決前的照片（郭振純提供）

醫官轉身走入調劑室。

「明早上我將小束頭髮裝入樂園牌煙袋擲在門口那株佛掌華樹頭！」少婦指向外面。

「放封時記得去拿。可能我會先走，我要守護你！今生無緣但……」

「怎麼搞的！還沒給上藥。快要收封啦！」

老班長走過來打斷話柄。可是我意會了少婦唇扉猶含的心聲。在班長催促下衛生兵拿棉花球沾滿紅汞水擦了我的傷口，再用紗布包住指頭結束治療。

「好啦，快走！」班長急著大吹收封哨子。

在哨音的催促下我回顧少婦一眼，悲情寂寂。

少婦扶起嬰兒面部親吻、含著無限哀愁的雙眸盯著我。

「阿德剝奪你洗澡的機會歹勢！她就是郵電案的丁窈窕，請不要過嘴這層事！多謝！」

禮拜日下午不放封，相對的解消出庭應審的壓力，給在押人心神難得有短暫的安靜，多數人在驅筆綴家書。我倚在窗口仰望欄杆外那邊的藍空。天色格外晴朗，眺望迷人的藍色而想無底的彼方究竟有啥？極樂世界？呼的一陣似有似無的焚香的芬氣刺動了鼻翼；耳膜也震起母親的話：「當你嗅到香的芳氣時，就是神明降在你身邊加護，得趕緊念經求保庇。」跟著傅利曼的詩也湧上來啦。

雖然不明來自何方，在身邊飄盪的香氣。

止步，脫帽承受來自天上的祝福。

　　我恍惚觸到了傅利曼筆下的旅人心而起共鳴敬虔合掌念出：
南無阿彌陀佛。隨著夕紅逐漸失色，背上兩條一項結案的死囚
的心徐徐沉下去「也許下禮拜二就輪到自己上場。」

開庭審判

　　「叫老郭準備，再提調吳卓異出庭」，鄰房的老丁慌張傳
遞一區傳來的消息，「只他一個，庭丁不是小鬼仔。」

　　今天又不是殺人例行日，耽延下午的放封時間，大家為這
突發情況驚訝。我從容收拾私物，照例留下浴具給小張。值班

郭振純在綠島新生訓導處坐牢時的照片（郭振純提供）

看守看著提單來了：「郭振純把東西帶出來！」機器般喊著打開牢扉，「快一點！」

「沉著氣！」老臺共潘前輩擔心我反應過度而惹禍。

我用力說：「大家保重！」就穿上母親乞求神佑的新布鞋，伸腰準備踏上黃泉之旅。

與施朝璧等四名由看守交給庭丁就住一區開走。因情況異常，破例押房沒唱出送行歌。施某等人因觸法不深而自在。來到二區加入隊伍的吳卓異也許有所覺於氣氛，脫口說：「老郭，看樣子可免去馬場町吧！」儘管情形如此，因為狡猾的劊子手會為防備窮鼠傷貓的醜態重演而耍花樣，先鬆弛死犯的心再乘其不備而套繩綑綁之。所以沿路東望西看戰戰兢兢地潛過柵門，竟未遭所掛慮事而疑心漸解，腳步變輕。轉瞬之間卻發覺被帶往西所方向而行，完了！還是落入圈套，大家踏著絕望的步伐來到第一法庭前，突然來個急轉彎像似一場急煞車，我機警地探望四周確認無憲兵車埋伏的形跡。五名被告面向審判官排成一字型等待審判。庭上大人魚貫而入，書記官驗明各被告的身份後宣告宣判開始。

審判長宣讀：郭振純等被告因叛亂案件經軍事檢察官提起公訴本部合議判決如左：

主文
郭振純、吳卓異連續參加叛亂之集會各處無期徒刑，各褫奪公權終身。

施朝璧參加叛亂組織處有期徒刑十二年，褫奪公權五年。

陳烱清、謝望天各交付感化，期間另以命令之。

　　宣判後審判長指示，如有不服可在收到判決書後十日內提出上訴。書記官宣告退庭。

　　一刻鐘前進入法庭，走出來時已被塑造成匪諜，直接被帶往西所，待機送監獄執行。儘管面對的事實是長期坐牢，但卻互相道喜能夠保住一命。如今槍口逃生的瞬間我的心跳如常，外表更非眉展眼笑，呈現的是準備好面對新挑戰的沉靜，而絕非惶恐，灰心的悽靜。

西所

　　西所的押房在二樓，以樓梯為界隔成兩區，左邊是監禁翌晨執行死刑的囚犯過夜的獨居房。我被分押於右邊第八十六房，寬大如教室，人數反而少許多。大家用「恭喜」做歡迎詞迎接我。先客多數是待機發監執行的既決犯，混有稀如黎明之星的滿期待領出獄的人，謝日成是服滿五年徒刑自火燒島回來辦手續中，雖然互不相識卻親如兄弟，騰出空間容納我而開懷聊起；詳介火燒島的生活之後，諄諄傳授如何應付其環境：「抓住官兵充滿自卑的心態，就不難應付；至於難友之間雖有路線之爭，只要站穩立場就沒事。上了一堂開學前的新生須知課添加一分

裝備，反芻哲人名句「拿他人的體驗為己用是聰明人。」之間，看守長送來判決書且告知：「不服判決可以在十天內提出上訴。」而拿了簽收就走了。老謝過目後問我的意向。「上訴就是找死」是常識，當然我搖頭示意。

然後急寫報告，要求代勞取回遺忘於東區的洗面道具，並在其紙背隨便畫個數學符號「∞」暗示被科無期徒刑。

三天後的星期五，晨朝。

「把窗子拉下來！」看守吼叫著暗房下令。

是變相的宣告開始進入殺人的狀況。

「沒錯，劊子手憲兵第四團的吉普車已停在法庭前」阿鹿邊拉窗邊報導外面的情景。

「八十六房快拉下來！」看守猛吼。

阿鹿龜縮在窗口下，見機斷斷續續伸長脖子從框縫窺看外景報導：「是臺南開元寺的證光法師、翁文禮、梁培瑛三名，五花大綁斜插囚標被推上車……，開走啦。」

郭振純重返綠島，在新生訓導處公墓的「第十三中隊」前的照片。（郭振純提供）

郭振純在臺東泰源監獄時的照片（郭振純提供）

　　根據前輩老謝的見識，他們之與我分案是預審的結果未合蔣介石要求而遭擲回後，當事法官不得不恭順聖旨改判為死刑，類似情形不乏其例。

八仙過海

　　於八仙過海的好日子，我、吳卓異和施朝壁三名叛亂犯，分別領取永久和十二年居住證狀以及免費飯票，乘美援的軍用中型吉普車離開臺北市青島東路三號仁愛之家，開往座落於新店安坑的三軍大飯店。

作 者 簡 介

　　郭振純，一九二五年生於臺南市。就讀屏東農校時開始閱讀左派書籍，二次大戰期間曾到東帝汶當過日本兵，戰後回到臺灣，目睹國民黨政府的腐敗，二二八期間曾參與攻擊大林機場，後被捕在押往高雄的半途死裡逃生。二二八事件後，郭振純想投考香港大學，到過香港、廣州、廈門，在香港認識黃紀男。一九五一年臺灣舉辦第一屆選舉，郭振純在臺南市長候選人葉廷珪辦事處幫忙，四處演講，宣揚臺灣人自己當家作主的理念。一九五三年當局指控郭振純配合海外廖文毅組織，在臺灣內部活動，將他逮捕。郭振純被偵訊時，遭到拔指甲、丟愛河、螞蟻上樹等酷刑，都沒有屈服。一九五四年當局只能以「連續參加叛亂之集會」判他無期徒刑，坐牢二十二年又二個月。郭振純很有語言及文學天分，關押在軍法處時曾以羅馬拼音編了一冊用臺語發音來搜尋漢字的字典，也曾翻譯英文小說及西班牙文的《莎樂美》，一九七〇年的泰源事件他負責撰寫西班牙文及日文版的廣播稿。二〇〇八年出版自傳體的小說《耕甘薯園的人》。

少年書呆子牢獄之歌

蔡焜霖

出生與童年

　　故鄉清水，舊名「牛罵頭」，由於小鎮東方鰲峰山麓有靈泉，滾滾湧出之水足夠全鎮數萬人口飲用，遂在日本殖民統治時期改名「清水街」，隸屬臺中州大甲郡。一九三〇年底十二月，我出生在俗稱「旗竿內」蔡家，在六個兄弟中排行第四，如加上四個姊姊就排行第八，算是家中比較幼小的孩子又是體弱多病，因而童年時期備受寵愛，從來不知道世間有何辛酸困苦。一九三五年墩仔腳大地震，老家三合院大宅第整棟倒毀，父親在原來建地上重建了寬敞的平房住屋，我在那兒居住到十九歲被捕為止。震災後，父親繼續在清水最熱鬧的「十八崁仔」街區開設「梅芳百貨店」，生意鼎盛，看來一切復興過程就緒，不料那年農曆除夕夜，十八崁仔鬧區發生大火災整個店被熊熊火焰吞沒。連續遭受地震和火災等災禍，父親卻不輕易屈服，

經他辛苦奮鬥，家道不墜反旺，他經營的百貨店很快再成為清水最大、生意最興隆的一家。

求學經過——啓蒙和小學教育

一九三六年進入清水幼稚園，每天都由家中女佣人揹著去上學，遭到幼稚園助理小姐羞羞臉，之後被揹到快抵達幼稚園的地方趕緊吵著要下來，裝著啥無介事地走進校門。在幼稚園認識一個小我兩歲的小妹妹，他是幼稚園盧老師的女兒。有一次我陪著她經由老師禁止小朋友走的縱貫路，一路撿著製糖公司運送甘蔗的櫳車掉下來的甘蔗回家，結果第二天被盧老師怒目叱責，幼小心裡覺得委屈又傷心。次年一九三七年四月一日進清水公學校一年級就讀，從此開始學習日語的「假名」、「平假名」，逐漸學會了讀日文的書。三哥蔡焜燦大我三歲，自小很照顧我這個體弱又生性內向的小弟，除了常帶我四處去玩耍之外，也帶我到清水街頗具規模的圖書館看書。幼小的我被圖書館這座寶山深深吸引，從此放學後或假日常常一個人跑去那兒借書看。可能因愛看書的緣故，日文的寫作能力日益進步，但是近視眼的毛病也在不知不覺間更加嚴重。而慧眼發覺我「寫作能力」和「近視眼」的正是小學五、六年級擔任我們級任導師的楊明發老師。他每次上課發覺我常常瞇著眼睛看黑板，甚至於乾脆站起身來凝望黑板上的字，知道我視力有問題，有一

次家庭訪問時告訴我家長應該帶孩子去檢查。有了楊老師的叮嚀，我生平第一副眼鏡就這樣在臺中鼎鼎有名的「宮原眼科」檢查和配好。

　　楊明發老師擔任我們這一班的級任導師後，驚覺全班學生的學習力太差，將來報考中等學校，要和來自臺中州（包括光復後的臺中市、臺中縣、彰化縣、南投縣）全州國民小學的優秀學生競爭實在不敢樂觀，於是決心趁小學最後的兩年嚴格教學，要大幅加強我們的升學競爭力。而我們這班從小學一年級開始一直當「級長」的正是楊老師的大兒子。於是嚴格的管教就從特別嚴厲對待自己兒子開始。在體罰被認為「愛的教育」

蔡焜霖（前排右二）的國小畢業照中就已戴眼鏡。（蔡焜霖提供）

的一種手段的時代，老師對一向成績領先全班的級長兒子，動不動就拳腳相加，或以「愛的鞭子」揮打，令全班同學從此不敢偷懶怠惰，家庭作業就是量多又很困難也一定做好才敢來上學，課堂上也都聚精會神聽老師講解，使得全班學習力在很短時間裡突飛猛進。這樣嚴厲的老師居然對我另眼看待，就是他發現我日文作文能力比較強，除了批改作文簿時給我高分及鼓勵的話外，在大甲郡全郡老師的觀摩教學的場合，也以我寫的作文為範例，叫我站起來朗誦自己寫的文章再加予講評指導。原先我在班上的成績雖然還排在前面幾個但並不特別顯眼，直到楊明發老師到任之後才開始嶄露頭角，老師又提拔我為副級長，寒暑假還叫我們到他家免費補習，使得我們這一班後來升學考試獲得學校創校以來空前的好成績。

求學經過——中學時期正遇時代巨變

　　小學畢業之後經過激烈的升學考試競爭，一九四三年十二歲那年終於和包括級長（楊老師長子）在內的本校另七位同學一齊考取了夢寐嚮往的臺中第一中學。臺中一中是日治時期臺灣的仕紳林獻堂、辜顯榮、蔡蓮舫等為提升為臺灣人的教育水準而捐款籌設的學校，報考的學生來自臺灣全土，清水公學校（那時已改名為清水南國民學校）一舉有八名學生金榜題名，實為破天荒的壯舉。

　　可惜，考上和就讀「名校」的喜悅和興奮只維繫了大約一年吧，中學二年級以後，能在教室讀書的好時光變得微乎其微，大部分的時間被派去軍用機場割草，或被派去軍營挖土、搬石頭，幫忙加強防禦工事。有很多同學還因長期勞累，又被傳染了瘧疾而紛紛病倒。到了三年級，只要不是長期臥病起不來的，那怕像我這樣的「瘦排骨」，通通算是體格「甲等」，被徵用去當「學徒兵」，佈防在海線一帶。後來調防在臺中水湳的軍用機場。

　　一九四五年八月炎熱的夏天，我們臺中一中三年級「學徒兵」，駐紮在現在的臺中機場，說是要訓練成機關砲兵，以對付盟軍轟炸機日益激烈的空中攻擊。其實這時的日本皇軍已經是強弩之末，我們這群十四、五歲的娃娃兵所駐紮的機場建築，差不多都被炸毀，只好在沒有屋頂的斷垣殘壁上搭起帳篷住宿。當年日本軍國主義者，為防備盟軍登陸臺灣，曾把原先布置在滿州（中國東北）最精銳的「關東軍」南調於臺灣和沖繩群島前線。但是這一批號稱日本最慓悍善戰的正規軍是配置在臺灣島內陸的後方，倒是把我們這些少不更事的娃娃兵配置在海岸第一線以及機場等最危險的地方，存心把臺灣小孩當砲灰先去抵擋盟軍登陸部隊的鋒穎，其陰險殘忍，現在回想起來，真令人毛骨悚然。

　　就在八月中旬一個烈陽當空的日子，獲知日皇已經無條件投降！打從六歲進小學後多年來被灌輸的「皇民思想」和「日本神國」永不會被擊敗的神話，在一夜之間煙消霧散。負責帶

領我們的少壯軍官死不認輸，晚上幾杯老酒下肚就高喊著要死守臺灣，戰到最後的一兵一卒，聽得我們這些迷夢初醒而歸心似箭的小男孩，兀自過著忐忑不安的生活。還好拖了個把月後，終算讓我們退伍把我們放回學校。

國籍改變、在時代的變遷中徬徨

「復員」回學校後真的改朝換代，一切都變了。日本老師被遣回，穿著黑色中山裝的中國校長帶著一批老師來接收，也有許多學有專長的年輕臺灣老師加了進來。學制也從日治時期的五年中學（戰時末期曾縮短為四年），「光復」後改成各三年的初中和高中。一九四六年，初中畢業那年的暑假，我與高一屆的學長和同年級同學一共十個人，被選派到淡水中學去參加為期一個半月的「臺灣省第一屆青年夏令營」集訓。行政長官陳儀親自兼營主任，而副主任則有柯遠芬、李友邦等人。結訓時全體學員每人都強迫加入國民黨，或是三民主義青年團。暑假過後回到學校，雖然我們幾個來不及參加高中的升學考試，卻特別獲准免試直升，我被編入高一丁班，且被推選為班長。我們這一班固然大部分都是中學一年級以來的老同學，卻也有不少從別的學校考進來的所謂「轉學生」。級任導師是擔任英文教學的林炳生老師，講起英文雖有濃重的腔調，卻是一位年輕熱情的好老師，記得也是投筆從戎、參加青年軍而復員歸來

後，單身來臺教書的。高一下學期發生二二八事件。父親設法庇護為人忠厚的外省籍警察分局副局長一家人。當清鄉部隊進城，又趕緊送我到山上親戚家藏匿，等到局勢比較安定後才回學校繼續學業。升高二、高三的過程中，中國大陸國共內戰的情勢一日數變。而家庭生計也一日不如一日。我三哥當時在彰化高商擔任教職，雖然薪資單薄，卻一直鼓勵我高中畢業後要念大學，於是升高三後，出錢讓我住進學校宿舍（那時叫學寮），好專心準備功課。

但是每次還鄉，看見白髮蒼蒼的老父親，在和平時期曾是鎮上數一數二的大富商，一到光復後百業凋蔽、物價飛漲的時代卻一籌莫展，被十幾口大家庭的重擔壓得瘦弱不堪，半夜裡撞見他垂下頭面色凝重地跪在神壇前上香禱告，我怎麼樣也下不了決心報考大學，最後還是死了這條心。高中畢業後我最想做的是去當國民小學的老師。我一向喜歡天真無邪的小孩，而且從小崇拜瑞士十八世紀教育家裴斯塔洛齊，希望向他看齊畢生無私奉獻給教育事業。況且我夢寐暗戀的「楊璧如」，在讀完女中後也為幫忙家計，經過縣裡檢定第一名，以那瘦小的身子在家鄉小學教書。她爸爸（我小學恩師）楊明發先生在光復初期即榮任大臺中縣的縣政府督學，卻在二二八事件時被人密告為漢奸而接受調查中，整整兩年沒有薪水拿，只得靠這小女孩來養家餬口。我想，高中畢業後我也要去教書，如果能朝夕和熱戀的人相處，也有機會向她傾洩長年隱藏心中的愛，那麼放棄升學也不可惜。有了這樣的念頭後，我再也無心於學校的

功課，常到臺中一中圖書室（有很豐富的日文藏書）去借來一本又一本厚厚的文學或哲學書籍，囫圇吞棗地濫讀一通。當時級任並教我們代數的王老師大概以為「孺子可教」吧，就推薦我去參加學校幾位熱心的年輕老師組織的「讀書會」。猶記得第一次集會，指導老師要每個人從近來所讀的書中舉出一本印象最深的，並提出讀書報告。我向老師說我要寫十九世紀英國歷史學者 Thomas Carlyle 所著《英雄和英雄崇拜》心得報告，老師竟然睜大眼睛露出蠻訝異的眼色。那時出自一個十七歲多愁善感的青年對動盪混亂的社會的不滿，我似懂非懂地嚮往著俄國克魯泡特金的無政府主義思想，也深受光復後才接觸的魯迅、巴金等作家的影響，追求著烏托邦虛無飄渺的理想。現在想來，那畢竟只是慘綠少年浪漫的憧憬罷了。由於心理上這樣的徬徨搖擺，我連在教室裡上課的時候，也都在私自翻閱課外圖書，或胡亂寫著宣洩情緒的詩文。

　　畢業典禮當天拿到了文憑，又參加了謝師晚宴後，我和翁啟林和王箴芳兩位同學跑到學校旁邊的臺中市立運動場去，躺在運動場斜坡的草地上，三個人喝完了一瓶紅酒，另加一瓶汽水，聊了通宵達旦。不知為什麼，總覺得一切都很悲哀，又很孤單……。

突來的風暴

　　畢業後在當年經濟凋蔽的環境下找工作很不容易。經過一個多月的挫折等待和尋找後才在家鄉鎮公所謀得辦事員一職。後來也考上了小學教師的檢定考試，一方面在鎮公所上班，另一方面尋覓小學教師的空缺。九月一個風和日麗的星期天，我拖著木屐到鎮公所去，獨自一個人在空蕩蕩的辦公室加班，突然撞進來一個便衣的憲兵（後來才知道他身份），先把我帶去警察分局關起來。我有個小學很要好的同學在警察分局當差，看到這情形後火速跑去我家告訴家人。我二哥馬上趕來，又保證又講情地苦苦哀求卻也奈何不得。最後雙手被綁了起來，搭公車送往彰化的憲兵隊。從警察分局到公車站一直被便衣憲兵像一隻狗一樣拖著走，鎮上的人，只敢遠遠地旁觀著，心裡一定猜不透這個平常在鎮公所待人還誠懇忠厚的年輕人到底犯了什麼滔天大罪？

　　搭公車的時候，瞥見我三哥混在別的乘客中上車，彼此都不敢招呼一聲，只好假裝沒看見。當車子駛過母校的小學、而且也是意中人當老師的學校門口時，心想這一離去大概永遠再也見不到她了吧，有一首老歌浮上心頭，心裡默默哼唱：

　　　今別れてはいつか見む　　　今日離別何日再相見

　　　幾歲春が巡るとも　　　　　不論春去秋來多少歲

橄欖の花　く丘に　　　　橄欖花盛開的山岡上
再び語らんことやある　　可有重敘離情的一天

　　被押在彰化憲兵隊期間，遭到軟硬兼施的偵訊。又刑求（毆打和電擊）又哄騙（年少無知只要坦白招認很快可以回家），這時才知道原來讀高二時加入讀書會就是我被捕的理由。關了幾天後，雙手又被綁了起來，搭乘擁擠不堪的火車被送往臺南憲兵隊。這次押送，被細繩綁得緊緊，手腕的繩痕在往後好幾個月都久久消除不掉。臺南憲兵隊牢房門口掛著「匪諜案」的門牌。同一批從彰化被押送來關在一起的，有臺中農學院（現中興大學）畢業的陳明忠以及臺中師範學校畢業的黃介石及尤來榮。我們這幾個乳臭未乾的年輕小伙子，完全猜不透前面還有什麼樣的命運等待著我們，只得在恐懼和不安中煎熬著。

　　再下來的日子裡，移送臺北的保安司令部，接著又是保密局、軍法處、新店看守所等在幾處監獄中輾轉移送。那是五〇年代白色恐怖剛發飆之際，臺灣全島風聲鶴唳到處抓人。原有的監獄不夠用，就把日人遺留下來的臺北東本願寺、戲院、甚至於學校都改造成臨時監獄。儘管如此還是不敷用，每處的監獄都爆滿，我們都像沙丁魚罐頭的魚一般被擠壓在一起，即使換兩班睡覺，都還要身子疊著身子屈膝而睡，伸腿根本是個乞求不到的奢侈。狹窄的牢房內擠那麼多人又是終日不見天日，混濁燠熱的空氣沈澱著，整天光著身子只穿著一件短褲的難友們，只好在牢房中間吊起一大塊毛毯，結上繩子大家輪流搖，

讓空氣不斷的流動。才剛高中畢業的我算是難友中的小老弟，離鄉背井落在這種暗無天日的人間地獄，雖然萬分的沮喪，幸賴同房中的前輩都是思想和政治案件被捕的，不但人生閱歷豐富，大多都是人格修養高潔的人士，對我們年輕小弟百般的關愛，讓我這樣沒見過世面的文弱書生，也勉強熬過了人生最痛苦的坐牢時間，還從前輩難友身上學得了很多真實的學問。初進軍法處時常常聽到大家合唱一首歌——「母親的呼喚」。後來我也學會了就跟著同房難友在狹窄的押房裡兜著圈唱著。其實遼河在大陸什麼地方也不是很清楚，只一心一意想念著故鄉的老母。

> 遼河的水呀，松花江的浪呀。
> 那樣的沉痛，那樣的悠長。
> 馱載著，千萬個母親的哀傷！
> 母親的心中像被烏雲遮蔽，
> 母親的眼睛被淚水洗盪，
> 孩子們呀，孩子們呀，母親在念著你呀，
> 孩子們呀，孩子們呀，母親在呼喚你。
> 像遼河的水呀，松花江的浪呀，那樣的沉痛，那樣悠長。

軍法處（現臺北喜來登飯店）的凌晨四、五點是恐怖的時刻。沈睡的寂靜中響起獄卒的腳步聲和打開鐵門的呷軋之聲，每位難友夢中驚醒，在關著幾千人的大牢內大家摒氣靜息，靜聽著獄卒一一唸起被判死刑將被押出去執行槍決的名單。被叫

到名字的牢裡前輩，常是從容起身換上早備好的雪白襯衫或乾淨衣服，與牢友一一握手後走出去被五花大綁送往刑場。這時留下來的人唱著安息歌送行。

> 安息吧死難的同志　別再為祖國擔憂
> 你流的血照亮著路　指引我們向前走
> 你是民族的光榮　你為愛國而犧牲
> 冬天有淒涼的風　卻是春天的搖籃
>
> 安息吧死難的同志　別再為祖國擔憂
> 你流的血照亮著路　我們會繼續前走

　　基隆高中鍾浩東校長被叫到名，他預先請求牢友替他合唱年輕談戀愛時喜歡和女友唱過的「幌馬車之歌」為他送行。

> 夕べに遠く　木の葉散る　並木の道を　ほろぼろと
> 君が幌馬車　見送りし　去年（こぞ）の別れが　とこしえよ
> 黃昏遠處 落葉飄飄 行道樹的馬路上 離情依依
> 目送著載你的馬車遠去 去年的分離變成永恆…

　　十一月有一天清晨，從我被關的斜對面押房走出一個稚氣未脫的少年，他走到每一個押房雙手抓著牢房的粗木柵格，雖然鐵青著臉卻強自振作向留下來的人一一道謝這段期間的照顧後才走出鐵門。看他那樣子既在感念牢裡前輩的愛護，但也好像期待著有人能拉住他不讓他那麼小小年紀就被抓出去打死。

但是沒有人能夠拉住他的手不放，也沒有人救得了這個剛剛變聲，才開始要變大人的小孩。後來才知他的名字叫劉嘉憲，六天前剛在牢裡度過他十八歲的生日。事隔數十年，至今我仍無法忘懷那位稚氣未脫的孩子，雖然因緊張而鐵青著臉，卻拼命振作精神，立正站在我們面前，隔著牢房柵門向大家道謝和告別後被拉出去的情景。他們到了牢房外，聽說都被五花大綁，用囚車送到馬場町（現青年公園）執行槍決。每遇執行死刑的日子，消息很快傳遍偌大的監牢，從女囚牢房傳出聖母頌，而男囚牢房傳出合唱安魂歌幽怨的歌聲。後來在冬日某一天，我聽到了臺中一中的老同學彭沐興兄也遭槍決的噩耗。

　　一九五〇年底我在軍法處迎接二十歲生日。生日禮物竟然就是「參加非法組織與散發傳單」罪名處予十年徒刑（最輕的刑期！）的判決。且在翌年初從青島東路軍法處移押至新店由戲院改成的看守所。一九五一年三月十日老父由大姊夫陪著從中部小鎮專程來探訪被囚禁的兒子。當年的交通情況很差，年邁父親一定受夠了遠途跋涉之苦。但是他心目中最膽小軟弱的小孩居然犯「叛亂」大罪而被判重刑！父親心中的痛苦該是遠超過他肉體上的疲憊困頓的吧。我更沒有想到這次的見面變成永遠的別離。

火燒島十年

　　父親來看我不久，我們被移送內湖國
小集結，過了一陣子兩個人手銬著手，由
基隆港被催趕上海軍登陸艇送往惡名昭彰
的火燒島。我們被送去的地方，官方美其
名謂「新生訓導處」，就在那兒度過了
九年又四個月接受洗腦教育和上山下海做
苦工的歲月。上政治課做筆記或參加小組
討論準備發言稿，我這個小老弟盡量幫忙

蔡焜霖在綠島新生訓
導處時的新生照
（蔡焜霖提供）

農村糊裡糊塗被抓進來的老前輩，或是替他們寫信（每週只限
三百字一封信，而且要檢查）。而上山砍草、搬運木頭，或是
灼熱的海邊揮動著大鐵鎚打咕咾石等重勞動，就由大我們幾歲
的「同學」已經在社會上各行各業做過事的，幫助我們、替我
們這些文弱書生多擔當，在這裡也跟在監獄的時候一般，「政
治犯」都充分發揮了在苦難中互助合作的人性善良的一面。

　　島上遇到不少臺中一中的學長和同學，但不屬於同一個中
隊的即使白天放出來勞動的時候碰了面也嚴禁交談。只有一次
遇到教代數的王漢章老師拿著掃把打掃院子，看我從他身邊
走過去，小聲叮嚀：「自己多保重身體，無論如何要忍耐、要
堅強的活下去。」此後我多想找機會走過同一個地點，盼望還
能碰見他，可惜始終未能如願，後來就聽說他已經被送回軍
人監獄。

在漫長的坐牢歲月裡，依靠三哥和五弟寄錢、寄東西接濟我。我並不知道當時家庭生計如何，只是猜著應該不會怎麼寬裕。有一次向同學借到一本余光中翻譯的《梵谷傳》，讀到梵谷小弟（記得叫做西奧吧）一輩子百般幫助他那位瘋瘋癲癲的哥哥。想起自己弟弟因我被捕而輟學，小小年紀負起家庭生計又要接濟我。幼弱身軀曾經在冷冽的東北風中兜售醬油，令我對著《梵谷傳》情不自禁地潸然淚下。

由於高中畢業不久就因高二時期讀書會案子被抓進監牢，周圍又多的是差不多同樣遭遇的年輕人，因而在我自己的心海中，臺中一中的六年多加上被囚禁的十年時常混淆起來，構成好長好長的「求學時代」。 火燒島做苦工的日子，在山上割草或海邊砌石頭，我常對著分隔自己和故鄉老家的蔚藍大海，高唱義大利歌謠「歸來吧！」或 " When I Grow too Old to Dream "，想著家人也想著我這輩子可能已無緣再見到的意中人。等待晚點名之前的時間在營舍前廣場散步，仰望天空有一輪明月高掛，一曲「思鄉曲」格外令人想念母親。青春就這樣在汗水和失去自由的痛苦中慢慢消蝕，不敢奢望終有走出牢籠和家人重逢的一天。

歸來吧！蘇連多　Tona A Surriento

聽那海洋的呼吸	充滿了柔情蜜意
你的笑語和歌聲	留在我的心底
園內陽光明媚無比	菊花到處放出香氣

對著這麼美的風光　　叫我怎麼不想你

自從你和我別離　　　悲哀湧進我的心裡

在這可愛的地方　　　數著你的歸期

歸來吧　　歸來　　　請不要把我忘記

歸來吧　　歸來　　　我在等你

When I Grow too Old to Dream

When I grow too old to dream

I'll have you to remember

When I grow too old to dream

Your love will live in my heart

So, kiss me my sweet

And so let us part

And when I grow too old to dream

That kiss will live in my heart

思鄉曲

月兒高掛在天上　　光明照耀四方

在這個靜靜的深夜裡　記起了我的故鄉

故鄉遠隔至重洋　　旦夕不能相忘

那兒有我高年的苦命娘　盼望著遊子還鄉

愛讀書、愛唱歌而被槍決的朋友

　　當時監管「新生訓導處」的警總有個「殺雞儆猴」的辦法，隨時挑了些較不聽管訓或他們心目中較具影響力的囚犯遣回本島的監獄以莫須有的罪名重判，甚至於判刑槍決。我和第三中隊同隊中年齡相仿的幾個同學比較處得來。其中一位小我一歲的蔡炳紅，十八歲臺南師範畢業奉派在臺南市公園小學當老師，沒有幾個月就被抓來判了五年徒刑。他長得英俊帥氣、做事又認真負責，不僅難友喜歡、連監管囚犯的官長都無不喜歡他。有一天早上新生訓導處突然下達緊急集合令，叫我們全體新生把自己全部行李搬出來在操場列隊排好，接受官長的搜查。另一批官長就進去寢室裡搜遍每一個牆角和柱子床板裂縫，進行一次大規模的突擊檢查。那天下午我們照常勞動，蔡炳紅和我一起用一根長棍在「流麻溝」旁邊抬石頭以供修補提防。到了下午五點多收工的時候，綽號「三太」的陳分隊長走來叫炳紅等一會兒回到隊上向他報到。由於這位分隊長平常相當喜歡蔡炳紅，所以當時我絲毫沒有警覺到會發生什麼不幸的事情。但是炳紅當夜去報到就被關進山岡上的碉堡，整夜未回害得我輾轉失眠。第二天消息傳來，我的好友寫了小字條塞給他臺南同鄉就讀臺南女中時被抓來的女生，鼓勵她要勇敢要忍耐。結果突擊檢查從女生行李搜出這張字條，蔡炳紅才被關進碉堡。聽說被關進碉堡的人，一天只給一碗飯和一碗水，吃喝拉屎睡覺

都在那窄小的空間。那天下午上山砍草回來，我跑去福利社買
了一些炳紅平常愛吃的糖果餅乾，偷偷走近山岡上的碉堡，看
準碉堡屋頂荷槍實彈的衛兵正在眺望遠處操場進行中的籃球比
賽，我快速閃進碉堡屋簷下，從窗口把糖果餅乾倒了給他。但
只看到炳紅和另外兩個被關的同學，個個上身打赤膊只穿一條
短褲汗流浹背，開口說「水、要水！」。這時我才對自己的愚
笨和小孩子氣心生痛憤和後悔，怎麼沒有想到好友陷入困境後
真正所需要的東西是什麼。以後的幾天想辦法給朋友送去他所
急需的水，但還沒能夠送水之前，好友炳紅和幾位同學被送回
臺北軍法處重審。幾經一年後新生訓導處第二任處長集合了全
體新生，語帶恐嚇宣布先前被送回軍法處重審的難友全部被槍
決結束了他們年輕的生命。

蔡焜霖在綠島人權園區教師體驗營講述學弟蔡炳紅槍決的故事。
（國家人權博物館籌備處提供）

　　等到過了半世紀後，臺灣的民主進程有了大步進展，白色恐怖相關檔案相繼解密，我輾轉拿到所謂「綠島叛亂案」的卷宗。豁然發現好友蔡炳紅在臺灣省保安司令部軍法處的判決中是被判「原來刑期執行完畢後再加感訓三年」。但這樣的判決後來呈上國防部，國防部長和參謀總長加注了意見，送到總統府，總統府秘書長和參軍長又加注了意見，無不要求更嚴厲的刑罰，最後呈上總統，總統批了四個字：「嚴予複審」，還要追究軍法官原先「輕判」的責任以及新生訓導處的管理責任，這就決定了我好友等十一位年輕人的命運。最後複審判決下來，同案十一個年輕人全部被判死刑，其中還包括臺中一中高我一屆的楊俊隆學長、以及新竹女中十七歲就被抓來的高中女生，個個都是愛好文學、愛好藝術，在學校都是獲得師長特別青睞的學生。做為這些年輕人犯罪證據而被沒收的是：匪書《社會進化史》筆記三冊、匪書《青年的修養》上下兩冊、以及字條數件。判決書在列舉他們犯罪事實，有一條說「被告在新生訓導處管訓期間常在散步時唱匪歌『歌唱祖國』以鼓勵叛亂情緒」，而這首從南日島戰俘學來的歌我也和炳紅一起在山上和在海濱唱過。最令我震撼的是好友他們十一個人，在執行槍決之前拍攝的照片都面露笑容——這對於生性膽小懦弱的我，變成永遠無法理解的謎。

重獲自由

　　一九六○年九月坐滿整整十年的監
牢後終被釋放，搭著漁船到臺東，轉乘
巴士行經九彎十八拐的山路到了高雄，
再改乘夜班火車「歸心似箭」地一路趕
「回」臺北縣的三重。因為根據五弟的
來信，他結婚後因工作的關係購了新屋
移居那兒，且年邁父母也和他住在一起。

從綠島歸來的蔡焜霖
（蔡焜霖提供）

　　第二天清晨車到臺北，下車後從後車站走出來，手裡拿著
寫有地址門牌的小字條和地圖，一路上向人問路好不容易找到
重慶北路的大姊家。叫了門剛好有個中學生打扮的女孩子背著
書包來開門，應該是我外甥女正好要去上學的吧，但是有了十
年的隔閡彼此不很認識，當然也不敢亂打招呼，只好講好來意，
逕自上樓去找大姊。大姊馬上換好了衣服就帶著我，門前叫了
一部三輪車走過臺北大橋駛往三重。自由的空氣是如此的甜美，
而早晨的街景所見猶如劉姥姥進了大觀園都是無比的新鮮。尤
其想到很快就能見到隔別十年的父母親和兄弟們，心裡說不出
的興奮。到得了五弟家，大姊還在付三輪車車費，我就急忙跳
下了車推開大門，興奮的喊著「爸爸媽媽、我回來了」，也喊
著五弟和六弟的名字。兩個弟弟馬上衝了出來，而母親也老淚
縱橫地走了出來，卻是久久不見父親的動靜。大家互道久別重

逢的喜悅後，大姊和弟弟們反都很不尋常地沉默不語。我以為父親可能是患了感冒或什麼還睡著的吧，就私自推開幾個臥室的門喊著「爸爸」探頭去尋找，卻都不見他的蹤影。久久，么弟再也忍不住，脫口說：「爸爸已經過世了」，然後又一段沉默後：「就在你被送往火燒島次一年他老人家自己了斷了生命」。

我大腦裡「哄」的一聲，就像遭人從腦後狠狠地重擊了一般，眼前一片昏黑，就倒在地上翻滾著哀嚎痛哭。只記得好像有人把我從地上撐了起來，我還繼續對著牆壁或對著柱子不停地撞頭也不停地哭著。如今我活著回來又有什麼意義呢。早知道，還不如就在那惡魔島跟隨著父親跳海死掉！我一直哭號著，哭累了就像喪失了靈魂的殭屍一般，木然坐在地板上發愣久久、久久……。

父親啊，父親！

我父親是一位標準的嚴父，一向不苟言笑，卻是心裡隱藏著無比的慈愛。當年考上臺中一中要到學校去報到，是大哥帶我從鄉下坐火車去的。當大哥和矮小的我並肩走在通往故鄉火車站的砂石路上時，父親騎著腳踏車從後頭追過來，拿著一包裝著當時算是很難買到手的「仁丹」以及家庭常備藥品，還有零用錢（其實他幾天前就先給過我的）等等塞我手裡，也一再地叮嚀：生平第一次遠離家門到外地去住，一定要多多注意健康、保重身體。

　　一九三五年中部地區大地震那一天，我們全家只留著母親和當時才出生沒有多久的五弟在家，其他人一大清早就上山去掃墓。來到祖母墓前擺好了祭品、也點好了香，突然間大地搖動，還附帶著嗡嗡然的聲音，眼見山坡下的池水泛著令人恐怖的血紅色搖盪。父親強壯有力的雙手抱緊了最幼小的我，防我滾落山谷。

　　父親年輕時雖在日本統治下卻一心嚮往祖國，曾離家出走渡海到廈門想要參加抗日的行列。但是他事母極孝，後來被老母硬是找回來，一個大漢子竟跪在老母面前任她老人家用藤鞭抽打得皮破血流。他的儒學涵養很深，也寫得一手好字。我初入小學時的書包、用具上面，他都用工整的毛筆字替我寫好了名字，終究我一生，自己的名字沒有一次寫得那麼的秀麗和令人喜歡。聽說父親晚上做惡夢都會唸著文天祥的正氣歌來鼓舞自己的精神。

　　也因為這樣的個性，臺灣「光復」當初「國軍」開入小鎮，父親興奮得顧不得穿好鞋子，抓起青天白日的小國旗就打著赤腳衝到街道邊揮舞旗子歡迎。甚至於從大陸福建操著小帆船開進梧棲港、穿著破爛棉襖的老鄉，父親也把他們視同祖國過來的鄉親，常常請回家款待他們，殷殷打聽祖籍鄉園的近情！

　　二二八的大災難發生，父親因同胞兄弟相殘而憂心重重。他老人家聽說平常為人正直忠厚的警察分局副局長全家人處境危殆，就叫我二哥冒險把他們一家人接回家供吃供穿加予保護，

直到不幸事件緩和下來才送他們安全回家。副局長夫妻從此拜
我父母為義父、義母，讓我們兄弟平添多了位「阿山兄」和「阿
山嫂」。在那段社會到處充滿著肅殺氣氛的時期，鎮壓軍開進

一九六二年蔡焜霖與楊璧如的結婚照片（蔡焜霖提供）

城來，父親趕緊把正在念高一的我送去山上親戚家躲藏了一陣子……。

然而父親所熱愛的祖國，最後還是抓走了他幾個兒子中最懦弱的、一個只會死讀書而且依賴心最重的小孩，並莫名其妙地判了他十年的重刑。這個小孩在剛剛「光復」時，學著日本小說《母親》中的少年主角，也到處去尋找祖國「救國英雄蔣中正」的畫像……。

出獄後求學與求職屢次遇到挫折

出獄後照規定馬上到臺中縣警察局去報到，後來在家鄉找不到能餬口的工作，只好遷來三重投靠五弟。應徵飯店的服務生、當過漫畫出版社的翻譯、在小報社當編輯等等換了好幾道工作，而每次警察都如影隨形地來抽查生活工作情形讓我深覺所謂出獄，只不過從一所範圍較小的監獄移調到較大的監獄而已。對我們這種一旦被貼上「匪諜」標籤的人，真正的自由仍然是遙不可及的夢想。

歷經許許多多的波折，後來終能和青梅竹馬的「意中人」結婚。我暗戀多年的「她」長年以來一邊當老師、一邊繼續升學進修。結婚後勸我再回學校繼續唸書。剛好在從前的「師範學校」改制升格為「師專」第一期招生的時候，我僥倖考上。高高興興去註冊報到，我把坐十年政治冤獄的事老老實實向訓

導處報告，訓導主任聽罷大驚失色，叫我先不要和別的同學一起住進宿舍，他就趕緊寫了公文書分別向警備總部和教育部請示可不可以讓我就讀。同一個時間考進去的師專同學全部住校，只有我一個人很特別的差不多有一個月時間吧，每天都從家裡來上學，直到有一天訓導主任叫我去當面告訴我，警備總部因我獄中的成績是「甲等」，又為了「安定」出獄人的生活，很贊成讓我乖乖在學校唸書；但是教育部卻認為「師專」是培養國民教育師資的搖籃，不容許被判過十年重刑的「匪諜」前科者入學。訓導主任一副「愛莫能助」的樣子，我只得匆匆辦了退學，第二年為了滿足長年來想用原文閱讀左拉、莫伯桑、雨果、以及波多雷爾等大師作品的願望，以第一志願考上了淡江文理學院夜間部的西洋文學系法文組。我這三十歲的「歐吉桑」學生，由於自己興趣所在，仍能以班上第二名的成績贏得了獎學金。不過有了臺北師專的教訓後，我不管求學、求職都盡量的隱姓埋名，更不敢讓人知道自己「匪諜前科」的底細。

在求職方面，我曾經看報紙去應徵新開幕飯店的服務生，強調我會英語會話。但可能已年屆三十，人家嫌我當服務生太老而未被錄取。後來報考位於重慶南路的金融《徵信新聞》，是金融銀行界的專業報紙。考過中日文翻譯的筆試後獲得錄用。我把匪諜前科坐牢十年的事情照實以告，就在那兒工作數月。但將近年底時，該社社長涉及與人訴訟案，管理部門認為有我這種前科的人對報社會有不利影響，遂在新年將至的時節把我開除。之後應徵考入赤峰街的寶石出版社，是當時一家最大的

蔡焜霖夫婦抱周歲的兒子（蔡焜霖提供）

漫畫出版社。我擔任日文翻譯成中文的工作，薪資以件計酬，收入不甚穩定。工作一陣子後，經我小學恩師、那時已成為我岳父的楊明發老師，請託他日治時期臺北師範學校的老同學介紹，轉任東方少年月刊社擔任編輯。當年「東方少年」與「學友」並稱兩大兒童雜誌，極受小讀者歡迎。可惜好景不長，這兩大雜誌遭受新興的漫畫週刊及漫畫大王等的競爭壓力，後來被迫停刊而轉換成專門出版漫畫的文昌出版社。我繼續任編輯，但工作態度及能力受到老闆廖文木先生的肯定，凡是編輯、排版、印刷、裝訂以及行銷等業務都讓我參與，在老闆和我兩人合作無間的努力下，公司業績蒸蒸日上，文昌出版社很快發展成為漫畫界的龍頭。

在臺灣經濟發展過程中，一個出獄人的浮沉

國華廣告幸遇生命中的貴人許炳棠先生

　　那段日子白天在文昌出版社工作，夜晚就讀淡江文理學院。在一九六三年某一日在報紙上看到國華廣告公司徵人消息。在當年臺灣經濟正要起飛的關鍵時刻，我很想百尺竿頭再進一步，去不同的業務領域尋求發展，便把履歷表以及中日文的自傳寄去應徵。歷經書面審查以及筆試等層層關卡的篩選，留到最後面試的階段。主持面試的是總經理許炳棠先生以及當時國華唯一的經理林溪瀨先生。面試進行一段時間後，許總經理說：「你筆試以及自傳的日文都寫得很好，可是面試時一句日語都沒說，是否只會讀和寫而不會講日語？」，我答以「總經理不用日語問我，當然就沒有機會用日語回答。」於是許總經理開始用非常流利的日語發問，我也都能對答如流。後來總經理說：「你自傳裡說喜愛日本文學，可否背一首日本詩人的詩給我聽？」他這麼一問正中我下懷，因為當時我才結婚不久，追求女友期間寄情書抄寫過不少日本詩人的詩，於是當場找一首簡短的西條八十的詩〈嘆きたまいそ〉背誦了起來。

　　許總經理聽我背誦完，忙誇獎之餘說：「你背誦得很好，那麼我也背一首回敬你」，於是高聲朗誦了日本文豪島崎藤村的名詩〈初戀〉。

　　許總經理用充滿感情的聲調背完了足足比我長兩倍多的長詩，就當場告訴我明天就可以來上班。然而文昌出版社的廖老闆器重我很深，一直要留我。使得真正到國華報到當 Copywriter 是整整三個月以後的事。在國華上班還不到一個月時，有一天許總經理叫我下班後留下來和他一起加班，他要把公司規章訂定得更加完整，希望我能把他口述的條文一一寫下來。於是那一天大多數同事都下班後，我陪著許總在總經理室，夾著偌大的辦公桌面對面坐下來，總經理講一句我就寫一句，這樣忙了大約一小時多。總經理說我們休息一下喝個茶吧，我把茶杯拿起端到嘴邊時，許總突然冒出一句話：「今天警察來找你。」聽到這句話，我把茶端到嘴邊的手忽然開始發抖，想著「這下完了，明天又要和這家公司說掰掰了。」許總看到我這樣子，以和藹的語氣說：「放心好了，我已經跟警察說你在我們公司很認真工作，我會替你擔保，以後不用再來找你麻煩。」——聽了這句話我眼淚幾乎要奪眶而出。心想有這樣的老闆，我這輩子一定要死心塌地為他效勞，報答他的恩情。那一夜完成了工作等我向總經理道晚安告辭的時候，總經理輕輕說道：「我內弟（夫人弟弟）也因案被槍決」——語氣中充滿著很深很深的哀傷和心疼之情。

　　那一年我在國華廣告努力扮演廣告撰文員的角色，更盡力去學習和充實市場行銷和廣告方面的新知。當時臺灣的經濟發展正處於起飛階段，較大規模的廣告客戶大多數都是日商，或是臺日合作的企業。在這種環境下，我的中日文能力就較有發

揮的空間，也因此受到許總經理以及客戶的欣賞肯定。於是進公司第二年總經理就提拔我當新設立的「專戶室」主任，專門為當年公司最大的客戶「臺灣松下電器公司」提供廣告服務。那是一項很艱鉅的任務，我日以繼夜想把工作做好，卻心有餘而力不足，常常還要麻煩許總經理跟我一起到客戶公司挨日籍主管的批評指責。

《王子》雜誌的榮耀與破滅

到了一九六六年，政府早年公布的「連環圖畫輔導辦法」付諸實施，也就是說從此出版漫畫書，必須事先送請國立編譯館審查才可以印製發行。這麼一來屬於中小企業型態的漫畫出版社不堪資金的積壓及成本的增加而紛紛倒閉和關門。我從前服務的文昌出版社也撐不下去，傳出準備結束營業的消息。許多往年同事七、八個人一起到國華廣告來找我，要求為他們找出一條生路。我先介紹其中一兩位考進國華，但公司無法收容所有的人。經過大家多次商量，曾經考慮過創設一家製作動畫影片的公司，但當年臺灣只有臺視一家電視台，覺得 Animation 動畫還沒有成熟的市場只好作罷，後來才考慮創辦兒童雜誌，最後拍版定案把雜誌名稱訂為《王子》半月刊，一個月發行兩次。只是創立一家雜誌社需要資金和負責經營的人，大家叫我一定要實質參與才行，拗不過以往同事的請求，我只好硬著頭

皮去向許總經理請辭，最後還動員妻子到總經理陽明山上的住所去懇求才獲得首肯。第二天早上許總經理讓我們夫妻倆搭他專車下山時，很誠懇地跟我說現在辦兒童雜誌為時太早，如果再慢五年，他願意參與投資讓我去充分發揮。然而當年文昌的同事大家都失業了，我無法再等五年啊。許總還要我承諾，有一天要離開雜誌社就一定要回來國華廣告服務。在許多過去獄中難友出獄後謀職困難的當年環境中，許總經理這番好意令我感動得說不出話來。

　　生命中最早一位貴人，也就是小學恩師楊明發先生，那時已經是我的岳父。他畢生獻身教育界，對我創辦兒童讀物持肯定的態度。我懇請他參與投資並且擔任我們雜誌社發行人和社長。《王子》一創刊，由於當時兒童讀物極度缺乏，《王子》的編輯和印製都求盡善盡美，使得發行量屢創新高，公司業績

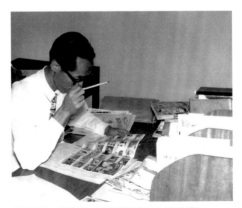

蔡焜霖在《王子》雜誌編輯部的工作身影。
（蔡焜霖提供）

也蒸蒸日上。在這中間，往年綠島的難友陸續釋放回來，找不到工作的我盡量設法請來雜誌社幫忙。先後到王子來一起奮鬥的，共有張景川、吳澍培、周子良、陳孟和、陳東光等多位同學，使得王子雜誌社一時變成三重警察局的眼中釘，隨時來盤問，也常在夜間來臨檢。這種時候，在三重國小當老師而且很受校長和家長敬重的我妻子，每次都扮演我的擋箭牌。有了她，很多難題都獲得化解。

蔡焜霖在《王子》雜誌舉辦全國兒童畫展時的照片
（蔡焜霖提供）

　　《王子》除了辦雜誌以外還舉辦了「全國兒童畫比賽」、「國際兒童晚會」、「老師與讀者家長座談會」、「國際兒童畫作品全臺巡迴展」等等多彩多姿的各種活動。一九六八年夏天還協助臺東縣紅葉國小棒球隊來臺北參加全國少棒賽而勇奪冠軍，接著在迎接日本隊來臺進行友誼賽時捐贈球衣球具給紅葉隊，終能對我國少棒進軍世界做了棉薄貢獻。只是我個人年少被關了十年，覺得人生起點比同儕慢了很多，焦急之餘一心要急衝快衝，一直擴大事業範圍，《王子》之外還創辦《幼年》及《公主》雜誌，並且自設印刷廠和裝訂廠，從企劃、編輯一直到排版、印刷和裝訂都一手包辦，導致原先就不是很健全的財務體質變得更加脆弱，而在一九六九年中秋節前後兩次颱風來襲，設在三重市的雜誌社和印刷廠及裝訂廠全部被淹沒，我負債二百四十萬，《王子》雜誌終告倒閉。為了不辜負數千長期訂戶小讀者，設法安排接手人後黯然離開了苦心創辦和奮鬥三年多的《王子》雜誌。

隱身國泰關係企業十七年

　　當年中小企業要爭取銀行融資非常困難，資助我而被我倒債的都是好心幫忙我的親朋好友，包括破例為我銀行貸款做連帶保證人的國華廣告許董事長以及大洋廣告楊基忻董事長（我妻子的堂叔）。公司倒閉，我愧對這些支持我最多卻被我牽累

的親友，夫妻倆心灰意冷之餘，抱著剛出生未滿周歲的嬰兒遠
走臺灣尾，一度想跳海葬身於巴士海峽的蔚藍滄海中。但不忍
無辜小生命陪死，遂先跑去遠嫁屏東縣潮州的二姊家託孤，卻
被二姊和姊夫看出破綻，一天二十四小時緊盯著我們並不斷好
言規勸。後來在她們的鼓勵下才重回臺北，由當時在國泰人壽
保險公司當經理的外甥王政雄介紹，報考該公司當年甫創設的
「淡水教育中心」，擔任保險教育教材編譯及講師的工作。那
是我出獄後工作最輕鬆愉快的日子，每天搭公司交通車準時上
下班。但是我因揹著一身債又牽累很多人而愧對親友，搭車或
路上行走頭都低低的不敢抬頭見人。王政雄趁翌年赴日研修之

蔡焜霖在綠島人權園區教師體驗營解說「王子雜誌」。（國家人權博物館籌備處提供）

便，成功邀請日本的保險大王原一平先生來臺訪問，在國泰人壽全臺各地巡迴演講。我受外甥之託全程陪同擔任現場翻譯，使得聲名大噪，連國泰機構創辦人蔡萬春董事長都認識了我。原一平先生訪問結束後，有一天基隆警察局派人到國泰人壽淡水教育中心來，因《王子》倒閉時跳票連連，我觸犯了票據法而被逮捕，經由基隆警察局再送到臺北地檢處看守所。正在等候被移送到龜山入監之前，蔡萬春董事長伸出援手，支付二十萬元罰款把我保出來，以後就由我每個月薪水無息扣還。

蔡萬春董事長看重我國華廣告公司的經歷，把我從國泰人壽「淡水教育中心」，改調他的三男蔡辰洋總經理創設的國泰建業廣告公司，由業務部副理，再調升開發部經理。工作一年後調回國泰人壽公司，擔任蔡辰男副董事長的秘書。辰男副董事長嗜好讀書並喜愛蒐集中西書畫作品。我在他囑咐下籌設國泰美術館並任首任館長。館藏本來以明末以降的中國書畫為主，卻也在留學西班牙名畫家林惺嶽先生斡旋下與藝術家雜誌社合辦「二十世紀西班牙畫展」而轟動一時。蔡辰男先生後來接任國泰信託投資公司董事長，並吩咐我於一九七九年籌設百科文化事業公司，由張詩經先生就任總經理，派我任總編輯。一年後公司規模精簡，張總經理離職，從此公司經營全盤責任落在我身上。前後出版了「二十一世紀世界彩色百科全書」、「學生音樂百科」等書，到一九八三年更創刊以年輕女性為對象的《儂儂雜誌》。然而當百科文化業績蒸蒸日上，正要更進一步朝著編製一部能代表我國的百科全書之路邁進之時，於

一九八五年二月爆發了「十信／國信事件」，包括百科文化在內多達四十多家的國泰信託關係企業都遭遇前所未有的風暴，面臨生死存亡的關頭。

事件的源由應該從一九八二年蔡萬春董事長次子蔡辰洲先生被延攬加入國民黨並當選立法委員講起。他當選之後亟想有所作為而結合劉松藩、王金平、洪玉欽等所謂本土派委員在國會組成「十三兄弟」派系積極問政。或許這樣的作為觸犯執政當局的禁忌，在「江南事件」喧囂於社會的那個時期，金融監督管理單位強行檢查臺北第十信用合作社業務，導致該合作社與蔡辰州的長兄蔡辰男所主持的國泰信託投資公司遭嚴重擠兌的情形。結果國泰信託投資公司由交通銀行接管，關係企業紛紛遭受清理整頓的命運。四十多家關係企業的總經理、副總經理等高級主管，全因為所屬公司做連帶保證的關係，銀行戶頭及房屋被查封，紛紛趕往法院辦理夫妻財產分別制以求「亡羊補牢」自力救濟。作為百科文化公司的經營負責人，我先讓創刊不久的儂儂雜誌社與百科文化公司分離而獨立。然後加強公司財務體質繼續奮鬥了兩年，再向蔡辰男董事長報告，有秩序地結束了公司的業務。時隔十七年後的二〇〇二年八月，我晚年生活所賴的銀行存款數百萬遭到法院查扣，差一點全數被沒收，後經貴人協助才獲得歸還。

經濟全球化潮流中重返國華廣告

　　結束百科文化公司業務之後，我還保有「儂儂雜誌社」董事長一職。就在這時候，往年恩人國華廣告公司許炳棠董事長三度約我懇談，希望我能遵守早年承諾回去國華協助他。許董事長已經中風臥病多年，雖然以無比毅力做復健，使健康情況改善不少，卻也年歲漸高，亟需旁邊有個得力助手幫忙他進行經營改革，以求在全球化經濟潮流中力求公司的永續經營。

　　一九八七年返回國華廣告服務之時，日本電通、美商奧美、英商智威湯遜等世界前十大廣告公司全都進軍臺灣投資發展，使得國華、聯廣、臺灣廣告、東方廣告等本土廣告公司遭遇前所未有的挑戰。我在董事長充分授權下，進行公司經營透明化、加強上下左右的溝通、激勵員工士氣、推動事業部制度、加強員工教育訓練等，進行多方面的改革。國華廣告蛻變成一家以創意及行銷服務獲得客戶信賴的廣告公司。尤其著眼於世界經濟全球化的潮流，我由總經理晉升副董事長任內，促成世界最大廣告公司日本電通、以及與本公司早有淵源的中國時報社合資入股，奠定了公司永續經營穩定的基礎。

　　回顧自己一生，由於生性懦弱怕事，反而惹引更多的是非事端。也因此牽累以及陷害了好多最愛護我的親友。如果我沒有那麼軟弱，父親也不會因我憂憤而死。《王子》雜誌遭遇財務危機之時，如果我能勇敢面對、果斷處理，那麼應該也不會

　　牽累眾多提供資金和支援給我的親友。然而，再多的如果、再多的懺悔現在都太遲了、無法彌補我往日的過失。現在只能向我眾多恩人默默獻上心中最深的感激與最虔誠的祝福。

作者簡介

　　蔡焜霖，一九三〇年生於臺中清水，就讀清水公學校，後考入臺中一中，保送高中部，擔任班長，老師叫他參加讀書會。高中畢業後，進入鎮公所任事務員。一九五〇年的某一天，特務突然到家中將他逮捕，因為高中讀書會的同學曾散發「共匪傳單」被捕，供出讀書會名單。他連傳單都沒看過，卻被電擊、拷問，兩個月後被判刑十年。一九五一年移送綠島，一九六〇年出獄。出獄後的蔡焜霖憑著優異的日文、英文造詣，先後在金融《徵信新聞報》、寶石出版社、《東方少年》（後改組為文昌出版社）擔任編輯。後來，進入國華廣告擔任文案撰寫。一九六六年創辦《王子雜誌半月刊》每期發行量高達五萬本。一九六八年蔡焜霖主動協助解決交通及食宿問題，紅葉少棒隊終於獲得全國冠軍，其後又打敗世界冠軍的日本少棒隊，掀起臺灣棒球運動的熱潮，揚名國際。一九六九年《王子》因財務欠佳結束營業，不久蔡焜霖進入國泰機構，先在國泰人壽教育中心服務，後來歷任國泰建業廣告主管、國泰美術館館長、董事長及副董事長秘書、百科文化事業、《儂儂月刊》總編輯等。

　　一九八七年重返國華廣告擔任總經理，並於副董事長任內退休。

白色恐怖過來人講古

吳鍾靈

臺灣換頭家

　　我是「臺灣白色恐怖」的政治受難者吳鍾靈，一九二七年生於新竹市，今年八十六歲。年歲大，看過的世事自然多。其

吳鍾靈家居照（吳鍾靈提供）

中對我有切膚之痛的世事，莫過於「臺灣二二八事件」與「臺灣白色恐怖」。

一九四五年八月十五日第二次世界大戰終戰，接著臺灣換頭家，蔣介石派陳儀一批人來接收臺灣。這一批人把臺灣當作他們八年抗戰的戰利品，而極盡搜括之能事。戰後百廢待舉的臺灣，新統治者只搜括，而不事產業的復興，致臺灣窮到谷底而途有餓莩。戰時的臺灣，日本施行糧食配給，一般平民三餐雖不飽足，但未聞餓死人。餓死人是何其嚴重的大事？莫怪統治不到兩年，臺灣人受不了而以警察路邊打賣私菸的婦女為導火線爆發二二八事件。

二二八事件

二二八事件發生時，行政長官陳儀的軍隊雖屢次出擊，殺戮鎮壓，但其兵力不足以平亂。是以他向南京蔣介石告急求援。蔣也很快地調派軍隊來臺殺戮，從臺灣頭打到臺灣尾，死人無數，但官方說只死了幾百個人。事件平定後，有人比對事件前與事件後的戶口人數而推測事件死難人數為二萬至五萬人。

考黃埔軍校

二二八事件亂平的一九四七年秋，黃埔軍官學校（又名中央軍官學校、又名陸軍軍官學校）第二十二期首次來臺灣招生。

招生報名處設在原臺北州州廳（今之監察院）。我在報紙看到招生廣告而赴考及第。這次在臺灣錄取的新生約一百名，其中外省籍者約百分之十，其餘皆為臺灣青年。這些臺灣青年都看過二二八事件，也有的來自事件遇害者的家庭。我在黃埔軍校的同學林宗和的父親林茂生，就是在二二八事件遇難。

林茂生遇害

　　林茂生是日治時代留學美國哥倫比亞大學的哲學博士，很有漢民族優越感的臺灣人，對日本人不卑躬，是以他雖在臺灣的幾個高等學校任教，有高等官資格，但仍遭受殖民當局的排擠。以他豐厚的資歷，早該給他校長當，但沒有，只給他「囑託」（類似顧問，資政等位尊而無實權的職位）。在校中，校長與林茂生見面必稱「林老師」，而林老師稱呼校長為「○○君」（在日語「君」是上輩對下輩，或老師對學生，或很熟的朋友之間的稱呼），傳為美談。

　　林茂生也是臺灣民間的言論領袖，說臺灣換頭家，是臺灣人的「出頭天」。他很歡迎祖國派來臺灣受降的陳儀一批人。他應邀在臺北市公會堂參加受降儀式時，是唯一漢服（長衫馬褂）打扮的來賓。

　　二二八事件發生時，林茂生重感冒，發高燒臥病在家，雖未出門，但訪客不斷。客談事件，林都會勸客適可而止，應儘

速陳情南京，相信英明的蔣介石會派賢能而清廉的一批人來把陳儀這批人換掉。

　　不久，一九四七年三月十一日上午，一輛臺灣省警備總司令部派來的黑色轎車，從位在錦町（今臺灣師範大學對面一帶）的日式宿舍將林茂生帶走。為尋找林茂生，林妻（王采蘩）還曾署名寫信給蔣介石和白崇禧，探詢其先生的下落，但都沒有具體的回覆。而林茂生從此沒有再回來。

　　林茂生之死，既冤枉，又諷刺。他一生愛祖國，到底被其祖國派來的軍隊「抓去死」；他歌頌蔣介石英明，結局被他英明的蔣介石派來的軍隊「抓去刣（殺）」。

上海逛花街

　　一九四七年初冬，我們這群軍校臺灣新生隊，從基隆港搭中興號輪船出發，翌日到上海，下船等船班，要換船往重慶。船班要等若干天。在上海時，隊友蔡再傳君要我陪他逛上海的花街柳巷。我說：「沒錢買笑。」他說誤會了，不是要去買笑，而是要去找他的小妹。「你的小妹在上海？」經此一問，蔡君才話說從頭。

　　原來蔡君是彰化二水的世家。父蔡天開是彰化縣議會議員。二二八事件時，蔣介石派來的援軍打到彰化，其中一隊打到二水，而在二水國民學校紮營。有一位年輕貌美的老師走避不及。而被隊長叫住。問明姓名、身家後令其回家。

是夜，隊長差人帶著阿兵哥到蔡家來見蔡議員提親。來人直說，二二八事件造反名單中有蔡天開。蔡議員若肯將其女蔡老師嫁給隊長，隊長會感恩而排解蔡議員的造反大罪。

臺灣二二八事件時。政府官員走的走，逃的逃，如無政府狀態。許多鄉鎮都由地方的頭頭出來組織自治性的團體，如自衛團、治安會、自治會、秩序維持會或類似的組織。這些組織，當局認定是非法組織。甚或是叛亂組織而參加的人就是造反，是軍隊要加以消滅的。蔡議員也自知自己的處境，只好答應這門親事。媒人臨別時說軍隊在作戰。很快就會轉移陣地而離開二水，所以明晨就會來迎親。

嫁女救父命

媒人回去後，蔡議員叫夫人到女兒的閨房去通知女兒蔡老師。時蔡老師已有男友，交往熱絡。她當然沒有嫁給陌生人的意願。當她向母親表明時，蔡母竟雙腳跪在地上，向女兒哀求：「我求妳！求妳救救妳父親！」母女擁抱，哭成一團。是夜，蔡母怕女兒自殺，而在女兒的房間陪女兒到天亮，到隊長來迎娶。

二水地方平定後。這支軍隊向南移動。蔡老師自從被強娶出門後，音信杳然。想必恨父母迫婚的無情。犧牲女兒而換來的活命活得快樂嗎？不，女兒的父母每日以淚洗面。尤其蔡父想女兒想到激動時。每每以拳頭搥胸而自言：「怎樣我會這麼傻。來日無多的老人不死，推女兒替我死！」

　　二二八事件不到幾個月就平定了。南京派來的援軍調回大陸去打共匪了。當這支軍隊經過上海時，從臺灣娶來的少婦就賣給妓女戶，因為要赴戰場不能帶眷。在上海的這些不幸的臺灣婦女，有些人寫信回臺灣求救。消息傳遍後，不知傷痛了多少臺灣父母心。蔡家的父母也聽到而傷心欲絕。孝順的蔡君為了安撫父母心，而說要到大陸去把妹妹找回來。

求助同鄉會

　　在上海，蔡君要我陪他的原因是我會講少許的北京語。其實，我雖然學過幾個月的北京語，但在上海講不通，只緣上海人講上海話而不講北京話。在上海街頭，蔡君帶著他妹妹小張舊照片，與我二人，找色情場所挨戶尋問，得到的回答都是「不知道」，這樣有如海底摸針。是以我提議，向上海的臺灣同鄉會求助。蔡君同意。我們兩人東問西問而找到了上海的臺灣同鄉會。會長在巷道內開著一家雜貨店。他鄉遇鄉親，臺語交談，親切之至。會長聽了蔡君來意的表明，笑容漸失。迨蔡君說完，會長說：「歹勢，愛莫能助…。」

　　會長說：「上海的色情場所是黑道幫派的。以前也曾經有個臺灣婦女跑來這裡，求我助她逃回臺灣。太可憐了，我很想助她，但不能，黑道一定會跟著來。必死無疑，無人敢。」我們失望之餘，步出同鄉會。

入學也入黨

船班到，我們上船，離別上海。溯長江而行。航經武漢，沙市、宜昌到重慶，兩岸的宜人風景，蔡君都無心欣賞。找不到小妹的他，要給父母的家書如何措詞，苦思而下不了筆。

吳鍾靈黃埔學生照（吳鍾靈提供）

船到了重慶。我們下船，乘軍車到陸軍軍官學校所在地的成都。校地很大，學校本部在北校場，還有皇城、雙流等地。我們臺灣來的同學被編入二十二期第二總隊的各大隊。我在第一大隊的第三中隊。同學中有來自外國的留學生，韓國的，與越南的。學校為軍事教育的現代化，設有美軍顧問團。

所謂「革命的黃埔」的這座軍校是蔣介石一手締造的。蔣自任為校長。我入學時的校長是關麟徵將軍，而尊蔣為名譽校長。這是國民黨的軍校，學生入學，必須入黨。我當然不例外，只有外國留學生可免。

畢業回臺灣

在學中，國共內戰，越來越對「我們的國民黨」不利，從東北節節敗退。共軍向南大舉進犯，不但北京不保，徐蚌一役，國軍一敗塗地，折損慘重，南京岌岌可危。軍校雖遠在四川，但為應變局勢，而將二十二期學生提前畢業，由國防部命令分發軍中。外國來留學的，各返其母國。臺灣來的回臺灣。

佛寺變東廠

國防部給我的人事命令是到臺灣省保安司令部報到就職。一九四九年九月我去報到。司令部給我的工作是帶兵官，工作

吳鍾靈一九六八年重回臺北東本願寺遺址探望。（劉弘良攝影，吳鍾靈提供）

地點在臺北市西寧南路三十六號，保安處警衛大隊在此。原來這裡是日治時代的東本願寺。這一年國民政府敗退臺灣後就把它改為「東廠」。屋頂圓型（Dome）建築，富麗堂皇的中殿也改成醜陋的監牢看守所。

　　長達三十八載的戒嚴從這一年開始。也是「檢肅匪諜」、「消滅共匪」、「黨員就是情報員」、「寬恕敵人，等於自殺」、「保密防諜」做得最認真、最過分的白色恐怖的開始。交戰或敵對的雙方，互派間諜到對方，被抓到了，除非自殺得逞，否則要忍受刑求的激痛。中外古今皆然。然則臺北這一座「東廠」如何？我在這裡吃飯，在職業道德上，我不能掀開其見不得人的一面。我只能勉強地說，「東廠」背臨的昆明街鄰近民家，深夜往往會聽到「東廠」傳來的悽慘的哀號聲，使人心驚膽戰「起雞母皮」。惻隱之心，人皆有之，忍受不了「東廠」哀鳴的鄰人，一戶一戶地他遷而去，一時成為西門町十室九空的一條空屋街。

爲何要叛亂

　　戒嚴當然會剝奪人民的人權。人無人權是多恐怖的大事，造成家破人亡者有之，妻離子散者亦

吳鍾靈二十三歲時照片
（吳鍾靈提供）

有之。保安司令部就是這種恐怖政策的執行機關。我在這裡工作、受訓、結婚生子到叛亂（參加臺灣獨立運動）被捕，前後九個年頭。

有人疑問，黃埔軍校出身的軍官，都是宣過誓，效忠領袖的蔣軍子弟兵，怎會叛亂？其實，蔣軍軍中叛變的事例之多，不勝枚舉。以二十二期的臺灣學生來說，其中對蔣心存仇恨的也不少，祇緣他們在二二八事件中，若沒有遇到，也都看到蔣軍當時在臺灣的殺戮暴行，而有正義感的臺灣青年，不能無動於衷。

打狗看主人

我因叛亂被捕的經過是，一九五八年九月八日保安處二科的李科長通知我明日九時到他辦公室約談。翌日我準時赴約。一見面，他就用長輩口氣罵我：「你這個小孩子」如何如何，訓我一頓。而後說這個案子由調查局承辦，等一下車子會來載你去調查局，好自為之。

我被送到臺北六張犁的調查局偵訊室的押房。我的幾個「叛亂」朋友早我幾天就來了，分別關在鄰房。我們就在這裡受偵訊。偵訊時，除了我未受刑求以外，其他的都受刑求取供。尤其名叫陳金龍的我友，某夜受到迫供的酷刑而受重傷不能動彈，拂曉由兩個看守把他抬回押房。

　　我之未受刑求原因，是每次要偵訊我以前，調查局都通知保安處來會同偵訊。偵訊時有保安處的人在場，「要打狗，也要看主人面」，調查局的官員特別客氣。

刺蔣是大案

　　幾個月後，調查局偵訊成案，而移送位於臺北市青島東路三號的保安司令部軍法處。兩個月後，軍事檢察官的起訴書來了。接著，黨部開除我黨籍的通知也到了。

　　起訴後，開庭幾次就判決了。判決書指摘：被告陳金龍於民國三十九年後曾利用其兄之漁船偷渡日本多次，居留甚久。

作者吳鍾靈（左）與同案難友陳金龍（右）出獄後合影。
（吳鍾靈提供）

其思想受廖逆文毅臺灣獨立思想之影響。陳返臺後，秘密為臺
灣獨立運動奔波。陳有注射針藥的技能，經友人介紹而常到吳
鍾靈家，為吳之岳父打針，因而與吳成好友。某日，吳的軍校
同學黃深柱來訪，適陳亦在場，吳遂為黃、陳互相介紹。時黃
為總統府警衛營的連長，負責總統府的警衛工作。陳勸黃參加

黃深柱夫婦（前）與政治受難者慶生會切蛋糕，後方為作者吳鍾靈。
（吳鍾靈提供）

臺灣獨立運動。將軍校出身的臺灣軍官團結起來,伺機發動兵變,建立臺灣國。黃表示贊成。陳說我們的同志人數增加到某一程度時,我們再來組織「臺灣獨立革命委員會」,或「軍事委員會」,或類似的組織。

　　接著黃深柱到高雄去找同學林再受,將臺獨運動的情形轉告,並勸他加入。林一口答應,積極從事。林很快地找到他的堂兄林茂雄,要他參加。林茂雄聞言大驚,他說不要上當,我們檢舉它。林茂雄是高雄市議會議員,也是調查局線民。經他檢舉,一干人犯被捕。在調查局的偵訊,陳金龍受酷刑的原因是疑陳金龍吸收總統府警衛營的連長黃深柱的目的在「刺蔣」。「刺蔣」是大案。「破大案、立大功、領大獎」,是當時的情治工作人員的最大願望。

刺蔣案不成立

　　「刺蔣案」若成立,必死無疑。感謝陳金龍兄忍痛耐打,沒有屈打成招而救了我們。我們的判決書也說我們雖有叛亂意圖,但在預備階段,而未著手實行,於是我與陳金龍、黃深柱、林再受等四人,每人各被判處有期徒刑十年。沒死,佳哉!

入泰源監獄

我的十年刑期中，前五年被關在臺北的幾個監獄、看守所；後五年被關在臺東國防部泰源感訓監獄。

人在獄中，與外界隔絕，苦不堪言。這種苦，我被送入臺東国防部泰源感訓監獄後有所改善；有報紙看了！入獄五年來首次在這裡看到報紙，真是喜出望外，雀躍不已，也深深體會現代人對報紙的需要，與日本社會稱呼新聞記者為「老師（Sensei）」的道理。

泰源監獄這裡准許囚犯訂閱《中央日報》與《新生報》，也准許囚犯投稿報社賺稿費。稿件的寄出，監獄當局會檢查。是以稿件幾乎都是保健、美容、醫藥、觀光，文藝之類的作或譯，而避開政治性的。我也開始寫稿了。

投稿賺稿費

泰源監獄內的我們這些囚犯朋友中，寫稿寫得最勤、最多的，首推王沿津老師（他當過記者，故稱老師）。王老師大過我十六歲。江蘇人。上海東亞同文書院出身、日本京都帝國大學留學，抗戰時，曾在張羣下面做過事。他與我同一押房時，喜用日語與我交談。不久他被召出去做外役，在獄內的圖書室工作。他請外面的朋友寄來一些外文書刊，供他翻譯，投稿賺錢。有時候，太多譯不完的文件，會拿來給我譯，給我有錢賺。

難友施明正（施明德的大哥）在獄中為吳鍾靈畫在明信片的素描畫像。（吳鍾靈提供）

買路出上海

王沿津入獄的原因是民國三十八年政府從上海撤退時，他沒有跟上撤退而留在上海，但一心一意想離開而找匪幹買路。兩年後，買路終於買通而到香港，而後到臺灣。他帶來一些錢，在臺北臺大附近買了一棟宿舍住。臺北的官場，有不少是以前的上司、同僚、同事，所以人際關係很好，而他也當日本《朝日新聞》臺灣的特約記者。不久，他在交際界認識了一個交際花 K 小姐。兩人都是上海人，很談得來，很快就成為情人。

有一次餐會，王老師帶 K 小姐參加，遇到王老師的老朋友趙先生。王老師為趙、K 介紹。趙看 K 明眸皓齒，面如冠玉，走起路來，搖曳生姿而喜形於色說：「對了！就是她（指 K 小

姐）！」原來，王剛到臺灣時，曾拜託趙代為謀職，迄今無成。今天看到這美女，他知道他的主子所喜愛的正是這種貨色。所以說王走運了，可以換來你想要的職位了。是夜回家途上，王沿津越想越不對，他沒有想用美女換官職的意思，何況與女友日久生情，於是決意不割愛。

抓人與奪美

趙先生不斷來的電話，王沿津窮於應付；乾脆藉口旅行而逃離臺北，暫居板橋朋友家。不多久，調查局人員就把他抓走了。調查人員問：「你自己也說過在上海曾與幾個匪幹見面，你若沒有受匪命，會讓你走得出上海嗎？」王答：「見匪幹是送錢買路。」「鬼相信？用刑！」把王的雙手綁起來吊，雙腳離地。肥胖形的王受不了，哀嚎不已，「認了！認了！」王被送到警總軍法處時，四肢之痛尚未完全消除。他接到起訴書，看內容，憂慮不已。開庭時，陳述刑求經過，並舉證，求法庭傳召刑求當時與他同牢的某某人。下次開庭，果然看到某某人來做證。

證人說刑求

證人說，某夜，王被押出押房，拂曉時，兩個人扶著他回來。他兩手好像癱瘓，不能拿碗筷，吃飯由我餵他。他行廁時，

王沿津生前留影,他是上海人,曾留學京都大學。(吳鍾靈提供)

拿衛生紙的手指頭,達不到肛門…。軍法官採信了這個證人的證詞而判王有期徒刑十年。佳哉!命保住了。

王老師十年的刑期屆滿出獄後,住在中壢朋友家。我先他出獄,他也來臺北看我。我也為他接風洗塵。席間我也問他有沒有找 K 小姐?他說一出獄門就找找不到,不得已而硬著頭皮去問趙先生。趙說 K 已定居美國,很好。王與 K 既無婚姻關係,也不是夫妻,王想不再打擾她了。

三年後的某日,王老師中壢的朋友來電話,說王老師在二樓的樓梯跌倒,腦震盪,已送入臺北臺安醫院。我急赴醫院探視,看到他躺在病床上,不能言語,很嚴重。幾天後就往生了,哀哉!

王老師對十年牢獄之災很不甘心,說要寫傳記。即使不能

立即發表，也要等到可以發表的時候出書。到底王老師寫了沒有？我沒問他中壢的朋友。

作 者 簡 介

　　吳鍾靈，一九二七年生，新竹人，陸軍官校二十二期畢業，一九五六年於臺灣省保安司令部擔任上尉情報官時，與經常到他家為他岳父注射針藥的陳金龍認識。陳金龍是基隆人，出身臺大熱帶病研究所，深具臺灣意識，戰後偷渡日本多年，受到廖文毅臺獨建國的影響。有一次吳鍾靈與同袍討論軍中新兵訓練團的事情，陳金龍剛好在座，鼓勵吳鍾靈繼續留營服役，伺機掌握軍權，推動臺灣獨立。他們便構想以「反共產黨，反國民黨，臺灣獨立」為口號，組織臺籍軍校同學成立「臺灣獨立革命委員會」。為籌募活動資金，吳鍾靈找到同為官校二十二期，但後來中輟在化學工業公司擔任推銷員的林再受。吳鍾靈再介紹陳金龍與林認識，不久，特務循線將吳鍾靈等逮捕。一九六〇年九月七日，吳鍾靈被以「意圖以非法之方法顛覆政府」而判刑十年。出獄後一直默默為難友做事而不為人知，包括：籌組政治受難者的慶生會（後來變成政治受難者聯誼會），照顧被槍決的詹天增的盲眼母親，也為黃紀男、曾國英、陳庚辛等數十位已故難友寫出動人的故人事略。

我為何走進黑牢

蔡寬裕

二二八事件對我的思想影響深遠

　　一九四五年八月十五日二次大戰結束時，我剛升上小學六年級不久，雖尚是懵懂之齡，也跟著大人們歡欣鼓舞迎接「祖國」的來臨。臺灣人懷抱著祖國夢，以為從此脫離日本的殖民統治，可以過著有尊嚴的一等國民的新生活，但這個期待不久即告破滅，意想不到來臺灣接收的軍隊不但服裝不整且軍紀敗壞，搶劫殺人、強暴婦女等等惡劣事件無日不有，不斷發生軍民衝突。接收大員以戰勝者姿態把日人所留下的大批軍需物資以及工廠機器，甚至連飛機都拆解運去大陸變賣，來臺官員不學無術且生活腐敗，大肆搜括民脂民膏，堪稱貪官污吏，當年民間流傳著一句話：「五子登科」，用來形容官員無論金子、房子、車子、女子樣樣都要。

　　官員如此貪腐，但老百姓卻民不聊生、經濟蕭條，人民找不到工作普遍失業，失業人口日增而物資奇缺，物價一日三漲，

貨幣貶值導致紙幣變草紙，民怨日深。這些情況誠如當年在臺灣上演的上海電影《一江春水向東流》、《天亮前後》，以及臺灣劇作家簡國賢先生所寫之劇本，並於臺北公會堂上演的話劇《壁》，這些劇情所描寫的正是二二八事件發生前夕，臺灣社會黑暗面的真實寫照。二二八事件並不是偶發事件，而是必然會引發的抗暴行動，臺灣人民對陳儀的統治不滿情緒已達到臨界點，只要有一點星星之火即足以引起燎原之勢。

　　二二八事件發生時我已是十四歲的初二學生，當臺北爆發事件消息傳至臺中，三月一日臺中仕紳於臺中戲院召開市民大會，各界民間領袖輪流上臺演講，抨擊陳儀施政不當。二二八

二○○二年三月接受中研院訪問。（蔡寬裕提供）

事件發生時，家父因上海貿易滯留臺北，交通中斷無法返回臺中，「家中無大人」，家母又管不住我，自小就好動且「好事相」（好奇心重）的我，當天也去臺中戲院聽演講。演講結束後，群眾結隊敲鑼打鼓遊行至臺中市警察局，要求警察繳械，當場被打死一人，群眾激動衝進警察局倉庫，打開庫門搬出大批日人留下的軍刀與武士刀，民眾開始武裝起來，當時我也在現場湊熱鬧，目睹這一切的發生。

三月三日，臺中師範學校體育教員吳振武（曾當過日本海軍上尉），在臺中廣播電臺廣播，號召復員軍人於臺中公園集合報到，編組民軍二七部隊，由其任指揮官。臺中各中等以上學校也自動組織學生軍，計有臺中農學院隊、臺中師範隊、臺中一中隊、臺中商業隊等維持臺中治安。當年參加學生軍都是高年級學長，我這個初二學生也不甘寂寞「好事相」去湊熱鬧，參與臺中女中學生等婦女團體，組成伙食團，埋鍋燒大鍋飯、捏飯糰等供應前線民軍。我趁扛飯糰及手榴彈上卡車的機會，爬上卡車隨隊到戰場觀戰，例如攻擊第八部隊戰役我也身歷其境「觀戰」。

事件期間（三月一日到三月九日）我每天都跑到二七部隊指揮部（前臺中市役所），跟在謝雪紅旁邊跑來跑去看熱鬧，當年謝雪紅指揮二七部隊作戰，身著黑色西裝，頭髮梳著髮髻，皮膚黝黑，眼睛炯炯有神，腰間還插著雙槍，真是非常威武的一位女中豪傑，當時我就把她當英雄崇拜，三月九日二七部隊要撤離開臺中時，那天傍晚在作戰指揮部聽到謝雪紅與其姪兒

蔡寬裕坐牢時的照片（蔡寬裕提供）

（叫她阿姑）一段對話，縱然事隔六十餘年，迄今仍然歷歷在目，記憶猶新。

　　自三月八日陸軍整編二十一師與憲兵第四團登陸基隆大開殺戒，一路殺到高雄屏東，清鄉三個月大舉捕殺臺灣菁英與知識青年，我所就讀的臺中商校也多人殉難，一些脫險避難的學長雖逃過二二八這一劫，卻逃不過五〇年代白色恐怖這一關，又有多人殉難。當年軍隊槍決人犯的刑場設在臺中體育場或是旱溪溪埔行刑，且不准家屬收屍，必須曝屍三日示眾，中國軍

隊未經司法程序的無差別殺戮，這種野蠻暴行可謂屠殺。我雖不是二二八受害者或家屬，但親自目睹中國軍隊的暴行經過，幼小心靈受到很大的衝擊，對國民政府不滿與反感從此萌芽，而在這個大時代中，受到二二八衝擊的不只我個人，與我同輩的青年普遍都受到莫大的影響。

劉自然事件

就讀東吳大學時期，每逢假日回臺中時都會去探望私淑老師張深切先生，我的臺灣意識與臺獨思想受其啟蒙。一些就讀大學的青年朋友時常聚集於張深切老師家，老師於臺中戲院對面巷內開一家聖林咖啡館，臺中老一輩藝文界人士經常聚集於此暢談時事，我輩青年亦深受老師教誨與薰陶。一九六〇年我接辦新生商職便受到老師支持與鼓勵，許多人際關係都是由他老人家幫我介紹安排。

一九五七年五月二十四日發生美國大使館、美國新聞處遭群眾攻擊事件，事件發生的原因是駐臺美軍雷諾射殺臺灣民眾劉自然引起的。中美協防條約訂有駐臺美軍涉及刑事案件由美軍軍事法庭自行審理，我國司法不得干涉。五月二十三日駐臺美軍軍事法庭以雷諾槍殺劉自然係屬正當防衛為由宣判雷諾無罪，當日即將雷諾送往沖繩，翌日（二十四日）報紙報導此一消息，引起我國民眾不滿。劉自然遺孀到美國大使館舉牌抗議，

學生群眾聲援，群眾情緒一時失控騷動，投擲石塊攻擊大使館，
並燒毀美國國旗，警察隨即逮捕民眾，於是群眾轉向包圍警局
要求放人，警察又自警局樓上開槍射擊，當場有人受傷，群眾
機動推翻警車且放火燒警車，下午六時臺北衛戍司令部宣佈實
施戒嚴，出動軍隊鎮壓，群眾一直到了午夜才開始離散。

蔡寬裕年輕時的照片（蔡寬裕提供）

　　當天發生的幾場衝突我都不在場，不過晚間聽聞有群眾受傷送臺大醫院就醫療傷，我與幾位同學到臺大醫院慰問受傷民眾。當天晝間我在學校時曾談論中美協防條約簽訂駐臺美軍享有治外法權的不當，因為免轄權是外交官所享有的特權，而讓駐臺美軍視同外交官享有免轄權是一種喪權辱國的不平等條約，與當年上海租界無異。這一段談話被學校裡面的職業學生盯上，五月二十六日情治單位開始大逮捕參與者，我當即回臺中避風頭，詎料六月一日深夜，我於家中遭情治人員逮捕，當晚以吉普車送往臺北調查局偵訊，兩星期後移送青島東路三號警總軍法處，而當晚被移送的人大約有一百多人，這些人都涉嫌五二四事件，由於人數眾多，軍法處整夜燈火通明，通宵達旦的開庭，一直到天亮才訊畢送入看守所收押。為了與老囚隔離，看守所騰出五間大押房收容五二四事件涉嫌者，過了一個多月只開過一次偵查庭。有一天吃過晚餐，獄卒來點名，叫我去開庭，通常開庭都在白天，因此我問獄卒為何要夜間開庭？接著獄卒又叫我把東西一併帶出去，還說道：「讓你回家啦！」同房同囚者聽到都異口同聲問道：為什麼只放他一人？結果我被帶到軍法處辦公室，當場已有調查局特務等在那裡要接人。辦妥了離所手續搭上吉普車又被送回酒泉街調查局第一偵訊室，關在那裡的押房兩個多月未曾傳訊，我與同房有一位建國中學熊姓教員說，除了剛送來這裡時曾偵訊過幾次之外，這一年多來未曾被提訊過，我一聽他這麼說，心裡著實著急恐慌起來，如果我像熊老師一樣被關著幾年都不聞不問怎麼辦？兩星期後

有一天吃過午餐睡午覺時，獄卒來提訊，又叫我把東西帶出來，這次被帶到辦公室又看到在臺中逮捕我的特務站在那裡等我，辦妥了離所手續，由他帶我到臺北車站搭火車回臺中，到臺中調查站報到，我父親接獲通知到臺中調查站接我回家，一直到了臺中調查站我才被告知，我是受到「保護管束處分」，必須限制居住，如須離開臺中則需要事先向調查站報備才能離開，同時，每週還必須到調查站報到一次，交生活報告與讀書心得，並報告交友情況，而這種管制大約過了一年才結束。

赴日進修接觸臺獨，被捕坐牢

　　獲釋後經師長推薦到母校任教，一九五九年教育廳公佈獎勵教員進修辦法，我父親透過關係向調查局疏通獲得同意讓我出國進修，於是向教育廳提出申請留職停薪，自費出國進修獲准。留日期間，經同學陳再福姻親楊君引見廖文毅臺灣共和國臨時政府要員簡文介先生。由於我赴日是短期進修，終要返臺工作，因此與臨時政府人員見面都隱密進行，以免暴露身份。一九六〇年返臺即辭去母校教職，接辦私立新生商職，以接辦人身份接替學校創辦人地位與代理學校校長職務，並進行董事會改組與學校改制事宜，當一切改組與改制就緒之際，一九六一年五月間小學同學李森榮君散發主張臺獨的傳單被其服務之臺中市漁市場同事溫姓駐衛警向臺中憲兵隊檢舉，由於

傳單內容鼓吹臺灣獨立之主張，情治單位從傳單內容判斷可能有組織之行為，便組成專案小組長期跟蹤、偵查。李君被逮捕後供認傳單資料得自我處，同案被逮捕八人，四位李君同事，另外四位為我的同學，但只有三人移送軍法處起訴判刑，其餘五人則另案處理。一九六二年移送警總軍法處看守所候審，羈押於看守所一區四房，當時同房難友韓若春、蔡秉堃、蓋天予、黃祖耀、嚴君川與鍾盈春等六位被判死刑。

我與死囚同房的日子

二〇一一年六月中旬，我應文建會臺東美學館的邀請前往臺東跟綠島參訪，其中包含三年前建立的人權紀念碑。站在有八千多人政治受難者名單的碑前，我默默細看，首當其衝的就是死刑犯名單，其中有幾位在一九六二年時，跟我在青島東路警備總部看守所同房，我看到蓋天予、嚴君川以及鍾盈春的名字，他們的遺願以及遺憾幾十年來都一直擱在我的內心深處，不曾消失，無限感慨。

未完成的遺願——蓋天予的故事

一九六二年九月，我被送去警備總部軍法看守所一區五房，這是改造前的舊押房，規矩是新來的要睡在馬桶邊，我進去時，

二〇一一年蔡寬裕（右）與難友前輩吳鍾靈（左）重返綠島時合影。（曹欽榮攝影）

睡馬桶邊的是陳三興興臺會案的淡江大學學生王清山，他看我是一位老師，對我很客氣，反而讓我睡馬桶前面一舖，是個很清純的學生。當時同房的難友還有蓋天予跟蔡金鏗等十多人。

因為我從調查局是空手來，沒有接見或接濟，所以也沒有日用品，王清山立刻開單買衛生紙、毛巾、牙刷、臉盆等給我。幾年前我曾因為涉及五二四事件在看守所關過兩個月，當時我們是同一批人送往押房，所以沒有經歷過這種老囚、新囚的相處經驗。

一九六二年我被逮捕的時候是夏天，我穿著西裝皮鞋在臺中調查站被審訊一個月沒洗澡。其中在調查局臺中調查站連續進行一週，日夜二十四小時不停的疲勞審問，也就是足足七日都不曾闔眼。由調查局、警總保安處、憲兵司令部跟省警務處保防室等單位組成專案小組，四人一組，每次兩小時輪流上陣，二十四小時不曾間斷疲勞審問，整整一個月之久不曾躺過床、睡過覺，極其疲累不堪，精神不濟，體力不支的時候，審問者休息我才能靠在沙發上休息一下。在這種情況下，整整一個月不曾漱口、洗面、洗頭，更不用說，洗澡根本就是不可能的事情。在五月燠熱的天氣，滿身臭汗又不能洗滌的情況下，導致口腔潰瘍、皮膚潰爛，尤其是兩股下身以及足趾之間更加嚴重。

一個月後轉送調查局第一偵訊室，也就是一般所說的新竹偵訊室，該偵訊室設置於新竹少年監獄，由少年監獄撥出一棟舍房供調查局使用。第一偵訊室設有押房，不問案的時候可以待在押房睡覺，每週有三次洗澡的時間，但潰爛的皮膚未獲治

療，因此不能穿緊身的窄內褲，內褲與潰爛的皮膚摩擦就會導致出血。因此當我九月我被送去警備總部軍法看守所一區五房之後，同房的難友蔡金鏗知道我的狀況就請住在臺北的家人用紗布縫製數條內褲進來讓我穿，也送來日本製的フルコル藥膏讓我治療，不久潰爛即痊癒，儘管已經經過將近半世紀的時間，但是這種同難相扶持的溫暖，仍然讓我時時刻刻銘記於心。

　　一區五房的對面是三房，入所當日晚餐後，大夥在押房內轉圈散步，三房有一位難友將手伸出木頭欄杆向我打招呼，因為照明昏暗視線不明，不識何人，經向同房難友探問，始知此人為吳夢禎。吳夢禎在調查局第一偵訊室時跟我同房，來到這裡，看到對方打了招呼，我看到他帶腳鐐知道被判死刑。

蔡寬裕在泰源監獄時留影。（蔡寬裕提供）

　　隔沒幾天是農曆八月十四日，中秋節前夕，對房的吳夢禎竟然在這個象徵團圓日子的前夕被拖去槍斃，對我造成很大的衝擊。吳夢禎在中國時是平津鐵路局局長，解放後，自香港隻身輾轉來臺任職大雪山林業公司財務經理，在臺無家眷，與我在新竹調查局第一偵訊室同房過。吳夢禎一審被判十五年，不服上訴改判無期徒刑，不服再上訴改判死刑，判刑的唯一證據是他寄《中央日報》到香港給中共駐港人員，僅此而已，非常荒唐。

　　五房裡面有十幾人，裡面有一位難友蓋天予，山東人，留學日本慶應大學，日語嫻熟，畢業之後回去中國河北唐山，抗戰勝利之後時任廠長的蓋天予跟東南鹼業公司董事長李楨林來臺接收東南鹼業公司。

　　沒多久舊押房翻修，所以我們拆房搬去樓上不同房，兩個月後搬回樓下，我分配到四房，又跟蓋天予同房。他是個極度小心謹慎的人，沉默寡言，有時會被人欺負，小心謹慎到放封時也會把起訴書放在身上帶出去，絕不離身單獨放在押房內。起初，沒有人知道蓋天予為何會被起訴二條一項，同房蔡光武笑說如果蓋天予被判死刑的話，一定會嚇到昏死過去。

　　一九六二年十一月，蓋天予被判死刑當天，扶回押房時的確腳軟不能行走，那段時間幾乎呈現癱瘓狀態，吐大氣。同房對於外省人很冷淡，而我基於同是受難，所以這段時間我會盛粥或泡牛奶給他喝，做一些照顧他的事情，雖非刻意，卻也因此建立了一些信任的感情。我鼓勵他要提出上訴，他接受了，

後來寫出上萬字的上訴書答辯狀，寫字非常工整，即便已經判了死刑，寫出來的字仍然像是刻出來的一樣工整漂亮，還逐條向我解釋案情，自此我才知道他的案情。

他在臺灣唯一的親人，是住在基隆的國大代表，但是從未來接見過他。蓋天予判死刑之後，曾寫信給這位親戚要求他代為請律師。有一天副所長謝鴻鈞調他出去談話，原來謝鴻鈞跟他的親戚相識，親戚要他代為轉達沒有律師敢接這案子。他被送回來押房時，整個鐘頭一直猛吐大氣，讓我聯想起京劇裡面吹鬍子飛揚的場景，而且也讓我體認到伍子胥一夜白髮的震撼。連同蓋天予在內的幾位死刑犯在被判死刑之後，短短一週內，頭髮都會變成赤紅色，完全失去光澤。

在我們勸說之下，他的心情慢慢平靜下來，這段時間裡面我罹患感冒，我在裡面也跟外面一樣穿西裝，但是因為西裝沒有領子，所以他拿一件呢料的中山裝給我穿，對房的陳智雄見狀用日語責備我：「我們是臺獨的，怎麼可以穿那種衣服？」陳智雄不知道蓋天予是留日的，也懂日語。

看守所裡面有書籍出借，其中有一本《原子淺論》，原本書上面沒有介紹譯者詳細資料，蓋天予在扉頁上面工整地註記了譯者的生平事蹟，他拿給我看，原來譯者是前清華大學理學院院長陳之藩。陳之藩是跟他同時從中國來臺灣接受東南鹼業公司的助理員，後來因為感情問題決定前往美國留學，當時是蓋天予借他三千元美金前往美國唸書。後來陳之藩賺到錢之後曾表示要還錢，但蓋天予叫他先留著就好。

　　蓋天予語重心長拜託我，如果我有機會，請告訴陳之藩，他到死都是含冤的，也委請陳之藩將他的骨灰送回中國故鄉。一九六三年三月，我調臺東泰源監獄，監獄當局准受刑人訂閱《中央日報》及《新生報》。一九六四年，《中央日報》副刊長期連載〈劍河倒影〉，作者為受清華大學之聘，返國任客座教授的陳之藩，當時幾次欲提筆與陳之藩教授通信，但限於監規不能通信而作罷。一九七五年結訓返北後，曾去清華大學探問陳教授之下落也沒結果，因此一直到今天都未能完成蓋天予的遺念，心中十分惦記。

　　蓋天予膽子很小，但是他在寫上訴狀紙時曾告訴我，「莊先生（註：作者原姓莊），我這支派克筆就留給你做紀念。」另外又說，因為我有穿西裝的習慣，所以他穿來報到的全新西裝跟皮鞋都留給我穿。當初蓋天予是被誣告，調查局請他去作說明，他不疑有他，便穿了嶄新的西裝跟皮鞋去報到，結果被刑求到變成是共產黨。原本這衣服打成保管物，他還特地打報告把西裝領進押房，他交代我這西裝跟擺放在鞋櫃的皮鞋都留給我。他冷靜的程度讓我意外，一九六三年初槍決當天早上五點多，獄卒進來，同房裡面有三、四位死刑犯，大家不知道今天要抓哪個出去執行，原本蓋天予因為哮喘，所以半倚靠在牆壁上不能入睡，獄卒進來時，他只是抓起被子蓋住自己的頭，獄卒走到他旁邊叫他的名字，他掀起被子問，「叫我嗎？等等，我穿件衣服。」然後他就只有穿著襪子被拖出去，過不多久，獄卒又跑回來問，「蓋天予的鞋子呢？」

　　我把蓋天予的皮鞋拿給他，過沒幾分鐘，獄卒又跑回來說，「蓋天予說這不是他的呀。」我說，「是啦，是他的。」這一來一回的對話只有我自己明白，也知道他當真非常冷靜，臨執行還記得西裝皮鞋是要送我的，所以還辯稱不是他的。最後執行完畢，獄卒來說把蓋天予的東西打包，我便把他交代的西裝跟派克筆都打包好交給獄卒，因為蓋天予也沒有親人，所以我也不能代為轉交。

　　稍早同房有三、四人被判死刑，大家開來討論，其中一人問道槍決不知道打頭還是打心臟？有人說打頭有人說打心臟，蓋天予問會不會痛？韓若春說不會痛啦！我說，有經驗的都不

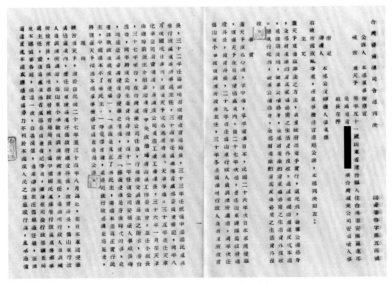

蓋天予的判決書（社團法人臺灣戒嚴時期政治受難者關懷協會提供）

在這裡了啊！韓若春說他打仗時曾被子彈打過，說打中時不知痛，直到看到流血才會痛。韓若春還說誰先到地府就先在那裡等一下嘿。

看著碑上的名字，想起有一回同房內有人抱怨坐牢很痛苦，蓋天予突然說，「我想坐牢還沒牢坐。」我想，有志於革命的人都抱著犧牲的準備，可是對無辜的蓋天予來說，這真是他生命中最大的玩笑吧。

可恥的背叛與出賣——嚴君川的故事

一九六二年十一月，東所一區跟二區改造竣工，原本被羈押在一區二樓囚犯又從樓上搬下來，我被分配到新押房一區四房，同房難友二十四人。其中韓若春、蔡秉堃跟蓋天予三人被判死刑帶著腳鐐，其他尚有數人被判無期徒刑或二條一項起訴中，屬於重刑房。

一天下午來了一位外省籍中年漢子，穿著黃色卡其軍便服，帶著一個小包袱，樣子不像一般剛從偵訊機關移入所的囚犯面無血色或是帶有恐懼的神情。他入房之後環顧四周一眼，問道，「那些人為何要戴著腳鐐？」同房的難友回答被判死刑的都要被扣上腳鐐，他聽了之後表示如果他能被判無期徒刑就謝天謝地。那時候大家覺得，這是何方神聖，好大的口氣！

房內共有二十四人，開飯時通常六人一桌，共分四桌吃飯。

開飯時他自動插在我們那桌共餐，那時候多少都會有些省籍情結，而我們那桌都是臺灣人，對於他的自動加入有些不自在。飯後清理完餐具，習慣上都在房間轉圈散步，最後大家會坐下來下棋聊天，這人也跟我們幾個臺灣人坐在一起。聊起來之後，他自我介紹叫做嚴君川，粵籍的越南華僑，抗戰時響應蔣介石委員長號召十萬青年十萬軍，返國投筆從戎，服役於海軍總部情報部門，三年前被派往澳門從事情報工作。

在那個聲色犬馬的環境中，如果把持不住就很容易染上賭、酒、色的桃色陷阱。嚴君川也是這樣的故事，那時他認識一個舞女並且同居，這個舞女帶嚴君川上賭場大賭特賭，輸了一屁股賭債。舞女表示願意賣身舞場替他還賭債，也介紹舞場經理讓嚴君川認識。這個經理向他表示，「如果你願意的話，你的女人也不必賣身還賭債，我可以幫你，你可以把不重要的情報賣給外國的情報單位騙錢，對你也不會造成犯罪。」最後，嚴君川迫於被逼債的情況下，只好將一些手寫的密碼賣給他們。

當時派駐國外的情報人員都是輪調制度，任期屆滿即調回國內，嚴君川期滿調回國內前夕，舞廳經理露出真面目表明他其實是中共派駐澳門的情報人員，跟嚴君川同居的舞女也是中共情報人員。他們交付給他任務及工具：一臺諜報人員使用的特殊照相機及一瓶特殊藥水，交代他返國後將海軍總部他經手的軍事情報，用這臺特殊的照相機攝影縮小至郵票大小貼在郵票背面，再塗上特殊藥水消跡，然後寄到澳門。

　　結果嚴君川返國前就將那臺諜報用的特殊照相機賣掉，也把藥水丟棄，裝作若無其事地回到海軍總部報到。中共那邊透過管道多次催促他履行任務，他卻置之不理，最後中共見嚴君川不肯就範，遂把他出賣情報的資料交付警總派駐澳門情報員，由國民政府自行處置背叛者。

　　警總派駐澳門情報員見這份資料是建功的大好機會，立即將這份資料傳回國內，由警總轉呈國家安全局，國安局將計就計，將嚴君川由少校晉升為中校，並調往比較重要的職位，交付一些造假的重要軍事情報，觀察他是否進行中共交付的任務，作為釣魚計畫。結果經過半年，嚴君川卻半點動靜都沒有，索性把嚴君川直接逮捕移交警備保安處進行偵訊。他老實地交待過程，在保安處偵查半年後移送警總軍法處審判。大家聽了嚴君川的故事都覺得案情嚴重，難怪他會說能判無期徒刑就已經謝天謝地。

　　某日他開庭回押房後，告訴我與施明德，法官向他說他的確情有可宥，因為他始終都沒有替中共工作過。但我與施明德都認為法官是「放屁安狗心」，法官的話不盡可靠，情況並不樂觀，要他有心理準備。嚴君川聽完我們的意見，當下向我們表示，倘若他被判死刑，就有逃獄的準備，但我倆沒有問細節。沒幾天，嚴君川就被調房到二區，跟我們分離，不久他果然被判死刑。

　　一天上午放封時，嚴君川帶著腳鐐出來散步，我與施明德

站在窗邊，將手伸出鐵欄杆外向他搖手打招呼，嚴君川取下眼鏡拿在手上，用手比ＯＫ的手勢，我們回以Ｖ的手勢祝福他能順利逃獄成功。我與施明德也討論過不知道嚴君川要用什麼方式逃獄，是否能成功？但我們想他是諜報人員，受過特殊訓練，也許有辦法。

過沒幾天，有天早上的放封突然被停止，監獄官帶一批獄卒匆匆走向二區押房，將嚴君川雙手銬上手銬帶走，看守所內一時氣氛很緊張。我們知道一定是嚴君川企圖逃獄的事情被發覺，但是到底怎麼被發現的，一無所知。

後來，外役傳來消息說嚴君川已經把押房的鐵欄杆鋸斷一支，另一支也鋸斷半截，被鋸斷的鐵條暫時以口香糖黏住。東窗事發的那天，一早起床後，一位蘇姓青年難友在不知情的狀況下，用手拉到鐵條，沒想到一拉就斷，大吃一驚，趕緊把被鋸斷的鐵條依樣用原本的口香糖再黏回去。然後蘇姓青年因為緊張就把這事告訴同房張姓難友，沒想到這位張姓難友立刻假裝腹痛，大聲叫獄卒帶他去醫務室就醫，一到醫務室，馬上就把上述情況報告監獄官，這位張姓難友被留在病房優待，沒有回到押房。

當晚十點多，嚴君川被帶來一區七房，正在四房對面。當時我與施明德兩人站在四房鐵欄杆前與嚴君川彼此面對面相望，當嚴君川告訴我們是張姓難友出賣他時，我倆無言以對，也抬不起頭來。因為嚴君川跟我們同房同桌時，他曾一再地說他比

較相信臺灣人，不相信外省人，也因為他相信臺灣人，所以才會把計畫逃獄的念頭告訴我們，結果最後卻是被他所相信的臺灣人出賣。

隔天一早，嚴君川又被帶出去，連續兩天被刑求，追究鐵鋸來源及同謀者，第三天是星期四，也是接見日，他的太太前來接見。隔天星期五，一早天都還沒亮，來了一大群獄卒，把嚴君川拉出去執行死刑，前一天的接見，沒想到成了他們夫妻的最後一面。

通常被宣判死刑、聲請覆判被駁回，到執行死刑的期間大約都三個多月，但嚴君川被宣判死刑到執行卻不到兩個月的時間，而從企圖逃獄東窗事發到執行死刑也不過前後四天而已。

善意的拒絕，永遠的遺憾——鍾盈春的故事

一九六三年九月間，我的案子上訴被駁回，判刑十年確定。此時同房的鍾盈春託我幫他帶一本英漢字典出去送給他的兒子，當時他最大的兒子大概十來歲。因為鍾盈春知道我是臺中人，他娶的臺灣老婆也是臺中人，住在臺中市，他說身邊沒有什麼貴重的東西可留給他的兒子做紀念，只有這一本字典隨身帶了十多年，那本字典上面有他密密麻麻的紅筆註解。

鍾盈春向我請託時，初審被判無期徒刑正在上訴中，我跟他說，「你雖然被判無期，我判十年，但我們不會被關那麼久，

到時候我們一起回去啦！」鍾盈春以很嚴肅的態度跟我說，他不可能活著回去啦！聽他這麼一說，我的心情也沉重下來，問他何故這樣說，不是明明判無期嗎？怎麼會無法活著出去？鍾盈春拿出發回更審的裁定書給我看，他同案的共同被告馬志堅被判死刑，聲請覆判的唯一理由是為何共同正犯四人，有的可以被寬宥減刑，有的不能寬宥而判死刑。

鍾盈春的案子由軍法局審理，一部分被告被羈押在青島東路一號西所的軍法局看守所，一部分被告羈押在青島東路三號東所的警總軍法看守所，十幾個被告都是大陸籍青年軍官，官階大都是少校、中校。鍾盈春跟馬志堅等多人分別羈押於東所一區跟二區，鍾盈春則跟我同房。

我看過他的初審判決書，判決書載明：被告鍾盈春因子女眾多，生活貧困致對政府產生不滿，導致謀叛，情有可宥，予減刑，予自新機會等等。當時我們同房的難友看過判決書，判決減刑的理由是生活貧困，鍾盈春當時是中校營長，政府給一個中級軍官的待遇竟不足讓他養家，還生活貧困，實在是國家的恥辱。

十月間我被移送新店軍監（警總安坑分所），一九六四年二月又被調回青島東路看守所等待移送臺東泰源監獄。回到東所才知道鍾盈春的案子原初審判決兩人死刑、兩人無期，發回更審結果，初審判決無期的兩人均改判死刑，四個人同時執行死刑。

　　回想當年，我沒有接受他的託帶字典，原意是想安慰他，
事情並沒有他想的那麼嚴重，沒想到卻誤了難友的遺願，雖然
事過半世紀，但心裡仍然感到無限遺憾，難以彌補。

作者簡介

　　蔡寬裕，原名莊寬裕，一九三三年生於臺北市，二次大戰期間隨家人遷居臺中，戰後就讀臺中商職，大學就讀東吳大學，為該校第一屆經濟系學生。一九五七年發生劉自然事件，五月二十四日抗議民眾翻牆進入美國大使館，砸毀使館汽車、家具，燒毀文件，毆打使館人員，撕破美國國旗。在該事件中，情治人員懷疑蔡寬裕鼓動同學罷課，將之拘押六個多月，才予釋放。大學畢業後，蔡寬裕到日本短期進修，接觸臺灣共和國臨時政府的廖文毅，返臺後與友人討論臺灣獨立問題，主張響應廖文毅，同案李森榮在紙張書寫「獻身解放臺灣民族獨立運動」而於一九六二年被捕，判刑十年。一九六四年蔡寬裕移監泰源監獄，調醫務室服務，一九七○年「泰源事件」當中，原計畫蔡寬裕負責打開大門接應。計畫失敗，蔡寬裕雖逃過一劫，卻於刑滿後又延訓三年。一九七四年出獄後，與難友合股經營貿易公司。解嚴後，致力推動為泰源事件建碑和白色恐怖平反工作，曾任臺灣政治受難者關懷協會秘書長等職。

我所捲入的政治黑牢

陳世鑑

　　一九四七年三月，當時我十三歲，就讀斗六初級中學一年級（現在的國中一年級），我目睹了二二八事變後，國民黨政府對臺灣同胞進行清鄉，鎮壓，槍殺臺灣菁英的經過。

　　彼時我很喜歡自己坐火車到臨近的火車站逛，比如往北一站的林內，往南三站的嘉義。但經常去的是嘉義，我到嘉義站，有時候會自己去看電影，或到文具店購買文具用品。

　　有一天我在嘉義火車站前，看到一台軍用卡車開到車站廣場前停車，車上有五、六個荷槍的中國兵仔，從車上用腳踢下了四、五個人，手被反綁著，且掛著紙板，紙板上用毛筆寫了兩行字，我因站在較遠處，所以看不清楚紙上看底寫的是什麼。這四個人，被踢下車後，中國兵即用腳猛踢四個人之小腿，並大聲喊跪下。這四、五個人還是站著不跪。這時中國兵即用槍托，猛捶他們的胸部以及大腿。這時，這四、五個人的小腿大腿可能已被他們打斷了，沒辦法跪下，幾乎都匍匐在地上了。

這時看到一個隊長模樣的中國兵，拿出一張紙，念念有詞後，四、五個荷槍的中國兵就舉槍朝著匍匐在地上的志士，一個個地用槍射擊。直到他們不動為止。

這種殘忍、戰慄、血淋淋的情景，我一生都不會忘記。為何中國人對號稱自己人的臺灣同胞如此猙獰、殘酷、無人道乎？

一直到戒嚴令解除後，我才從史料得知，當時我在嘉義火車站廣場前所看到的四個人，原來是當時嘉義市參議員——醫師潘木枝，柯麟，盧鈵欽，及畫家陳澄波等四個人，在一九四七年三月二十五日被槍決，槍殺之前遊街示眾，處死後，曝屍火車站前，其殘忍無人道之行為，史無前例可循。

嘉義火車站廣場前之這一幕，讓我親眼目睹統治者殘忍無人道的屠殺情景，使我陷於恐怖，戰慄，永生難忘。也影響了我這一生的人生觀，以及前途。

日本雖稱異族，但統治臺灣、對待臺灣人的待遇，與對待其本國人民，雖有少許差異，但總體上，幾乎沒有兩樣。

二○○七年陳世鑑（右一）和難友在八田與一紀念雕像前合影。（陳世鑑提供）

但號稱祖國的蔣介石集團，在佔領臺灣不到兩年，即露出其猙獰面目，以慘無人道之方法，在槍殺臺灣人菁英之前遊行示眾，槍殺之後曝屍示眾，其殘虐手段，豈是對待自己的同胞的行為？我感覺，與其回歸祖國，倒不如永遠成為日本國民，這種想法，從我初中一年級在嘉義火車站前之一幕後，就隱藏在我的心底，一直到後來我主張臺灣獨立建國意志。醞釀成我後來參與主張臺灣獨立建國的蘇東啟先生之號召，影響我後來坎坷的人生。

參加蘇東啓先生之臺灣獨立組織

一九五八年服完兵役後，我經友人之推薦進入臺中霧峰農業職業學校，擔任歷史教員。

一九六一年暑假，八月初，回斗六故鄉省親。八月中旬，前往高中同學黃瑞彬家做客時，適逢高中後期學弟林光庸（時在雲林縣政府服務），這一天他帶雲林縣議員——蘇東啟氏到黃家找黃錫琅先生。時我與蘇東啟氏並不相識，經林光庸之介紹後始知其為雲林縣赫赫有名之蘇東啟議員。蘇東啟氏最初講話似乎有所顧慮，但經過黃錫琅氏之從中對我之政治立場之介紹後，蘇氏才消除對我政治立場之疑慮後，蘇氏即對臺灣問題侃侃而談。從中日戰爭，清朝敗戰到把臺灣視為鳥不語、花不香，視臺灣人民為化外之民開始，臺灣自古不屬於中國，一直

到二次大戰日本投降後，蔣介石非法佔領臺灣，到發生二二八事變，屠殺臺灣人將近三萬人之菁英人士等惡行惡政，歸結到臺灣人，應該起來獨立等等。其實他講的這些理論，只要是對當時臺灣政治生態有關心的人，都有同樣的共同認知。尤其我自己在一九四七年三月間，在嘉義火車站前，所親眼目睹的槍決臺灣菁英示眾，殺雞儆猴的慘劇。這一幕一幕所烙印在我心坎裡的悲痛記憶，永遠無法磨滅消去，也影響了我一生的命運。

　　一九六一年九月我回臺中霧峰農業職業學校準備新學期之開始。然而卻傳來蘇東啟氏於九月十九日被捕。原來蘇氏在認識我以前即著手號召虎尾一干人士等著手配合，駐屯在刺桐樹仔腳國校之海軍陸戰隊，充員戰士準備伺機起義，發動兵變之事，東窗事發。一九六一年九月二十五日晨，星期一學校週會，有六、七部軍用吉普車直接開進學校內，當時校長請長假在美國進修，由教務主任代理校長職務。教務主任被請到校長室後，約十分鐘，教務主任令我跟一位便衣（隊長模樣的人）見面。從那時開始，我便失去自由，他們令我到我的辦公桌，開始東抄西抄，翻箱倒櫃，取走了他們認為有用的東西後，然後帶我坐上吉普車到我住的宿舍後，會同屋主，同樣翻箱倒櫃，這一回連榻榻米也掀開，

一九九六年陳世鑑參加同學會照（陳世鑑提供）

把我所有之證件書籍取走，連我與日本一位小學的老師來往的信件（那時我正與日據時代教我們之日本女老師田邊八枝子正在通信，並承田邊八枝子介紹當筆友之花岡幸保小姐之來往信件）通通被搜走。

之後，就被戴上手銬到霧峰警察局。到了警察局約有半小時後，即一路開往臺北來，下午五時左右，到達西門町之東本願寺。這裡就是令人聽起來心喪魂散的——臺灣警備總司令部保安處。在這裡開始我一生身心痛苦難熬，被百般凌辱之酷刑。特務們幾乎個個都是窮凶惡極之無賴漢。口出三字經，首先他們要我把與我有接觸之，有關聯的人，通通坦白的寫出來。我知道事態之嚴重性，不能把所有與我認識的人都寫出，但我心裡有數，凡事一切到我為止，絕不牽連到其他人，因為我有軍人之背景，他們對我絕不善罷甘休。故我所受的酷刑，在我們案之中，最為嚴厲者。

我所受的苦刑除了拷打、電刑、吊打、疲勞轟炸，也曾經在幾百燭強光燈下被拷問外，最讓我心驚戰慄的是活埋。他們在半夜，以軍用四分之三卡車，帶我到荒郊野外，叫我以圓鍬挖洞，然後命令我跳入坑內，四、五個人開始鏟土往我身上埋，到我快窒息時，對我說「好」。今天就到此為止，回去再不交待清楚，就要真的把我活埋掉，把你報畏罪逃亡，神不知、鬼不覺。我知道他們無憑無據，對當天與蘇東啟見面時，對蘇的話，我只是「點頭」（首肯）而已。他們知道，對我再逼也逼不出什麼，所以後來就放棄刑求逼供，兩個月後，他們就把我

二〇一一年作者陳世鑑（左）在國父紀念館參加政治受難者綠島創作展時，與參展畫家陳武鎮（右）合影。
（台灣游藝公司提供）

移送到臺北青島東路三號的警備總司令部軍法處看守所。在那裡每間押房都不到兩坪大，關了十幾個人，晚上睡覺，每人頭腳交錯，真難受，這也是一種處罰。

　　後來我被判五年有期徒刑，蘇東啟、張茂鐘、陳庚辛三人原被判死刑。之後改判無期徒刑。出獄後，才知道他們能死裡逃生是因有日本「臺灣青年社」黃昭堂寫英文救援信給美國國會。其他五、六十個人被判十二年以下有期徒刑。

我當了土公仔（收屍人）

　　一九六三年我案「蘇東啟臺獨案」全案判刑定讞，我從青島東路三號警備總部軍法處看守所，被移送到臺東泰源監獄服

刑。心想在這裡已可免於像臺北看守所凌晨四、五點時，一群
憲兵與獄吏們來勢洶洶地進來，將死刑犯確定犯拖出去到刑場
的恐怖戰慄的場面，哪會想到我來到這裡卻體驗了當時社會上
還被人們認為是三百六十五行中最為低賤的工作——土公仔（收
屍人）。

在泰源監獄時，每天照常上、下午有放封時間，有一次上
午放封時，我看到一個穿著軍服、身材約一百六十五公分、眉
目看起來清秀、年紀約略四十歲名叫劉藩的軍人，黯然地獨自
一人在散步，沒看到他與人交談。後來才從班長那裡得知，他
是少尉軍階，在部隊裡不滿現實，時而發牢騷、常與上級頂嘴，
後來被軍隊保防單位報上師部軍法處以為匪宣傳之罪名，被判

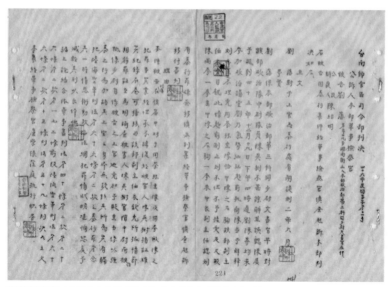

劉藩判決書（社團法人臺灣戒嚴時期政治受難者關懷協會提供）

有期徒刑五年，而後送到泰源監獄來。獄方因他滿腹對時局之不滿、牢騷不斷，恐會影響他人，因此將他關在單人房，隔絕與他人接觸。我對劉藩的瞭解，也僅止於此聽來之消息而已。後來我被調到農耕隊當外役，每天做著荷鋤、耕地、除草、收割、灑農藥等工作，對劉藩之事也逐漸忘記。

　　有一天的下午四時，因時值十一月份，太陽已快下山，忽然農耕隊長集合全體隊員說：監獄內劉藩自殺，上級已驗屍完畢，上級要我們農耕隊派人收拾屍體到野外埋葬，看有沒有自告奮勇的要做。但詢問過後並沒有一個人舉手，隊長不得已只

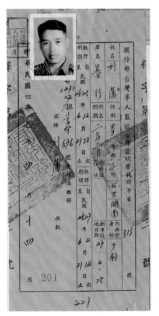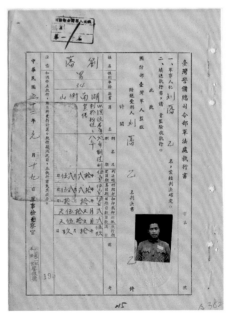

有劉藩照片的兩份文件（社團法人臺灣戒嚴時期政治受難者關懷協會提供）

好用抽籤決定，抽到的不准推辭。很不幸！我被抽中了。抽中的共有四人，一人叫李志元，是與我同案的，其他二人名字現在已不復記得。

我們四人進到現場，此時看到劉某全身赤裸，舌頭吐出嘴外，眼睛睜得大大的，真是嚇人。隊長用手掌在劉某的額頭眉下眼皮處往下摸下，才勉強將劉某睜大的眼睛半閉起來。之後我們四人將劉某以破棉布包裹，然後再以草蓆綑綁起來，抬出押房到外面等待的四分之三軍用卡車上，每人再分持鋤頭、圓鍬爬上車，而屍體就停放在車中間。卡車一路駛到北源溪畔的空地，此時天色已昏暗，我們四人在隊長指揮下於空地的一角，挖出一個大約可裝屍體的四方形洞穴後將屍體放下，再用土掩蓋起來。最後，隊長叫我找一顆較大的石頭置於墓前當作墓碑。

這時，天色已完全黑了，隊長將帶來的冥紙香燭點起來，只見紙灰飛揚，大家一起合掌向劉藩做最後的致意，祈禱他的冥福，希望他安息。突然間遠處傳來野狗的吹吠嗥叫聲，加上淒風細雨，氣氛令人戰慄瀟瀟。

回到監獄押房後，洗淨一身晦氣後，隊長發給每人一瓶紅標米酒，拿到押房內與同房難友享受難得的酒精飲料。

作 者 簡 介

　　陳世鑑，雲林斗六人，一九五八年退伍後在臺中霧峰農校擔任歷史教師，後來因友人介紹認識當時的雲林縣議員蘇東啓，開啓他的政治思想和對臺灣獨立的嚮往。一九六一年九月蘇東啓被捕後，陳世鑑也被牽連入獄，慘遭酷刑。一九六六年出獄後曾做過建築工作，後來在美商和日商公司服務，生活才逐漸穩定，也曾經翻譯過日本教授杉山徹宗的《中國四千年的真相》（未出版），同時譯有一九六一至一九六五年間蘇東啓臺獨案秘密抓人，在日本留學的東京大學留學生以黃昭堂先生為首的一群留學生所創辦的《臺灣青年》雜誌，刊載蘇案在臺灣秘密抓人、秘密審判情形向世界各國發聲，使各國輿論開始向當時的獨裁者蔣介石施壓。蘇東啓、陳庚辛、張茂鐘等三人才能從死刑改判無期徒刑。《臺灣青年》雜誌及一群留學生功不可沒。

　　二○一○年雲林縣長蘇治芬委託臺中東鯤文史協會做口述歷史，作者應該會理事長蔡金鼎先生之邀，將當年《臺灣青年》有關拯救蘇東啓之秘密文稿，徵得故黃昭堂先生之同意，將當時《臺灣青年》所刊載之文章譯成中文，該文章目前收編在東鯤文史協會文件裡。

　　作者在回顧坐牢遭遇中，還提到他曾在泰源監獄中，和同案難友李志元為外省籍自殺難友劉藩收屍、埋葬的經過，為已故難友留下一段白色恐怖的見證。

驚死驗無傷

劉辰旦

公元一九七一年三月二日，我在屏東市大白天，被臺灣警備司令部，三台「道奇車」包圍逮捕。七、八個滿臉橫肉的彪形大漢快車直送臺北博愛路警總保安處地下室收押禁見，從此家屬就不知我的下落。

警總地下室是一處刑求迫供的「屠宰場」，離開此地沒有一個是體膚完好的，過了七、八天的刑求逼供，似無成果，接著轉到六張犁看守所，繼續刑求，到這裡更變本加厲，本來我們這個案子是警總保安處第三組主辦，調查局也派人參一腳，到了六張犁，省刑警大隊也來插花，據說：這些臭警察，抓小偷不會，刑求迫供有其專擅，所以借重其長，以求速戰速決。可是欲速則不達，事與願違，無中生有豈無瑕疵，我們為了「正義」，抵死不從。因此我為了同伴的「生命共同體」，付出了慘痛的代價；鎖骨被刑求折斷，於今猶有「影證」，腳脛打爛。灌汽油「殺豬」等等的酷刑，但我仍然度過了「鱷魚潭」的慘

景存活下來，我始終沒有承認，虛假的「爆炸」案我是最後一根稻草，但是極權的蔣幫王朝，仍然「依法起訴」。真是無恥加三級。在一九七二年二月二十七日深夜，謝聰敏這小子越獄，失敗被捕。我們「共犯」六人一起，轉送景美看守所收押禁見。從此我們才脫離「鱷魚潭」，安心坐牢，因為景美看守所所長拒絕「借提在外」訊問，要訊問在所內進行，以免人犯因刑求的後果，身體的創傷責任，無法釐清，所以景美看守所據我所知是不會被刑求逼供。

　　一九七二年初來到這裡，好長一段時日，也沒有刑求，也沒有訊問，也沒有起訴。這樣的時空，讓你在平靜的牢獄生涯中，感到一種似在暴風的「風眼」中，相安無事。可是有種莫名的恐懼，籠罩著你的四周八方。在監獄學的一種理論，就是無形的刑，是心理層面的懲罰，讓一個正常人崩潰、發瘋。這段期間，你不知要做什麼是好，因為是收押禁見，所以想看書也無從購讀，只有從看守所圖書館借書來閱讀，打發時間，其中我選擇了古典文史，如《史記》、《資治通鑑》、諸子百家，因為在外，哪有「美國時間」來讀這些「鬼見愁」的書呢？在這裡正好「適用」。這樣混了年餘，起訴了！二條一！！唯一死刑，別無他刑，看到了起訴內容，才真正了解，國民黨國的無能與無恥。我也死了求生的心。反正，與土匪理論真正的緣木求魚，管他的！十八年後一條好漢！反而看開了，日子顯得好過許多，恐懼的心理一掃而空！猶如禪宗棒喝，點開了你人生的另一個境界，人，可以超脫，自由。沒有生死的掛礙，這

是人生的一個「關」，臺灣歇後語：「賣砲仔（陶器）看破」，你能跨越這一「關」！你就是自己的上帝。行雲流水，海闊天空。

審判的開始，心裡想，答辯也是多餘，可是同案生死繫我於一身，我是同案中，唯一怎麼刑求都刑不到我認罪，起訴書判決書明載，雖然我始終不認罪，但共同被告對自己不利證據自白承認，我也得一死！我想我不抗辯，可能「他們」順理成章，判我們死刑，所以仍然力辯，明知無用，也得力辯。這是一種悲哀！你不能像譚嗣同一樣「我自橫刀向天笑」！多麼瀟灑自在，這才是英雄本色！李敖審判中一語不發！老是歪著頭看我們這幾個「爆炸」兇手老弟微笑，也沒有看出他有一絲懼怕，審判官一再要他說話，他說：「耶穌被審判也沒說一句話」，真是至理名言。

這樣毫無意識的混日子，有一天，我的麻疹又發作，幾乎死去，是一種中毒現象，是被灌汽油的後遺症，經陳中統囚犯醫生治療，建議獄方要我住在押房區靠放封場的這一邊，空氣比較好，但是，是獨屋房，再放一人與我同住，以便隨時照料，就是景美看守所的六號房，於今被海巡署破壞無遺。自願照料我的囚犯叫吳錦江，逢甲大學建築系的學生，被目前互助會總會長吳榮元牽連，成功大學共產黨案被判無期徒刑。

我們兩人從十二房移到六房，從獄中「人際關係」而言較為單純，基於他是學建築的，所以藝術一門他是「科班」的，我是「業餘」的，所以常常談起藝術的課題。我在攝影方面，有業餘的成果，喜歡參加國內外攝影比賽，前後也有獲獎無數，

世界盃第三名，其餘金銀牌得獎不勝枚舉，其當時國內現役的攝影高手，如今說來好像老宮女話當年，不勝唏噓。

可是好景不常，吳錦江判無期確定，必外移工廠或送綠島，我變成獨居。與錦江同居時，相互談到中國畫題，他認為中國畫沒什麼看頭。問我對中國畫的評價；我說：「我實在沒有留意過中國畫的價值觀，只知道在攝影界有個郎靜山老頭子以『蒙太奇』重疊相做中國山水畫的照片，吃喝群眾，我看不起這種作品與傢伙。」我向錦江說：「我不清楚」，直到他走後，我認真思考這一問題，開始了我涉入中國水墨畫的世界。

一開始叫家住臺北一直照料我的獄中生活的大姐劉美女送有關此等的書籍，可是以文字談中國畫，其實太抽象而不實際，什麼水法墨色，骨肉云云：真的「莫宰羊」，我惱羞成怒，自

二〇一〇年世界人權日劉辰旦夫婦參訪景美園區。
（國家人權博物館籌備處提供）

己動手畫，管他成什麼鬼樣子，「自己亂舞」，實在沒辦法，也沒想到毛筆宣紙有這麼難搞。我終於想出函授老師求救。我大姐找到一位中國美術協會黃渠成老師有開函授班，首先他要我畫一張山水畫及書法給他評分，來決定授課程度，但我聲明要純水墨黑白，不學用色，因為獄方不准我用顏料，怕我吞服顏料自殺，尤其黃色藤黃有毒，真是笑話。這樣一來一往前後三次，黃渠成老師突然拒授課程，來函說明：「你的書法天賦不錯，我教不了你，你自己學習用功吧，對不起！」接到這封信，我心裡了然，一定有人告訴他，這學生很奇怪不學色彩，來函信封又是我新店郵政七二二〇附十之一號信箱，經查證正是政治監獄的信箱，讓他嚇出一身冷汗，還兼放「青屎」！就這樣我又回到原點。從此我就死了這條心，自己課業，每晚書寫書法三小時，每日上午自己臨摹畫一件，否則絕食，好比宮本武藏被老和尚關在寺廟自課靜心養性，我也同樣的心情開拓我以後的書畫旅程。

　　書畫伴我渡過黑夜寒冬，讓我超脫監獄之災，雲遊世界，如今已成生活之習慣，出獄後乃續前緣，邁向未來。其實繪畫之過程，本身就是目的，而不是繪畫作品之優劣，這是業餘畫家的寶貴價值。

〈孤鳥瞪天〉
一九七三年九月三十日劉辰旦獄中畫作
（國家人權博物館籌備處典藏）

〈枯木孤鳥〉
一九七三年十一月三日劉辰旦獄中畫作
（國家人權博物館籌備處典藏）

〈煉丹圖〉
一九七三年九月二十七日劉辰旦獄中畫
作（國家人權博物館籌備處典藏）

繪畫函授老師寄回評語的畫作
（國家人權博物館籌備處典藏）

編者註：

　　根據作者劉辰旦二〇一二年九月二十八日向編者陳銘城補述他被捕的案情。遠因有二：首先是一九七〇年一月二日臺大教授彭明敏，在日夜監視下神秘離臺，到歐洲瑞典現身，讓負責監控他的調查局顏面無光。於是跟監曾和彭明敏在一九六四年共同發表「臺灣自救宣言」的謝聰敏、魏廷朝，以及與彭明敏時有往來的作家李敖三人，時間長達一年。

　　其次是，一九七〇年四月二十四日當時的行政院副院長蔣經國訪問美國時，在紐約被臺灣留學生黃文雄開槍行刺未果。兩件事情，讓情治單位準備以兩次爆炸案來抓人。一九七〇年十月十二日發生臺南市前美國新聞處的爆炸案，一九七一年二月，美國商業銀行臺北分行也發生定時炸彈爆炸案。

　　一九七一年二月二十三日，警總保安處先抓謝聰敏、魏廷朝，三月十九日再抓李敖，隨後又逮捕李政一、吳忠信等人，劉辰旦則在三月二日被捕。李政一等人飽受毒刑，劉辰旦也被打斷左鎖骨和灌汽油，強迫在已寫好腳本的自白書上簽字。因劉辰旦堅持不簽字承認自白書，才在本案被告受秘密監禁一年，到一九七二年二月底辯論庭前夕移送軍法處審判。最後，劉辰旦判五年八個月。

8

作 者 簡 介

　　劉辰旦，一九三七年生於臺南，涉「花旗銀行、臺南美新聞處爆炸案（一九七〇年十月十二日、一九七一年二月五日爆炸事件）」，被捕時職業為水泥公司屏東營業所管理員，一九七五年九月十九日被以「共同受叛徒之指使，擾亂治安」判刑五年八個月。

　　劉辰旦是允文允武的知識份子，在中學開始打橄欖球，服役時是傘兵，受過高空傘訓，他的槍法百發百中，也得過國軍火箭炮射擊比賽冠軍。退伍後，在水泥公司服務，更醉心攝影藝術，參加單鏡頭攝影俱樂部，既業餘又專業。多年以後，他帶相機高空跳傘拍攝的照片，獲得國際攝影比賽多項獎牌，聲名大噪。一九七〇年發生「臺南美國新聞處爆炸案、花旗銀行爆炸案」，劉辰旦被警總羅織罪名，原判十五年，經過上訴以及國際人權團體的營救，改坐五年八個月的黑牢。劉辰旦在牢裡為打發時間，利用每天上午及晚上各三個鐘頭，以廁所門板為桌面寫字和畫畫，寄情於筆墨之趣，從此養成書畫的興趣，有時沒有宣紙，也拿俗稱「土紙」的如廁毛邊紙來畫。他住的牢房是六號囚室，加上囚室前後、上下、左右彷彿六片天地，乃自號「六大山人」。他的書法蒼勁古拙，自成一體，帶著飄逸出塵的氣質。他以水墨畫山水、花鳥、人物、禪畫，獨樹一格；西畫用色大膽，不泥於一般形式。

秋蟬的悲鳴

第三部分　受難者側寫

吳炳坤三兄弟的白色恐怖悲劇

陳銘城

受難者簡介

　　吳呈輝、吳炳坤兄弟是臺南人。吳炳坤是陸軍官校三十期的臺灣學生，一九五九年吳炳坤和陸軍官校臺灣同學成立「臺灣同鄉互助會」，聯絡感情，也常到吳炳坤大哥吳呈輝在鳳山家中吃飯聯誼，一九六〇年吳炳坤等四位軍校學生被捕，坐牢二年後獲釋。

　　一九六二年底，吳炳坤和大哥吳呈輝雙雙被捕，吳炳坤被刑求致精神異常。一九六三年吳炳坤的小弟吳忠和退伍返家時，離奇從火車摔出車外身亡。一九六五年吳呈輝被關二年後獲判無罪。而吳炳坤叛亂案也獲警總裁定以其心神喪失而停止審判，由父親具保領回家。

　　一九六〇年代發生在臺灣籍陸軍官校學生吳炳坤的白色恐怖遭遇，是一件鮮為人知的家族悲劇。當時就讀陸軍官校三十期的軍校生吳炳坤被認為在軍中籌組「臺灣同鄉互助會」和「自

治互助會」，且有臺獨傾向，兩度被捕入獄。悲劇就發生在吳炳坤第二度被捕時，他的大哥吳呈輝也被牽連逮捕。連他在馬祖當兵的么弟吳忠和，也在退伍回家途中，離奇地慘死在行進中的火車車廂外。獄中的吳炳坤飽受刑求和刺激下，精神分裂，雖然二年多後，和大哥同時獲釋。但是二十多年後，吳炳坤卻在精神療養院被人活活打死。吳家兄弟的不幸遭遇，是一段被埋沒和遺忘的白色恐怖家族悲劇。

　　吳炳坤的老家是在臺南灣里社，那裡是以處理廢五金，後來爆發「戴奧辛污染」聞名全臺的地方。父親吳包，是一個從事南北貨生意的成功商人。當時日治時代，日本軍方的新竹機場內伙食、日用品，都是吳包先生所承攬。當時，家境算是富裕的吳家，根據吳呈輝長子吳恒德說：「阿公吳包生意做很好，過去家中有不少古董，有的是日本客人送來的日本戰國時期的盔甲，還有阿公自己收藏的乾隆皇帝用過的墨盤。」在吳恒德記憶中，老家有兩個大米缸，不是放米的。一個是放烏魚子，爸爸和叔叔每天的早餐就是吃烏魚子，隨時都保持有半甕的烏魚子，是由阿嬤保管的。另一個米缸是放大餅，一層糖再一層餅，是由愛吃甜食大餅的阿公保管。

　　吳包有四個兒子，一個女兒。長子吳呈輝

吳炳坤（左）在軍校穿軍裝與同學合照。
（吳恒德提供）

娶妻吳楊美年。她年輕時曾在省建設廳上班，丈夫被捕後，她為了養育孩子，還去工地當小工，一天挑三百擔的磚石，很能吃苦持家。次子吳呈瑞，在土地銀行工作，妻子在臺南市警察局當職員，吳炳坤兄弟出事後，較少聯絡。老三吳炳坤，認真好學，曾

吳炳坤大哥吳呈輝照片
（吳恒德提供）

任代課老師，也常教大哥的兒女功課，後來到臺北補習想考大學，卻常去聽學者演講，也聽過《自由中國》雜誌的殷海光教授演講，埋下他後來改唸軍校時的思想轉變與不幸。最小的兒子吳忠和，是一位「陽光青年」，身材壯碩，不但是橄欖球的「牛頭」，也是臺南南英棒球隊員，也是灣里社棒球隊的教練，平日愛交朋友，愛唱英文歌，是「貓王」普里斯萊的忠實粉絲。

一九六〇年吳炳坤等四軍校生被捕二年

　　根據吳炳坤軍校的難友同窗陳春榮表示，當時他們唸軍校的臺灣籍學生，常被外省同學看不起，這些臺灣同學就更團結，從三十期到三十三期的有四、五十人。每次放假日就相約出去高雄大貝湖（澄清湖）玩，或到吳炳坤大哥吳呈輝在鳳山的家。他們先在一九五九年秋天成立「臺灣同鄉互助會」聯絡臺灣同

學的情誼，早已引起國民黨的注意，後來又因時常談論時政，也注意到日本的廖文毅臺灣獨立主張，一九六〇年吳炳坤、張泉地、許直勝、陳恩泉等四位軍校學生被捕。全校五十多位臺灣籍軍校生也個別被叫去問三、四次。由於當時國軍接受美援，軍校內也有美軍顧問，校方不想事件擴大，沒有動用「懲治叛亂條例」而引用陸海空刑法第一百二十條軍中祕密結社罪，由於他們被認為可能是臺獨傾向的地下組織，而家住南部的吳炳坤又常帶同學去大哥的家吃飯、遊玩，他被認為是地下組織的帶頭者。吳炳坤被關了二年才獲釋。

　　根據受難者蔡金鏗轉述，受吳炳坤吸收的臺籍青年據說有一、二十人，其中家住臺中縣大里鄉人江炳興，在六十年代因臺獨案送入新店安坑政治監獄，後來一九七〇年參與鄭金河等人的「泰源事件」，越獄逃亡，後遭槍決。江炳興在服刑中對蔡金鏗講述吳炳坤在軍校情形說，一旦臺籍青年人進入軍校之後，吳炳坤會一一注意每一位的舉動，在受訓的過程中觀察每一位臺籍軍校生言行，然後從中吸收，先是閒談家鄉生活情形再進入當今社會狀態，以觀對象的意向。一到受訓到某一階段後，認為時機成熟即正式成為臺獨運動的種子員。

　　江炳興是受其說服才加入吳炳坤的軍校臺獨種子成員之一，在正式成為成員之後，每天中午的休息時間必須集合在運動場中做精神教育和體力上的鍛鍊，晚上睡覺時要成員不要把軍毯打開蓋在身上，只准把四方形棉被整個放在胸上壓著，以此自我磨練心志等等。當時吳某吸收的臺籍軍校生結訓被編入部隊後，有的靜待時機成熟，或在軍中藉機發展。後來這些成員多

吳炳坤學生照（吳恆德提供）

數被調查局一一逮捕入獄，人數約一、二十名左右。

吳炳坤出獄半年後，卻因為警總在偵辦施明德、蔡財源等軍人的「亞細亞同盟」案，軍校即將畢業的陳春榮先被牽連而逮捕。一九六二年年底，吳炳坤和大哥吳呈輝也都被捕。

吳炳坤被認定是參與軍中臺獨組織的串聯工作。他慘遭刑求，根據吳呈輝長子吳恆德聽父親出獄後所說：在調查局時見到三弟吳炳坤被刑求到全身是傷，手指甲被插針，口、鼻、耳朵被插上點燃的香煙，甚至還在偵訊時，殘忍地說因為他，不但大哥被捕，連小弟吳忠和也離奇慘死。吳炳坤可能不堪刑求和言語羞辱、刺激，並且根據難友陳新吉指出吳炳坤曾受到情治人員以高頻率尖銳聲音，放到他耳邊，讓他的大腦和中樞神經受不了，因而精神異常。這期間，蔣經國曾關切二、三次，想了解為何軍校子弟兵會有叛亂思想。

一九六三年吳呈輝、吳炳坤被捕，么弟吳忠和離奇慘死

一九六三年在馬祖當兵退役的吳忠和，從基隆搭火車準備回臺南家中，當時二位哥哥吳呈輝、吳炳坤已被抓。他搭的火

車經過苗栗縣通霄白沙屯時，他竟從行進中的火車內摔落車外，撞到火車信號桿，回到家的不是陽光青年吳忠和，而是一具冰冷的屍體。據吳恒德表示，吳家人都懷疑這場離奇死亡的原因，有一說是吳忠和退伍回臺後，已先被高雄南警總約談，詢問二位哥哥的案情與臺獨思想，卻被刑求致死，而推落火車下。另一說是車上有特派跟蹤，將吳忠和推出車外，但吳家人認為，以當時年輕力壯又是橄欖球、棒球選手的吳忠和身手，沒有四、五個人是無法制伏他的。

最傷心的莫過於他們的母親，兩個兒子被抓去關，小兒子又在退伍路途上傳出噩耗，傷心的吳母在夢裡見到了小兒子回來。他說：「阿娘，我真冷又擱真痛。」心痛但是冷靜的吳父，一面安慰傷心的妻子，一面展現他細心的思慮，首先，他將長子吳呈輝的長女和長子，接到臺南家裡和祖父母住，讓媳婦減輕負擔，只照顧較小的三個孩子。小兒子的後事也由他妥善處理，接著他就準備營救兩個在黑牢裡的兒子。

吳呈輝被捕前，他至屏東山地門鄉安坡村種植菊花、荔枝數十甲，但是他被

吳炳坤么弟吳忠和是橄欖球選手。
（吳恒德提供）

捕後所有種植作物都被毀損。情治人員懷疑他至山上可能成立武裝基地，不但傳訊與吳呈輝交情好的劉姓頭目，連工人也被傳訊。原住民工人說：沒有啦，他只是找我們種荔枝和鳳梨，讓我們有工作而已。所有投資都被毀，吳呈輝的妻子吳楊美年為了孩子，她去當建築工地的小工，每天挑三百擔的砂石和磚塊。

　　依吳呈輝二女兒吳恒馨說：「母親失智前經常提起，父親被捉這段時間，高雄調查站經常跟監她，包括買什麼菜，也都跟菜販詢問花了多少錢？父親被捕時，母親懷有身孕，有個晚上半夜，母親急促的叫我起來，我起來發覺整個床上都是血，我趕快去姑媽家請姑媽來，原來母親動了胎氣流產了。當時我

吳呈輝遺孀吳楊美年近照（國家人權博物館籌備處攝影）

讀小學一年級，母親為了生活養我們，每天出門四處打工，我負責照顧弟妹，每天則揹著二弟恆宏（二歲）手牽著三妹恆儀（五歲）去學校上學，將弟妹安排在走廊或操場的樹蔭下，讓三妹陪著剛會走路的二弟玩，有時上課時遇上二弟的哭聲，真的不知該怎麼辦？我急著也哭了，老師才允許我出去照顧二弟及三妹，這一直到我父親兩年後回來……。」

吳炳坤精神失常停押，吳呈輝關二年後無罪

吳包為了救子，他也找議員幫忙，並且為他們找律師，可能因小兒子吳忠和的死有關，長子吳呈輝被關兩年後獲判無罪。加上吳包也在三子吳炳坤已精神異常時，聲請具保停止羈押，原本一九六五年四月八日警總還裁定吳炳坤延押兩個月，由於吳包的聲請具保，獲得警總裁定，吳炳坤叛亂案件，以其心神喪失而停止審判，由父親吳包到警總軍法處辦理具保手續，再從退輔會東勢療養中心接領回家。

根據曾和吳呈輝同一判決書的政治受難者陳新吉轉述。精神異常的吳炳坤在軍法處牢房內，每天都唱著黃埔軍校之歌：

怒潮澎湃，黨旗飛舞，這是革命的黃埔。

主義需貫徹，紀律莫放鬆，預備做奮鬥的先鋒。

打條血路　引導被壓迫民眾。

　　攜著手，向前行，路不遠，莫要驚。

　　親愛精誠，繼續永守。

　　發揚吾校精神，發揚吾校精神。

陳新吉還記得，當時他們也有人改校歌歌詞為：「早晨起床，迷迷糊糊，這是磨練的開始……。」

　　唱完校歌之後，吳炳坤接著就高喊當時軍中的反共口號：「一年準備，二年反攻，三年掃蕩，五年成功。」然後就是大聲說出：「春蠶到死絲方盡，蠟炬成灰淚始乾。」陳新吉說吳炳坤也唱一首日本歌「九段之母」，歌詞意思是一位母親懷念她戰死的兒子，歌聲極為淒涼，這是在獄中的吳炳坤雖已精神失常，但是仍十分想念家中的母親與家人。

　　接著，他大唱臺語歌曲「後街人生」似乎在感嘆自己的運命，他這樣唱著「後街人生」：

　　　　阮來到這個街市，黑暗酒家內，

　　　　雖然是為著生活，有時也會悲，

　　　　夜半的陣陣冷風，吹入阮心內，

　　　　阮一生全無希望，夜開的花蕊。

　　　　阮今夜為你花開，明夜為伊開，

　　　　你那看替阮擔心，不用來掛意，

　　　　打碎的茫茫前途，由天來安排，

　　　　阮就是無主野花，所以亂亂開。

夜半來悵在房內，目屎流袂離，

怨嘆阮的運命，怎樣這呢歹？

流落的傷心目屎，若是盡的時，

阮就來提出勇氣，才會活下去！

吳炳坤聞煙味就抓狂

　　獲釋後的吳炳坤，先到臺南養安精神病院一段時間，因為當時沒有「精神醫療法」，無法強制住進精神療養院。病情穩定一點時，吳炳坤就被父母接回臺南灣里老家住，他和大哥吳呈輝的長子吳恒德同住一個房間。精神狀況時好時壞。好的時候，他會說三國演義的故事給小孩聽，有時也會早起掃庭院的落葉和垃圾。但是，如果遇到家裡有訪客或親友免不了的敬煙時，他聞到當年被刑求時，口、嘴、鼻被插滿點燃的香煙，一聞到煙味，他就抓狂了。家裡的人對壯碩的吳炳坤，常要費力地安撫和制住他。

　　原本，吳炳坤有位要好的女友，家住三重，即使在吳炳坤已精神異常時，她還曾經到臺南來看他，也多次打電話關切他的病情。當時吳包夫婦，一直想幫吳炳坤提親來「沖喜」，但是他的次子吳呈瑞卻堅持反對，認為三弟已經精神異常了，不應影響別人的幸福。更何況如果真能「沖喜」，吳炳坤病治好了，也還要再回牢裡補服刑期。於是婚事就做罷。

　　父親吳包過世後，姪女，姪兒也都北上唸書。吳炳坤就和母親到鳳山大哥家住。當時大哥吳呈輝拒絕父親的資助，在灣里老家從事五金工作後，仍然到屏東向林務局租地，種植箭筍。家裡由妻子照顧孩子。吳炳坤偶而會和母親回去臺南老家。吳炳坤有時會被鍊住，有時會被關在鐵籠裡，以免抓狂時，傷到了別人。

　　有一天，吳炳坤和母親在高雄搭火車，由於母親當時已經是視力不佳，上錯了火車，等到發現搭錯車時，火車已開動。身手好的吳炳坤安全跳下車，動作遲鈍的六、七十歲母親，情急之下，又不忍丟下精神異常的兒子，竟也跳下火車，當場摔死在高雄火車站月臺下。後來，沒人照料的吳炳坤就被送到高雄大寮後庄的「仁愛之家」療養院，那裡一個房間關十多位精神病患。

吳炳坤在精神病院慘遭打死

　　吳恒德說他的三叔吳炳坤即使已精神異常，也還是生活規律，習慣良好，可能不易與其他病患相處。一九八一年左右，吳家接到吳炳坤死亡通知，說他是被多位精神病患打死的。當時他的大哥吳呈輝和二哥吳呈瑞前去處理後事。只知吳炳坤「七孔流血，臉有瘀傷，兩眼沒閉，全身是傷。」院方堅稱他是被一群瘋子打死，並非院方管束過當。當時難友蔡寬裕等人，曾

找尤清監委協助調查，尤清則表示，這種事是監委無力調查的。他愛莫能助。

　　吳呈輝則在一九九八年逝世。他生前曾告訴長子吳恆德有關吳炳坤軍校地下組織的想法。當時，他們希望軍校臺灣籍同學畢業後，如有五十個「自治互助會」的同學或串聯結盟的軍官當上營長，或許就可掌握軍中二萬多的兵力，要改革或革命，才有可能。但是，軍中早在一九五八年黃埔軍校畢業生發生吳鍾靈、黃深柱、林再受的臺獨案，以及一九六一年海軍陸戰隊員陳庚辛等人意圖發動「三九事件」，配合蘇東啟等人起事的政治案件後，軍方早就十分注意臺灣籍軍人的地下組織與活動。吳炳坤、陳春榮等軍校三十期學生和三十三期江炳興、蔡財源的地下組織串聯，更引起重視，吳炳坤因而第二度坐牢，更引發吳家兄弟的一場悲劇。

吳炳坤難友蔡寬裕（前左）探望吳呈輝遺孀吳楊美年（前右），並和其子吳恒德（後左）次女吳恒馨（後右）合影。（國家人權博物館籌備處攝影）

吳呈輝坐二年冤獄，才獲判無罪出獄！家人找難友陳三興為他打「冤獄賠償」官司，高雄法院判決，兩年冤獄，每日以四千五百元計，獲賠三百多萬元。吳炳坤第一次坐牢兩年，由他的二姐林吳進金向白色恐怖補償基金會申請賠償二百萬元，第二次被關到精神異常而停止羈押、審判的刑期，則不予賠償。至於吳忠和離奇慘死在退伍路上的火車外，軍方是在當時包了數萬元的象徵性慰問金。吳炳坤三兄弟的悲劇，令人感慨萬千。

家屬吳恒德補記

吳家三兄弟此事件的家庭悲劇，也延及整個家族，警備總司令部對吳家整個家族的監視殘害，直至一九八七年解除戒嚴為止。吳炳坤的二哥吳呈瑞，與妻子吳林玉蓮，育有二子三女，吳昭榮（長女）、吳阜旂（長男）、吳寶魄（次女）、吳帝儀（三女）、吳阜龍（次男）。

吳呈瑞自三弟發生事情後，聽從父親吳包的話，保護好妻小，少介入父親救援大哥跟三弟的事情，為家族保留血脈，堅強的在土地銀行的崗位上，抑鬱終生，吳呈瑞曾說：「同一期或後期進入土地銀行工作的同事，都升任分行經理了，我還是一個小小辦事處的主任。」吳呈瑞後來也肝硬化病逝於任內，吳呈瑞的小孩也鮮少與堂兄姐們聯繫，怕被牽連。

右起吳呈輝的長子吳恒德、長女吳恒修、次女吳恒馨（國家人權博物館籌備處攝影）

　　吳呈輝自出獄後與妻子吳楊美年又生育了一男一女，共育有三子四女，分別是吳恒修（長女）、吳恒德（長男）、吳恒馨（次女）、吳恒儀（三女）、吳恒宏（次男）、吳恒範（三男）、吳恒熙（四女）。

　　吳呈輝生前曾告訴小孩們：「我與你三叔、小叔的事件，雖造成家族家散人亡，我們不後悔；因為生為臺灣人，長在這片土地上，要對臺灣的前途有所自覺，已造成的傷害，我與你們的母親會加倍努力打拼，來補償你們，幫你們建立基業。在不義獨裁政權下生活，你們可能遭受排擠疏離的，或許你們會少了很多的朋友，也要忍耐，多讀書，多點知識……」他也提醒三個兒子要注意當兵的舉止行為，安全的退伍回來。

　　此事件對吳呈輝的小孩影響很大，總有莫名的陰影壓力。吳恒修說：「我深知父親與叔叔的事件，真的不敢跟同學朋友交往，我只能在經濟上幫助父母親撐起這家庭，也為我們家庭的未來，爭取些些的機會。從小祖父一再的告誡，一定要努力，要建立吳家的基業。」吳恒修大學畢業後，一直在外商公司和外貿上工作，迄今未婚。

　　吳恒德說：「當兵時，父母親要我每星期打電話報平安，我知道他們的擔心，怕我又被謀殺，也告誡兩個弟弟，當兵時要特別注意安全，南部警備總司令部對我的監視直到我三十三歲才解除。我身為長子，考慮的要更深廣，依祖父、父親念茲在茲地建立基業，厚植實力，所以走研究路線，希望建立吳家傳世的基業，以利支持臺灣民主自覺運動。」

　　吳恒德讀完初中後，一直在他父親身邊幫忙，退伍後去臺東開發礦產，後來改投入生命科學研究工作，迄未成家。

中共說他國特，
國府說他匪諜！

陳銘城、謝光誠採訪
陳銘城整理

受難者簡介

達飛，中國南京六合的回族人，十二歲加入軍統局，為戴笠嫡系，曾任南京陸軍二八軍司令部上校秘書。一九四九年他未隨國民政府來臺，而改名換姓為人行醫，但一九五七年被檢舉為「反革命分子」、國民黨特務，被判刑二十年，於坐牢十九年後獲釋來臺。

一九七八年來臺後被情報局軟禁二年，後來以「預備叛亂罪」判刑十二年，經兩度減刑，於一九八八年四月出獄。他在中國和臺灣共計坐牢軟禁二十八年，是少數先後遭遇紅色恐怖與白色恐怖的國共鬥爭下的政治受難者。

達飛是少見的在中國、臺灣都坐牢的赤色與白色恐怖受難者，他在十二歲就因反共加入軍統局，是戴笠嫡系。十多歲的他，就打入共產黨後轉戰南北，抗日剿匪，曾任南京陸軍二八

二〇一一年達飛重返綠島人權園區留影。（曹欽榮攝影）

軍司令部上校秘書，一九四九年國民政府撤退來臺，他卻滯留中國，未及來臺。一九五七年他被檢舉反革命罪，判刑二十年，坐牢十九年後獲釋來臺。

　　一九七八年來臺後，他即被負責大陸敵後工作的情報局以預備叛亂罪，判刑十二年，經二度減刑，於一九八八年四月從解嚴後移監的綠島崇德司法監獄出獄，總計他在中國和臺灣共坐牢、軟禁二十八年。

　　達飛是住南京六合的回族，他精通中、西醫，懂風水、紫微斗數，平日以各種身份掩護他的軍統特務職務。一九四八年他在南京陸軍二八軍司令部任職上校秘書，同時也是國防部青年救國團江北勘建大隊上校大隊長，又兼南京衛戍總司令部情報局軍政稽查處少將處長。他說當時共產黨軍隊的榴彈砲二十公里就可打進南京，因此他們佈署的環狀陣線，就在南京市外圍三十公里，當時國民黨的特務組織，就只有稽查處一個單位是對外公開。

一九五八年中共判他二十年

一九四九年國民政府敗戰，撤退臺灣，但達飛於民國三十八年四月二十日隨二八軍團劉秉哲軍長撤退，後因奉令保衛戰場負傷的八〇師長李西開突圍被俘，由於身分沒有暴露，後被中共解放軍官訓練第五團，按低階軍官遣散。達飛即改名換姓為：笪元亮，隱居行中西醫。但是一九五七年他被檢舉為「反革命分子」，是國民黨特務，送到六合縣人民公審大會，不少鄉長、縣長在公審大會後，大多被槍決，達飛的部下也有二十多人被槍決。但是因為過去他在家鄉南京，雖曾抓了不少共產黨的地下黨員，有的是地下縣長，但他都因大家都是愛鄉的同鄉，雖然曾在軍政稽查處看守所關過三百多人，但他一個都沒殺，軍法科長抱卷宗要他批示槍決人犯，他都不批，放出去了三百多人。這也是後來共產黨抓他後，關他二年再審判，在一位北京來的最高人民法院的女審判長（她原是清大教授，也是共產黨地下工作人員）主持下，一九五八年十一月二十五日他被判刑二十年，免於一死。

坐牢時，他先被關在西寧市的監獄當犯醫，後又轉青海省海西州的德令哈監獄，這個勞改營對外宣稱是：「德令哈新生企業公司」，裡面關十二萬人，是中國最大的監獄，有四個分廠，內有三座煤礦場、二個水力電廠。達飛在牢裡，在獄中擔任醫生，也曾為獄中的省級高幹家人治療好怪病，因而得到不少暗中的照顧與方便。

　　一九七八年，中共中央政治局開會時，依一九七五年毛澤東的指示，決定釋放關在中國的國民黨特務，已軟禁二年又坐牢十九年的達飛和十多位難友從青海到北京，人大副委員長廖承志在北京飯店，為他們舉行歡送會，一九七八年十二月的《人民日報》還刊登當年毛澤東對遣送回臺的國特做了十六字的指示「給足路費，提供方便，來去自由，不交任務。」

一九八〇年情報局判他十二年

　　就在他們從北京到福州，再被送到大膽島，才由國軍送他們到金門，再接回臺灣。但是國防部情報局懷疑，企圖來臺預備從事暴亂活動。在情報局達飛被軟禁，表面上是禮遇、優待，但實際上是監禁毫無行動自由，計畫製造冤獄。

　　達飛被要求執行蔣經國親自批示的，由國家安全局擬的「釣魚作業」，亦即是指揮香港九龍地區的地

一九七八至一九七九年，被軟禁於情報局副局長家中。（達飛提供）

下工作人員，對中國大陸進行反統戰，但是他所有的策畫，卻都被國民黨內和情報局內部先破壞了。他認為情報局內部有一批共黨投誠的高幹，表面上忠於國民黨政府，實際上在策畫顛覆國民黨，情報局內的政策小組，已經把達飛的計畫改掉了。

他先在情報局看守所，又送景美看守所，再到保安處慘遭刑求，於一九八〇年在情報局法庭判刑十二年之後，再送到綠島綠洲山莊，在景美看守所時，他曾和黃信介、高俊明牧師關在一起。在綠島綠洲山莊，他常和黃華一起放封。

達飛在綠洲山莊坐牢留影。（達飛提供）

一九八八年五月二日，達飛（左）從綠島出獄後，在臺大校友會館歡迎會中與在綠洲山莊教他貝殼畫的陳深景（右）合影。（曹欽榮攝影）

　　當時綠洲山莊的典獄長呂自守看過他的案情，對他很禮遇，時常稱他為「老長官」。但達飛卻給他幾個建議，讓他改善獄政。首先，他建議讓政治犯辦理慶生會，每月在綠洲山莊的八卦樓中間擺蛋糕，由典獄長和壽星切蛋糕，當天中午加菜。其次，他建議開放菸禁，以免有人一根菸喊到三千元，讓不肖管理員從中得利。

　　後來，達飛跟即將出獄的陳深景學貝殼畫。因臺獨案入獄的陳深景是個樂手，每年綠洲山莊的中秋晚會，都是他一手策畫。當他從獄方口頭通知即將出獄，不用再籌畫晚會時，達飛為陳深景排了紫微斗數命盤。然後告訴陳深景還要再辦中秋晚會，辦完後才能獲釋回家。陳深景堅決不信，但是，達飛真的算對了。另一件事，也讓陳深景匪夷所思。陳深景出獄前，達

飛說他一年後就會買房子，面對出獄前景茫茫的陳深景更是不敢相信。誰知，陳深景出獄後，高雄的歌廳秀正蓬勃發展，他在藍寶石餐廳秀場擔任樂師，很快就存夠了錢，買了房子。讓他至今對達飛的紫微斗數神算，仍讚譽有加。

解嚴後才從綠島出獄，兩岸共關二十八年

在綠洲山莊製作貝殼畫，達飛可是有一套。首先，他懂繪畫，父親又是畫家。其次，他將貝殼畫發揚光大。他帶了一個曾在香港當特工的徒弟，花三天製作一幅老虎畫，這幅虎虎生風的老虎畫是立體的，他要先做一個草胚，再用很多種大、小不同的貝殼，老虎貝殼畫賣一幅一萬元，他自己一個月可領了近萬元，可惜，這些貝殼畫大多被日本商人買走，國內少有達飛的立體老虎貝殼畫作。

解嚴後，達飛從綠島的綠洲山莊移監到法務部的崇德司法監獄，一九八八年一月蔣經國過世，達飛和多位難友第二度減刑，他在一九八八年四月從綠島獲釋。

達飛不但中國、臺灣分別坐過牢，他的家人更是滿門抄斬。他的弟弟在中國被餓死，母親被鬥爭後病死。父親被扣上反革命的帽子，雖有鄧小平保他，但不久也去世。達飛的妻子被迫改嫁，他的孩子生下八個月，就被迫改姓氏，否則以後不可能讀大學。他們家人的慘死，至今沒得安葬，他祇領到綠島坐牢

五年的二百九十萬元補償金，過去他為國防部服務、犧牲的年資、撫恤金，卻全被國防部情報局視為「錢坑法案」，而遲遲沒有下文，令他氣結。

採訪者簡介

謝光誠，一九六九年生，臺灣彰化人，一九九九年畢業於英國 London Film School 電影學院。過去曾任職電視電影製作公司，拍攝許多電視廣告、紀錄片。二〇一一年參與「綠島人權藝術季計畫」，為口述紀錄影片《遺忘與記憶》導演。目前為自由影像工作者。

國家圖書館出版品預行編目資料

秋蟬的悲鳴：白色恐怖受難文集 第一輯／楊翠
　等作；陳銘城主編 . — 初版 . — 新北市：國
　家人權博物館籌備處 , 2012.12
　　面；公分 .
　ISBN 978-986-03-4861-3(精裝)
　1. 白色恐怖 2. 政治受難者 3. 臺灣傳記 4. 口述歷史
733.2931　　　　　　　　　　　　　101024365

秋蟬的悲鳴：白色恐怖受難文集　第一輯

作　　者：楊　翠、黃春蘭、姚沐棋、吳俊宏、李瑩君、黃素心
　　　　　顏一秀、施雪蕙、呂洪淑女、陳玲芳、胡子丹
　　　　　王文清、郭振純、蔡焜霖、吳鍾靈、蔡寬裕、陳世鑑
　　　　　劉辰旦、吳恒德、曹欽榮、陳銘城

出版發行／國家人權博物館籌備處
發 行 人／王逸群
總 策 劃／沈長在
文集顧問／蔡寬裕
文集主編／陳銘城
執行編輯／黃龍興、張錫俊、劉玉燕
美術編輯／甘欣欣
資料協助／賴元裕、唐威翔
地　　址／新北市新店區復興路 131 號
電　　話／02-2218-2438 傳真／02-2218-2436
校　　對／吳青霞、李京珮
美編印製／大光華印務部
出版日期／2012 年 12 月初版一刷
定　　價／新臺幣 300 元整
ISBN ／ 987-986-03-4861-3

國家人權博物館 籌備處 NATIONAL HUMAN RIGHTS MUSEUM | PREPARATORY OFFICE